Irene Gut Opdyke   Jennifer Armstrong

Wer ein Leben rettet …

Irene Gut Obdyke

wurde 1922 in Polen geboren und emigrierte 1949 in die USA. Sie lebt in Yorba Linda, Kalifornien. Den Leugnern des Holocaust setzt sie seit Jahren in Schulen, Universitäten und Gemeindezentren ihre Lebensgeschichte entgegen, die sie zusammen mit der Jugend- und Sachbuchautorin Jennifer Armstrong nun auch in Buchform zugänglich macht.

Irene Gut Obdykes Geschichte wird als Teil der ständigen Ausstellung im Holocaust-Museum in Washington, D.C., dokumentiert. 1997 wurde sie mit der »Israel Medal of Honour« ausgezeichnet und pflanzte als »Gerechte unter den Völkern« in der Gedenkstätte Yad Vashem einen Baum. Bill Clinton verlieh ihr im gleichen Jahr die »Medal of Freedom« des amerikanischen Kongresses.

Irene Gut Opdyke
Jennifer Armstrong

Wer ein Leben rettet...

Eine wahre Geschichte aus dem Holocaust

Aus dem Amerikanischen
von Barbara Radke

Weltbild

Die Originalausgabe erschien unter dem Titel
In My Hands. Memories of a Holocaust Rescuer
bei Alfred A. Knopf, New York.

Genehmigte Lizenzausgabe
für Verlagsgruppe Weltbild GmbH, Augsburg

Umschlagkonzept: Patricia Büdinger, Augsburg
Umschlaggestaltung: Michael Keller, München
Umschlagfoto: © 1999 by Alfred A. Knopf, Inc.
Autorenfoto: Wilhelm Heyne Verlag
Gesamtherstellung: GGP Media, Pößneck

Gedruckt auf chlor- und säurefreiem Papier

Printed in Germany

ISBN 3-8289-6987-9

2003 2002 2001
Die letzte Jahreszahl gibt die aktuelle Lizenzausgabe an.

Für meine Tochter Janina.

Und für die jungen Menschen, die das Unmögliche erreichen und wahre Größe erlangen können, indem sie die Größe Gottes und die Güte der menschlichen Seele erkennen. Ich widme ihnen meine Lebensgeschichte, um sie zu ermutigen, Hoffnung und Kraft in sich selbst zu suchen. Mut ist ein Flüstern, das von oben kommt: Wenn ihr mit euren Herzen lauscht, werdet ihr wissen, was ihr tun müsst und wie und wann.
Mit meinem ganzen Leben –

Irene Gut Opdyke

Ich widme dieses Buch Irene – mit Liebe und Respekt.

Jennifer Armstrong

Inhalt

Tränen

Ein Vogel erhob sich aus den Weizenfeldern und verschwand flügelschlagend im Gegenlicht der Sonne. Plötzlich ertönte ein Schuss und der Vogel stürzte zu Boden. Aber es war kein Vogel. Es war kein Vogel und es war auch kein Weizenfeld, aber was es wirklich war, kann man einfach nicht begreifen.

Wie soll ich Ihnen von diesem Krieg erzählen? Wie kann ich diese Dinge aussprechen? Wenn ich Ihnen alles der Reihe nach erzähle – es passierte dies und dann das, und diese Leute starben, aber jene überlebten, und dann war alles vorbei –, wenn ich es Ihnen so erzähle, werden Sie mir nicht glauben. Manchmal frage ich mich, ob all diese Dinge wirklich geschehen sind. War ich das? War ich dieses Mädchen? War ich wirklich dort? Habe ich all das gesehen? Während des Krieges schien alles unnatürlich und unwirklich zu sein. Wir trugen Masken, sprachen Sätze, die nicht die unseren waren. All das ist mir passiert, und doch kann ich immer noch nicht begreifen, wie es überhaupt geschehen konnte.

Also werde ich Ihnen alles ganz langsam erzählen. Langsam, und jedes Detail klar und deutlich. Ich werde vor langer Zeit beginnen, als alles anfing.

Zu einer Zeit, als es noch kein Land gab, das Polen hieß, weinten die Bäume, wenn sie in die Weichsel stürzten. Der große Fluss trug sie nach Norden zum Baltischen Meer, wo sich ihre Tränen mit dem Salzwasser vermischten. Jahrhunderte vergingen und die Fischer suchten den Küstensaum nach den Tränen der Bäume ab – sie waren zu goldenen Bernsteinperlen geworden, die sanft von den Wellen umspült wurden. Wegen des Bernsteins, das die Sonne in seinem Herzen trug, kamen die Kaufleute aus dem Byzantinischen Reich, aus Rom, aus den fernen Steppen und aus dem Heiligen Land nach Norden. Doch dann stürmten die teutonischen Ritter über Polen hinweg und rissen den Bernsteinhandel an sich. Später konnte man die Edelsteine nur noch von den deutschen Rittern kaufen und polnische Schmuggler wurden in der Festung von Malbork (Marienburg) hingerichtet.

Als die Deutschen 1939 Polen erneut überfielen, schmuggelten wir wieder. Aber dieses Mal war es kein Bernstein. Es waren Tränen anderer Art.

ERSTER TEIL

Ich war beinahe schnell genug

Fliederzeit

Kozienice ist ein kleines Dorf im Osten von Polen. Hier ging meine Mutter an einem schönen Maitag des Jahres 1921 mit ihren Freundinnen zum Fluss hinunter. Der Abend dämmerte bereits und die Luft war erfüllt vom Duft des Flieders. Ein Kuckuck rief aus dem Wald und brachte die Mädchen aus dem Dorf zum Lachen. Sie bahnten sich einen Weg durch Schilf und Vergissmeinnicht bis zum Flussufer. Wenn sie an den Grasbüscheln entlangstreiften, wurden ihre Knöchel nass vom Tau. Meine Mutter hatte ein Holzstück dabei, auf dem ihr Name geschrieben stand, Maria Rębieś. Auf dem Holz war ein Kerzenstummel und daneben ein kleiner Kranz aus Blumen befestigt.

Jedes der fröhlichen Mädchen trug ein solches Holzstück mit seinem Namen darauf. Während Maria und ihre Freundinnen die Kerzen anzündeten, ertönte erneut der Ruf des Kuckucks von einer Birke. Der Geruch nach Streichhölzern und brennendem Wachs vermischte sich mit dem Duft des Flieders. Die Mädchen schürzten ihre Röcke und wateten in das kühle Wasser, um ihre Boote auszusetzen. Die Flotte aus brennenden Kerzen wurde von der Strömung mitgezogen, die Holzklötzchen drehten sich, tanzten auf und nieder, als ob sie zum Abschied winkten, und trieben schließlich davon.

Flussabwärts warteten die jungen Männer. Einer von ihnen war Władysław Gut, ein junger Architekt und Chemiker, der den Bau einer nahe gelegenen Keramikfabrik überwachte. Er stand etwas abseits am Flussufer, rauchte eine Zigarette und beobachtete die anderen, die sich lachend und scherzend im seichten Flusswasser balgten.

Gut hatte zunächst nicht vorgehabt, die Jungen aus dem Dorf zu begleiten. Die volkstümlichen Bräuche dieser ländlichen Gegend nahe der ukrainischen Region Polens erschienen ihm wie Relikte eines längst vergangenen Jahrhunderts. Das Zwielicht der Dämmerung nahm zu und ein aufgeregtes Gelächter erhob sich, als die schwimmenden Kerzenlichter hinter den schlanken Fingern einer Wasserweide auftauchten. Das Spiel der Lichter hatte eine verzaubernde Wirkung. Gut warf seine Zigarette in das feuchte Ufergras und trat näher ans Wasser, um die Maiboote besser beobachten zu können. Schwalben flogen dicht über dem Wasser, tauchten kurz ein und glitten in sanften Bögen wieder davon.

Während die jungen Männer tiefer ins Wasser hineinwateten, neckten sie einander über ihre Liebsten und jeder hoffte das Boot zu ergattern, das ihren Namen trug. Rasch bückte sich Gut, band seine Schnürsenkel auf, schlüpfte aus den Strümpfen und watete hinter den anderen her. Der Saum seiner Sonntagshose klebte an seiner Haut.

»Woher willst du wissen, welches Boot Janka gehört, Tadek?«, rief einer der Männer.

»Sie hat mir versprochen, nur Glockenblumen darauf zu legen«, kam die Antwort über das dunkle Wasser.

»Hast du das gehört, Marek? Jankas Boot ist das mit den Glockenblumen – wenn du sie willst, musst du es dir schnappen!«

Gut spürte die Strömung des Flusses an seinen Beinen. In der Dunkelheit des Waldes hinter ihm heulte eine Eule. Von der Kälte des Wassers und dem fast gespenstischen Anblick der Feenlichter, die geräuschlos auf ihn zu glitten, bekam er eine Gänsehaut auf den Armen. Eines der Boote trieb etwas abseits der anderen weiter draußen in der Mitte des Flusses. Vorsichtig tastete Gut sich mit seinen nackten Füßen über die rutschigen Steine hinweg auf die Strömung zu, dorthin, wo das Wasser tiefer wurde. Maria Rębieś' Kerze glitt direkt in seine ausgestreckten Hände, wie ein Vogel, der sich auf seinem Nest niederlässt.

Die Geschichte vom ersten Treffen meiner Eltern liebe ich ebenso wie die Erinnerung an die sorglosen und glücklichen Jahre der Unabhängigkeit Polens zwischen den Kriegen. Mir gefällt die Vorstellung, wie mein Vater, angelockt vom Duft des Flieders, in seinem guten Anzug ins Wasser watet und meine Mutter in ihrem weißen Kleid etwas weiter flussaufwärts am Ufer sitzt. Wie sie ihr Kinn auf die Knie stützt und von dem Mann träumt, der ihr Boot einfangen wird. Bald darauf heirateten die beiden, und am 5. Mai 1922, als der Flieder erneut blühte, wurde ich geboren.

Während meines ersten Lebensjahres wohnten wir in Kozienice. Unser Haus stand direkt am Fluss. Eines Morgens, ich war ungefähr ein Jahr alt, drang durch die weit geöffneten Fenster das Rauschen des Wassers zu mir. Meine Mutter war gerade beschäftigt und so wackelte ich auf meinen unsicheren Babybeinen aus dem Haus hinaus und über das frische Gras auf das Flussufer zu. Unsere Hündin Myszka folgte mir. Ich schaute zu, wie das glitzernde Wasser an mir vorbeiströmte.

In diesem Moment grub Myszka ihre Zähne in meinen Windelpo und versuchte, mich wegzuziehen. Ich wollte aber weiter auf das Wasser starren und versuchte hartnäckig, wieder vorwärts zu kommen. Doch die Hündin ließ mich nicht los. Andererseits konnte sie aber auch nicht bellen, sodass unser Hinundhergezerre einige Minuten andauerte, in denen ich zentimeterweise wieder der Wasserkante näher kam.

Dann muss wohl jene geheimnisvolle Stimme, die nur für mütterliche Ohren hörbar ist, meiner Mamusia etwas zugeflüstert haben. Sie blickte aus dem Fenster, schrie auf und kam herausgestürzt. »Irena!« Mit angehaltenem Atem riss sie mich von dem gefährlichen Ufer fort. Myszka ließ sich zu Boden plumpsen. Als Mamusia sich bei ihr bedankte und ein Gebet zum Himmel schickte, wedelte sie mit dem Schwanz.

Dieser Vorfall machte unsere heldenhafte Hündin tagelang zum Stadtgespräch von Kozienice. Nachbarn, Freunde, Mitglieder unserer Kirchengemeinde – einer nach dem anderen schneiten sie bei uns herein, bestaunten den Wunderhund und streichelten über mein Babygesicht. Der Rabbi der Synagoge in Kozienice kam vorbei, um uns beide zu segnen, und unser Priester nahm Mamusias Hände in seine. »Gott hat Pläne für Ihre Tochter, Pani Gutowna. Wir müssen gut auf Klein Irena Acht geben.«

Vater – oder Tatuś, wie ich ihn nannte – dankte dem Priester und dem Rabbi und sagte, dass sie in der Tat eine Menge Hoffnungen in mich setzten.

Im Laufe der nächsten Jahre, als wir wegen Tatuś' Beruf von Kozienice nach Chełm (Chom), dann nach Radom und schließlich nach Suchedniów zogen, wurden nach und nach meine Schwestern geboren. Meine Mutter brachte nahezu alle zwei Jahre eine Tochter zur Welt, bis schließlich fünf kleine Mädchen lachend und kreischend im Haus herumtobten: Janina, Marysia, Bronia, Władzia und ich, Irena. Selbst unser neuer Hund, Lalka, war ein Weibchen.

Nach der Geburt meiner jüngsten Schwester Władzia zogen wir nach Częstochowa (Tschenstochau) im Nordwesten von Kraków (Krakau). So kam es, dass ich mehrere Jahre zu Füßen der Schwarzen Madonna, der Heiligen Mutter Polens, verbrachte, die im Schrein des Pauliner-Klosters auf dem Jasna Góra, dem »Hellen Berg«, aufbewahrt wird. Unser Haus stand direkt neben der Kirche St. Barbara und wir hatten einen ungehinderten Blick auf die von Bäumen gesäumte Straße zum Jasna Góra. Alljährlich zu den wichtigsten Feiertagen der Jungfrau strömten die Wallfahrer aus ganz Polen herbei, um an dem Schrein zu beten. Meine älteste Schwester und ich gingen dann nach draußen und boten den Pilgern, die die letzten Meter bis zu dem Schrein auf Knien rutschend zurücklegten, Limonade und Wasser an.

Auch verwundeten Tieren widmeten wir uns immer wieder mit der ganzen zärtlichen Fürsorge kleiner Mädchen. Katzen, Hunde, Hasen, Vögel – wir brachten unsere kleinen Patienten nach Hause zu Mamusia, die sie dann fachkundig versorgte. Viele Tiere wurden durch ihre Hilfe wieder gesund und wir ließen sie dann frei oder suchten ihnen ein neues Zuhause. Die Tiere, denen nicht mehr zu helfen war, starben und wir beerdigten sie feierlich im Garten hinter unserem Haus, im Schatten der steil aufragenden Kirche St. Barbara. Einmal päppelte meine Mutter eine aus dem Nest gefallene kleine Amsel hoch, die danach immer in der Nähe unseres Hauses blieb und durch das geöffnete Fenster hereingeflogen kam, wenn Mamusia nach ihr pfiff. Eines Jahres im Herbst, als die Störche bereits nach Süden aufbrachen, fanden wir einen jungen Storch mit einem verletzten Flügel. Er versuchte, seinen Artgenossen zu folgen, kam aber nicht vom Boden hoch. Also wickelten wir ihn in unsere Mäntel und brachten ihn nach Hause, wobei wir aufpassten, dass wir uns nicht an seinem langen spitzen Schnabel verletzten.

»Mamusia, kannst du ihn wieder heil machen?«, rief ich, als ich zusammen mit Janina und Marysia den schlaksigen Vogel in die Küche trug.

Mamusia und unser Hausmädchen Magda waren gerade beim Kohlputzen. Mamusia drehte sich um und trocknete sich die Hände an einem Handtuch ab. Sie zog überrascht die Augenbrauen hoch, als sie den unbeholfenen Vogel vor sich stehen sah, der sie mit seinen schwarzen Knopfaugen anblinzelte und mit seinem gelben Schnabel an der Lehne eines Stuhls knabberte. Er roch stark nach Schlamm. Janina, Marysia und ich sahen zu, wie Mamusia den Flügel des Storchs richtete und ihn anschließend bandagierte.

»Wie wollt ihr ihn nennen?«, fragte uns Magda.

»Bociek«, piepste Marysia. »Können wir ihn behalten, Mamusia?«

»In diesem Winter kann er nicht mit seinen Freunden nach Süden ziehen«, antwortete unsere Mutter. »Trotzdem könnt ihr keinen so großen Storch im Haus halten. Er könnte gefährlich werden. Und wir wollen ihn auch lieber nicht zähmen. Er sollte wieder bei den anderen Störchen leben, wenn sie ihm Frühling zurückgekehrt sind. Bringt ihn in den Keller.«

»Ich kann Frösche für ihn fangen«, schlug Janina vor.

»Ich auch«, sagte ich. »Und Fische. Wir päppeln ihn wieder hoch.«

»Im Winter müsst ihr ihn vielleicht mit Mäusen füttern, wenn das Wasser gefroren ist«, bemerkte Mamusia.

Bei dieser Vorstellung verzogen meine Schwestern und ich die Gesichter. Bociek dagegen nickte mit dem Kopf auf und ab, als wolle er zustimmen, und widmete sich dann mit dem Schnabel seinem Verband.

Die Tür zum Esszimmer ging auf und die Kleinen, Bronia und Władzia, lugten verstohlen um die Ecke. Bronia starrte Bociek an. Dann starrte sie Władzia an. Schließlich drehten sich die Mädchen auf dem Absatz herum und die Tür knallte hinter ihnen zu.

Wir brachten Bociek in den Keller, machten es ihm dort gemütlich und fütterten ihn. Als schließlich der Winter über Polen hereinbrach, flogen viele Vögel nach Süden, um der Kälte zu entfliehen. Und dann begann es zu schneien.

Die Winter sind in Polen sehr lang und streng, aber bei uns zu Hause hatten wir es immer warm und waren glücklich. Nach dem Abendessen versammelte sich manchmal die ganze Familie rund um das Klavier und sang Volkslieder, zu denen uns Tatuś begleitete.

An anderen Abenden hatte Mamusia Besuch von ihren Freundinnen, mit denen sie Federn zupfte. Die Frauen saßen rund um den Tisch, zupften den weichen Flaum von den Enten- und Gänsefedern ab, stopften ihn in Kissen und erzählten sich dabei Gruselgeschichten. Janina und ich stahlen uns oft heimlich unter ihre Stühle, um zu lauschen. Die in der Luft schwebenden Daunen sahen aus wie Schneeflocken und meine Schwester und ich mussten unsere Nasen gegen die Knie pressen, um das Niesen zu unterdrücken.

Im tiefsten Winter wurde es Zeit, an Weihnachten zu denken. Wir breiteten Heu auf dem Tisch aus, das an die Krippe erinnern sollte, und legten eine frische weiße Tischdecke darüber. Heiligabend waren wir den ganzen Tag lang in der Küche beschäftigt, backten Piroggen, Brot und Kekse, pökelten Fisch und bereiteten Kartoffeln und Kohl zu. Wir lachten und sangen »Bóg Się Rodzi« und andere Weihnachtslieder, während der Duft nach Vanille, Zimt und geschmorten Pilzen durch das ganze Haus zog.

Bei Einbruch der Dunkelheit mummelten wir uns in unsere Mäntel und Mützen ein und machten uns auf den Weg zum Schrein auf dem Jasna Góra. Als wir zum Kloster hinaufstapften, knirschte der Schnee unter unseren Stiefeln. Ich stellte mir vor, wie die Heilige Mutter über dem befestigten Kloster erscheint, so wie es passierte, als die Schweden bei ihrer Invasion ganz Polen bis auf den Jasna Góra besetzt hatten, wo sich die letzten Verteidiger verschanzt hatten. Es heißt, dass ihre göttliche Erscheinung das Kloster vor Schaden bewahrt hat und so Jasna Góra der Belagerung standzuhalten vermochte und die Eindringlinge zurückgeschlagen werden konnten.

Ich legte meinen Kopf in den Nacken und betrachtete die Sterne am winterlichen Himmel. Mir erschien zwar nicht die Heilige Maria, doch allein die hell erleuchteten Fenster des Klosters auf dem Hügel boten einen wunderschönen Anblick. Zusammen mit den anderen Wallfahrern folgten wir singend dem Weg den Hang hinauf zu der prächtigen Basilika. Das hohe Gewölbe des Gotteshauses war erfüllt von Gebeten und Gesang und von den heiligen Reliquien und Statuen schimmerte das flackernde Licht tausender Kerzen. Eine Holztür hinter dem Altar war geöffnet und gab den Blick auf die Schwarze Madonna von Częstochowa frei.

Der Anblick der heiligen Ikone erfüllte mich stets mit Ehrfurcht. Es handelte sich um ein kleines Gemälde, das durch das Altern ganz dunkel geworden war. Aber der schlichten Darstellung von Maria mit dem Kind wurden wundersame Kräfte nachgesagt und in der Weihnachtsnacht, wenn die stickige Luft vom Weihrauch dem lateinischen Gemurmel der Priester erfüllt war, in dieser Nacht war es möglich, an die Wunderkräfte des Gemäldes zu glauben, daran, dass man die Beschützerin Polens vor sich sah. Dann fiel es mir leicht zu glauben, dass Polen dank ihrer nicht untergehen würde.

Das war in den frühen Dreißigerjahren, als man solche Dinge noch glauben konnte.

Vor dem Sturm

Am 2. August 1934 starb der deutsche Reichspräsident Hindenburg. Adolf Hitler hatte Hindenburgs Tod umgehend genutzt, um das Amt des Reichspräsidenten mit dem des Reichskanzlers zu vereinen, und nannte sich »Führer und Reichskanzler«. Ich selbst war mir der politischen Vorgänge damals nicht bewusst, und wenn Tatuś und seine Freunde abends bei Zigaretten und Wodka über Hitlers Aufstieg an die Macht und seine fanatischen Wegbegleiter im benachbarten Deutschland diskutierten, schenkte ich ihren Worten kaum Beachtung.

Ich war mittlerweile ein junges Mädchen und wir lebten damals in der kleinen Stadt Kozłowa Góra im polnischen Verwaltungsbezirk Oberschlesien. Dort wohnten wir nur sechs Kilometer von der deutschen Grenze entfernt und viele unserer neuen Nachbarn waren deutscher Abstammung. In der

Schule lernten wir die deutsche Sprache und wir gewöhnten uns allmählich daran, dass man auch auf der Straße mehr und mehr Deutsch hörte und las. Vor allem in den ländlichen Gebieten konnte man ohne Probleme über die Grenze kommen und gehen und in einigen kleinen Städten waren sich die Einwohner nie völlig darüber klar geworden, ob sie nun deutsch oder polnisch waren. Tatsächlich hatte sich die Grenze über die Jahrhunderte so häufig verschoben, dass es für viele Menschen keinen Unterschied machte, ob sie von Berlin oder von Warszawa (Warschau) aus regiert wurden.

Wegen unseres Namens *Gut* vermuteten viele, dass wir deutscher Abstammung waren, doch meine Eltern waren glühende polnische Patrioten. Wir waren Polen und man brachte mir bei, stolz darauf zu sein. In den Schulstunden hatte ich von der grausamen Geschichte meines Landes erfahren, das im Laufe der Jahrhunderte immer wieder überfallen worden war – aus dem Westen durch Deutsche, aus dem Norden durch Schweden und Litauer, aus dem Osten durch Tataren und Russen und schließlich aus dem Süden durch Ungarn. Aber Polen hatte immer um seinen Erhalt gekämpft. Der Verlauf seiner Grenzen hatte sich über die Jahrhunderte immer wieder verändert und manchmal hatten sie sich völlig aufgelöst, als hätte sich eine größere oder grimmigere Macht das Land einverleibt. Das schöne, üppige Polen, ein Land, dessen Name »Feld« bedeutet, besaß das fruchtbarste Ackerland Europas und alle anderen Länder waren an seiner Ernte interessiert. Wir Polen wussten, dass wir von gierigen Händen umringt waren. Durch dieses Wissen waren wir unserem Land treu ergeben und achteten stets darauf, es gut zu bewachen.

Aber, wie ich schon sagte, ich war damals noch ein junges Mädchen und Politik etwas Abstraktes für mich. Auch sprachen wir bei den Mahlzeiten zu Hause niemals über diese Dinge – in jenen Tagen war es einfach kein passendes Thema für Mädchen. Außerdem war ich mit anderen Sachen beschäftigt. Ich war Mitglied in der Tanzgruppe meiner Oberschule, mit der wir auf Festen in den westlichen und südlichen Teilen des Landes polnische Volkstänze aufführten.

Durch die Auftritte mit der Tanzgruppe fand ich Geschmack daran, im Rampenlicht zu stehen, und so nahm ich auch an einigen Theateraufführungen an meiner Schule teil. Ich träumte davon, Filmschauspielerin zu werden, befürchtete jedoch, dass ich zu unscheinbar dafür wäre, denn ich war dünn und blass. Häufig versuchte ich, mir mit abgebrannten Streichhölzern die Augenbrauen dunkler zu färben und etwas Farbe auf meine Wangen und Lippen zu bringen, indem ich mit rotem Papier darüberstrich, das ich vorher mit Spucke angefeuchtet hatte. Aber je älter meine Schwestern und ich wurden, desto mehr fiel auf, dass Janina die Hübscheste von uns war. Sie war größer als ich, elegant und anmutig. Wo immer sie ging, drehten sich die Köpfe nach ihr um, und ich schien immer wie das hässliche Entlein in ihrem Schatten zu stehen.

Darüber machte ich mir allerdings keine besonderen Gedanken, zumal ich mich in jenen Zeiten nicht besonders für Jungen interessierte, außer als Spielkameraden. Ich trug mein Haar kurz, kletterte auf Bäume, ritt gern und füllte mein Tagebuch mit selbst ausgedachten Abenteuergeschichten. In meiner Phantasie war ich stets in heroische Kämpfe verwickelt. Ich stellte mir vor, wie ich das Leben anderer rettete oder meines für sie opferte. Ich hatte hochfliegendere Ambitionen als romantische Abenteuer.

Einmal, zu Weihnachten, gelangte ich zu der Überzeugung, dass diese Phantasien sich erfüllen würden. Von meiner Großmutter mütterlicherseits hatten wir einen alten Brauch übernommen: Wir schmolzen Kerzenwachs und ließen es in eine Schüssel mit kaltem Wasser tropfen. In dem Moment, wenn das Wachs in dem Wasser erstarrte, entstanden daraus bizarre Formen, aus denen wir unsere Schicksal abzulesen versuchten. Dafür hielten wir die Wachsklumpen gegen eine Lichtquelle und versuchten, die an die Wand geworfenen Schatten zu deuten. Als ich an der Reihe war und meinen Wachsklumpen gegen das Licht hielt, fanden wir, dass er einem Ozeandampfer ähnelte. Ein Dampfer mit einem Kruzifix am Bug. Ich war hingerissen und meine Schwestern schwiegen angesichts dieser Schicksalsankündigungen ehrfürchtig – mir war offensichtlich bestimmt, Abenteuer zu erleben. Wahrhaftige Abenteuer.

Wie auch immer, in Kozłowa Góra waren Mitte der Dreißigerjahre nicht viele wahrhaftige Abenteuer zu erwarten. Mamusia hielt uns dazu an, unsere Energie in nützliche, wenn auch wenig aufregende Unternehmungen zu stecken. Meine Schwestern und ich halfen ihr, Lebensmittel-Körbe für arme und kranke Menschen zusammenzustellen. Wir stöberten in den Aschehaufen der Glas- und Keramikfabrik, in der Tatuś arbeitete, nach farbigen Glasscherben. Diese brachten wir zu Frauen, die sie zerkleinerten, bis sie wie unechte Edelsteine aussahen, mit denen sie dann Bilderrahmen verzierten. Bei jeder unserer wohltätigen Taten waren Mamusia und Tatuś unsere Vorbilder. Sie waren allen Menschen gegenüber freundlich und großzügig, selbst zu den so genannten Zigeunern, die in den Wäldern vor der Stadt ihre Lager aufgeschlagen hatten und die von den meisten Leuten wegen ihrer fremdartigen Kleider und Sprache argwöhnisch beäugt wurden. Verwundete Tiere, unglückliche Nachbarn, kranke Fremde – Mamusia und Tatuś waren alle gleichermaßen willkommen.

Meine Eltern ermutigten mich auch, mich freiwillig beim Roten Kreuz zu melden, und so schlüpfte ich in die Uniform der freiwilligen Helfer. Bei unseren Treffen legten wir uns gegenseitig Verbände an, lernten Erste-Hilfe-Maßnahmen und übten für den Ernstfall. Wir brachten den Patienten im Krankenhaus Blumen und Obst und versuchten, uns nützlich zu machen. Dort, im Krankenhaus, wurde meine Bewunderung für die Nonnen geboren, die ihr Leben ganz dem Dienst an den Kranken gewidmet hatten, und im Laufe der Zeit gelangte ich zu der Überzeugung, dass auch ich Nonne werden wollte. Es war nicht die Frömmigkeit, von der ich angezogen wurde, sondern die Hingabe der Nonnen bei der Arbeit und die Art, wie sie sich für andere aufopferten.

Als ich Tatuś von meinen Plänen erzählte, reagierte er überrascht. Er schlug vor, dass ich zunächst einmal Krankenschwester werden sollte. Wenn mich dieser Beruf dann nicht ausfüllen sollte, konnte ich immer noch Nonne werden. So kam es, dass ich eine Ausbildung zur Krankenschwester an der Schwesternschule des Krankenhauses St. Maria in Radom plante. Sie lag zwar mehr als zweihundert Kilometer von zu Hause entfernt, galt aber als die beste Schwesternschule Polens.

Im Jahre 1938 begann ich also meine Ausbildung in Radom. Die Stadt war ein industrielles Zentrum mit vielen Rüstungsfabriken, Emaillewerke, Stahlgießereien, Keramikfabriken und Gerbereien, die die ohnehin verräucherte Luft mit dem Geruch nach Chemikalien verpesteten. Ich wohnte zusammen mit anderen Schwesternschülerinnen in einer Pension und stürzte mich geradezu in die Arbeit. Ich vermisste meine Familie und das Alleinleben in einer fremden Stadt beunruhigte mich, also versteckte ich mich hinter meinen Büchern und lernte fleißig, um mich von meiner Einsamkeit abzulenken. Die meisten anderen Mädchen nahmen es mit ihren Pflichten nicht so genau und gingen abends ins Kino oder zu Tanzveranstaltungen. Ich war mir meiner Verantwortung sehr wohl bewusst und mied – schüchtern, wie ich war – ihre Gesellschaft. Helen, die Schwester meiner Mutter, lebte in Radom und lud mich hin und wieder zum Abendessen ein. Aber die meiste Zeit verbrachte ich in meinem Zimmer und lernte für Anatomie oder Chemie, wenn ich nicht gerade in der Schule oder im Krankenhaus war. Ich wollte die Beste in meiner Klasse werden, damit meine Eltern stolz auf mich sein konnten.

Durch die praktischen Erfahrungen, die ich im Krankenhaus sammeln konnte, erfuhr ich vieles, was nicht in meinen Büchern stand. Bei meinen Rundgängen lernte ich zum Beispiel ziemlich schnell, dass Männer eine Vorliebe dafür haben, junge Krankenschwestern zum Erröten zu bringen. Das Betreten der Männerstationen war mir stets ein Gräuel. Das Zwinkern und Grinsen und das anzügliche Betteln nach einem heißen Bad ließen mich puterrot werden, woraufhin die Männer natürlich in brüllendes Gelächter ausbrachen und nur zu weiteren Neckereien verleitet wurden. Immerhin war ich erst sechzehn und so leicht zu verunsichern wie ein scheues kleines Vögelchen.

Abends verließen dann die meisten anderen Mädchen schnatternd und lachend die Pension und im Haus kehrte eine himmlische Ruhe ein. Ich war jedes Mal froh, endlich allein zu sein. Aus dem Fenster meines Zimmers sah ich hin und wieder, wenn ich einmal vom Lernen aufschaute, Studenten Arm in Arm im Schein der Straßenlaternen vorbeigehen. Sie sangen patriotische Lieder und ihre Mäntel flatterten im Wind. Damals wurde mir allmählich bewusst, dass Hitler eine Bedrohung für Polen darstellte. Deutschland hatte durch den Versailler Vertrag, der den Ersten Weltkrieg beendet hatte, viele Gebiete verloren, die es in früheren Zeiten erobert hatte. Hitler war jetzt entschlossen, dieses Land zurückzufordern, um damit vor den Augen der ganzen Welt Deutschlands Stärke und Macht wieder aufleben zu lassen.

Aber viele der von Hitler begehrten Gebiete gehörten zu Polen, waren immer polnisch gewesen. Dort hatten sich zwar etliche deutsche Einwanderer niedergelassen, insbesondere im Westen, wo auch meine Familie lebte, aber dadurch wurden sie noch lange nicht zu einem Teil von Deutschland! Hitler wollte »Lebensraum« für die Deutschen und streckte seine Hände nach unserem Polen aus.

»Irena, wir möchten, dass du nach Hause kommst«, schrieben mir meine Eltern in ihren Briefen. »Viele Leute glauben, dass ein Krieg kurz bevorsteht, und wir können den Gedanken nicht ertragen, dass du so weit von uns weg bist. Die Familie muss jetzt zusammenbleiben.«

Aber ich hörte nicht auf sie. Wenn es tatsächlich zu einem Krieg kam, wollte ich meinen Teil für Polen tun. Wenn es zum Krieg kam, würde mein Land ausgebildete Krankenschwestern brauchen. Nein, schrieb ich meinen Eltern, ich muss hier bleiben. Ich weiß, was meine Pflicht ist. Wenn Hitler versucht, nach Polen vorzurücken, werden wir gegen ihn kämpfen und ihn den ganzen Weg zurück nach Berlin jagen. Außerdem wussten wir, dass sich Deutschland und die Sowjetunion in alter Feindschaft aufmerksam wie zwei Hunde beäugten, die einen Knochen zwischen sich liegen haben. Wenn eines der Länder den geringsten Versuch unternehmen würde, in Polen einzumarschieren, würde dies einer Kriegserklärung gegen das andere gleichkommen. Durch das gegenseitige Misstrauen und den Hass zwischen den Deutschen und den Russen wähnten wir uns in Sicherheit.

Als ich am Ende meines ersten Ausbildungsjahres in den Sommerferien nach Hause zurückkehrte, fand ich Kozłowa Góra verändert vor. Viele unserer Nachbarn waren zu Deutschen geworden und leugneten ihr polnisches Erbe. Sie sprachen nur noch Deutsch und bekannten sich öffentlich zu Hitlers Politik und seine nationalsozialistische Partei. Und in manchen Geschäften – nicht in vielen, aber in einigen – hingen Schilder, auf denen stand: »Kauft nicht bei Juden!«, oder »Ein Polen ohne Juden ist ein freies Polen«.

Diese Dinge verwirrten mich zutiefst. Bei uns zu Hause waren zwischen einzelnen Menschen nie Unterschiede gemacht worden. Viele unserer Freunde waren Juden, aber wir sprachen nicht von »den Gonsiorowiczes, unseren jüdischen Freunden«. Es war mir nie in den Sinn gekommen, Menschen aufgrund ihrer Religionszugehörigkeit zu beurteilen. Aber genau das tat Hitler – nur sechs Kilometer von uns entfernt.

Wir konnten uns damals nicht vorstellen, wohin das führen würde. Wie sollten wir auch? Für uns war Deutschland immer ein zivilisiertes Land gewesen, die Heimat berühmter Dichter und Komponisten, Philosophen und Wissenschaftler. Wir glaubten, es sei ein rationales, kultiviertes Land.

Wie konnten wir ahnen, dass die Deutschen nicht genauso über uns dachten? Wie konnten wir die Tiefe ihrer Verachtung ahnen? Trotz unserer über die Jahrhunderte vollbrachten Leistungen, trotz Chopin und Kopernikus, trotz unserer Kirchen und Helden und Pferde – trotz alledem sah Deutschland in Polen nichts als ein Land slawischer Bestien, die nur zum Arbeiten zu gebrauchen waren.

Und deshalb wollte Hitler uns zerstören.

Der Blitzkrieg

Dieser Sommer nach meinem ersten Jahr an der Schwesternschule war die letzte glückliche Zeit, die ich mit meiner Familie verbrachte – aber keiner von uns ahnte das in jenem August, als ich nach Radom zurückkehrte, um meine Ausbildung fortzusetzen. Am 24. August überraschten Deutschland und die Sowjetunion die ganze Welt, indem sie einen Nichtangriffspakt schlossen: Keines der beiden Länder würde Krieg gegen das andere führen. Die Menschen versammelten sich auf den Straßen und in den Cafés und spekulierten, was diese Neuigkeiten für Polen bedeuten konnten. Wir saßen schutzlos zwischen zwei Staaten. Würden sie uns einfach zermalmen? Es gab kein anderes Gesprächsthema mehr als die Politik.

Die Anspannung wuchs. Die Hitze in jenem August war drückend. Nachts stellte ich eine Schüssel mit Wasser auf meinen Schreibtisch, mit dem ich mir Gesicht, Arme und Hals kühlte, während ich in dem heißen, stickigen Zimmer lernte. Das Rumpeln der vorbeifahrenden Lastwagen und Autos drang durch das geöffnete Fenster herein und ich konnte die Abgase und die säuerlichen Ausdünstungen des einfachen Restaurants nebenan riechen. Gegen Ende des Monats schauten die Leute immer häufiger zum Himmel hinauf. Alle dürsteten nach Regen. Wenn wir von unserem Wohnheim zum Krankenhaus St. Maria gingen, wirbelte der Staub über die Straßen. Auf den Weiden am Stadtrand scharrten Pferde mit ihren Hufen auf dem harten, wie gebacken wirkenden Boden. Es herrschte jene trockene, drückende Hitze, die häufig einen Gewittersturm ankündigt.

Am 1. September brach der Sturm dann los – allerdings anders, als wir es erwartet hatten. Ich hatte mich auf den Weg zum Krankenhaus gemacht und überquerte gerade ein freies Gelände, als ich ein stetiges, pulsierendes Dröhnen vernahm. Ich schaute nach oben, eine Hand an meinem Schwesternhäubchen, damit es nicht verrutschte. Noch bevor ich die Flugzeuge überhaupt sehen konnte, hörte ich die ersten Explosionen, und dann waren sie auf einmal da und der Himmel wurde schwarz – Reihe auf Reihe deutscher Bomber flogen in Formation über Radom. Selbst als ich mir meine Ohren zuhielt, um mich vor dem donnernden Geräusch zu schützen, fühlte ich die Erde unter den Detonationen erzittern. Am Ende des Feldes, an dem ich stand, fiel die Front eines Wohnhauses wie von einer Schere abgeschnitten in sich zusammen und ein blaues Plüschsofa stürzte auf die Straße. Über der ganzen Stadt stiegen Schmutz- und Rauchwolken auf. Ich stand da wie gelähmt, vor Schreck unfähig, mich zu bewegen. Die Luft war geschwängert von dem Pfeifen der Bomben und dem Donnern der Explosionen. Von überall her erscholl Sirenengeheul.

»Runter mit dir, bist du verrückt?«, schrie mich jemand an. »Du lässt dich noch umbringen!«

Ich spürte, wie jemand meinen Arm ergriff und mich zu

einem Graben zerrte. In meiner Benommenheit versuchte ich zu erkennen, wer es war: einer der Ärzte vom Krankenhaus, Dr. Gribowski. Wir kauerten uns in dem Graben zusammen, während genau über uns die deutschen Flugzeuge angriffen. Jede Bombe, die detonierte, riss meinen ganzen Körper hoch. Dreckklumpen fielen auf meinen Kopf und ein spitzer Stein verletzte mich am Kinn. Ganz in der Nähe hörte ich ein Pferd in Todesangst wiehern, dann das Zersplittern von Glas und einen durchdrehenden Motor, während unablässig das Brummen der Flugzeugmotoren in unseren Ohren dröhnte.

»Komm mit!«, schrie Gribowski. »Wir werden im Krankenhaus gebraucht!«

Gemeinsam überquerten wir das Gelände, hielten uns geduckt und mussten immer wieder rasch zur Seite springen. Mit Steinen und Trümmern gefüllte Krater blockierten unseren Weg. Dann erreichten wir endlich die nächste Straße. Die Stadt stand in Flammen. Menschen irrten umher, schrien nach ihren Kindern, schrien vor Schmerz, der von grausamen Verletzungen herrührte. Ein kleines Kind, dem die Tränen über das schmutzige Gesichtchen liefen, saß nackt auf den Resten einer Vortreppe; hinter den Stufen, wo ein Haus hätte stehen müssen, war nichts als leerer Raum. Ein Lastwagen rumpelte die Straße hinab, hupte ununterbrochen. Er krachte gegen einen Laternenpfahl, setzte zurück und holperte weiter. Eine erneute gewaltige Explosion aus Richtung der Munitionsfabrik ließ mich zusammenzucken. Während ich die Straße entlangtaumelte, sah ich eine Frau, deren Hände mit Blut beschmiert waren. Ich öffnete meinen Mund, um etwas zu sagen, aber ich brachte kein Wort heraus. Ein Hund bellte und bellte.

»Das Krankenhaus!«, brüllte der Arzt. Die Sirenen heulten wie verrückt und ich fühlte, dass ich jeden Moment anfangen würde zu schreien.

Als wir im Krankenhaus St. Maria ankamen, herrschte dort das blanke Chaos. Bei jeder Detonation rieselte der Putz von den Decken und die wild hin und her schwingenden Lampen warfen gespenstische Schatten an die Wände der Stationen. Ärzte und Schwestern bellten über das Stöhnen der Patienten hinweg Kommandos. In ihren schwarzen Gewändern eilten Nonnen von einem Bett zum anderen. Und dann die Verletzten. Die Verletzten waren überall, auf Betten, auf Stühlen, auf dem Boden, sie lehnten sich gegen die Wand und lagen im Treppenhaus. Ich eilte zu einer chirurgischen Station, rutschte mit dem Fuß aus, schaute nach unten und sah, dass ich in einer Blutlache stand. Die Situation war unwirklich – gerade eben war ich noch zu Hause im Schutz meiner mich liebenden Familie gewesen und in der nächsten Sekunde stand ich im Blut und duckte mich vor dem pfeifenden Geräusch einer fallenden Bombe. Das konnte doch nicht ich sein!

»Irena Gutowna, wir brauchen dich hier drüben!«, brüllte jemand.

In den nächsten Tagen spielte sich mein ganzes Leben nur noch im Krankenhaus ab. Ich schlief in meinen Kleidern zusammengekauert unter einem Waschbecken oder in einem Besenschrank und schreckte bei jedem lauten Geräusch hoch. Die übrige Zeit bestand aus grotesken Notsituationen. Wir hatten nichts zu essen, dann gingen die Sulfonamide aus, wir hatten keine sauberen Bettlaken, dann funktionierte die Elektrizität nicht mehr – und ständig trafen neue Verletzte ein. Außer Zivilpersonen kamen bald auch polnische Soldaten ins Krankenhaus, von denen wir die ersten Berichte über den Einmarsch hörten.

Deutsche Panzer waren zu tausenden über die Grenze gerollt. Der in der Sommerhitze steinhart gewordene Boden machte Straßen überflüssig: Die Panzer rollten einfach über die Felder und zermahlten die Ernte zu Staub. Auf die Panzer folgten die Lastwagen und die Infanterie – die Wehrmacht, die Zivilisten und polnische Soldaten ohne Unterschied angriff und Städte und Dörfer zerstörte. Es herrschte ein entsetzlicher Krieg, ein Krieg, wie wir ihn uns nie hätten vorstellen können. Das Blutbad war entsetzlich. Deutschland hatte das westliche Polen für sich beansprucht, hatte es zwischen seinen Kiefern zermahlen und dann auf einen Schlag verschlungen.

Meine Hände zitterten, während ich versuchte, schreckliche Wunden zu verbinden. Meine Familie lebte im Westen. Kozłowa Góra, ganze sechs Kilometer von der früheren Grenze entfernt, gehörte jetzt zu Hitlers Deutschland. Da die Telefone nicht funktionierten, konnte ich keinen Kontakt zu Mamusia und Tatuś aufnehmen. Es gab keine Möglichkeit, zu erfahren, ob sie und meine Schwestern in Sicherheit und unverletzt waren. Wie betäubt vor Kummer arbeitete ich für mein Land und mich selbst. Ich hatte Angst, dass ich meine geliebte Familie niemals wiedersehen würde. Ich dachte kurz an meine Tante Helen, fragte mich, ob ich ihr eine Nachricht zukommen lassen konnte oder ob sie überhaupt da war. Ihr Mann war beim Militär und wer hätte sagen können, wo er sich gerade aufhielt?

Als die deutschen Einheiten näher an Radom heranrückten, begannen die polnischen Armee-Einheiten, die ihnen an Feuerkraft hoffnungslos unterlegen waren, mit dem Rückzug. Im Krankenhaus St. Maria erkundigten sich Offiziere nach Schwestern und Ärzten, die die polnischen Einheiten begleiten würden. Ohne zu zögern, meldete ich mich als Freiwillige: Ich wollte meinen Teil dazu beitragen, die Deutschen aus meiner Heimat zu vertreiben.

»Los, dann beeilen Sie sich«, sagte einer der Offiziere, während er seine Pistole überprüfte. »Wir brechen sofort auf.«

Ich folgte der Gruppe hinaus auf die Straße, wo bereits die Lastwagen auf uns warteten. Zum ersten Mal seit vier Tagen setzte ich einen Fuß vor das Krankenhaus und ich konnte einfach nicht glauben, dass der Himmel immer noch blau war und die Sonne schien. Um mich herum herrschte nur Zerstörung: brennende Autos, Häuserruinen, Glas und Steine überall auf den Straßen, und über allem hing ein dünner Rauchschleier. Und trotzdem zogen über mir weiße Schönwetterwolken dahin. Es kam mir vor, als ob Sonne und Wolken sich einfach nicht darum scherten, dass Polen vernichtet wurde. Ich kletterte hinten auf einen Rotkreuzlaster mit verwundeten Soldaten und griff nach der Hecktür. Der Lastwagen schaukelte langsam los.

Es schien, als ob sich ganz Radom auf der Flucht vor den Deutschen befand. Die Straßen waren verstopft mit Autos und Lastwagen, Pferdegespannen, Fahrrädern und Menschen, die zu Fuß gingen und eine Schubkarre vor sich her schoben. Unser Fahrer hupte und versuchte, durch das Gedränge auf der Hauptstraße nach Osten zu kommen. Vor uns lag eine Strecke von vierzig Kilometern bis zur Weichsel.

»Wir werden die Brücke in die Luft jagen, sobald wir sie überquert haben«, hörte ich einen Soldaten zu einem anderen sagen. »Wir dürfen die Deutschen nicht über die Weichsel lassen.«

Ich starrte im Vorbeifahren auf die fliehenden Menschen, die Evakuierten. Ich fragte nicht, wie sie über den Fluss kommen sollten. Ihre Gesichter blieben hinter uns zurück. Unser Laster fuhr zügig die Straße hinunter und in jedem dieser Gesichter meinte ich Tatuś oder Mamusia, Janina, Marysia, Bronia oder Władzia zu erkennen. Ich schloss die Augen und versuchte verzweifelt, ihren Anblick festzuhalten. Die Abgase stiegen zu der offene Ladefläche des Lasters hoch und machten mich so benommen, dass ich meine Augen nicht mehr öffnen konnte. Als wir durch ein Schlagloch fuhren, schrie ein verwundeter Soldat auf und ich musste mich dazu zwingen, ihm zu helfen. Wir legten Kilometer um Kilometer zurück und die verlassenen Felder und Häuser verschwammen vor meinem Blick. Überall auf der Straße, die von liegen gebliebenen Autos gesäumt wurde, lagen verlorene Koffer und Berge von Bettzeug herum.

An einem Feldrand entdeckte ich ein kleines Bauernhaus. Die Tür stand offen. Als Kind hatte ich einmal einen Bauernhof in der Nähe von Radom besucht. Das Haus hatte so ähnlich ausgesehen wie dieses hier, mit weiß gekalkten Holzwänden und einem Strohdach. Wir waren an einem Sonntag im Frühling dort hingefahren, als der Bauer gerade die Heuballen herunternahm, die er zur Isolierung während der kalten Wintermonate rund um sein Haus aufgeschichtet hatte. Als er die Heuballen auseinander zog, stoben Unmengen von Mäusen, die ihre Nester darin gebaut hatten, in alle Richtungen auseinander und piepsten verzweifelt. Der Sohn des Bauern jagte sie und versuchte, sie mit einem Stock zu erschlagen. Der Anblick der fliehenden Mäuse ließ mich damals vor Entsetzen schaudern – jetzt beobachtete ich das Gleiche, bloß dass ich das Ausmaß dessen, was ich sah, nicht fassen konnte. Ich konnte es einfach nicht glauben.

Von vorn hörten wir Geschrei und das ohrenbetäubende Hupen vieler Fahrzeuge. Aus Richtung Radom, das nun schon etliche Kilometer hinter uns lag, konnte man das Krachen von Panzerfeuern vernehmen. Dort war der Himmel schwarz vor Rauch. Mit einem knirschenden Geräusch kam unser Lastwagen zum Stehen. Der Motor schüttelte sich wie ein verschrecktes Tier. Wir hörten jemanden herumbrüllen und dann galoppierte ein Kavallerie-Offizier von der Brücke her mit erhobenem Säbel an uns vorüber.

»Was hat der denn vor, will er etwa so einen Panzer angreifen?«, fragte der Soldat neben mir.

Mit einem Ruck nahm der Lastwagen die Fahrt wieder auf, und als wir den Fluss überquerten, konnte ich die steinerne Brüstung der Brücke erkennen. Das aufgewühlte Wasser der Weichsel unter uns war von einem metallischem Grau und in der Strömung trieb der aufgedunsene Kadaver eines Pferdes. Es hatte keinen Kopf mehr. Mir drehte sich der Magen um und ich schloss die Augen. Als wir am östlichen Flussufer rumpelnd die Brücke verließen, vernahm ich die Schritte von Soldaten, die zurückliefen, um Sprengsätze anzubringen. Krachend wurde ein Gang eingelegt, der Motor heulte auf und dann fuhr unser Laster zügig eine Steigung hinauf. Oben auf dem Hügel angekommen, hörten wir, wie die Brücke mit einem dumpfen Knall explodierte. Ich denke, keiner von uns glaubte wirklich daran, dass die Deutschen dadurch aufzuhalten waren, aber jeder tat so. Wir bildeten uns ein, Hitler würde in der Mutter Weichsel ertrinken, hofften, dass Polens größter Fluss zu einer Flut anschwellen und damit den Vormarsch des Feindes stoppen würde. Aber noch während wir in diesen Vorstellungen schwelgten, hörten wir schon wieder das Brummen von Flugzeugen der Luftwaffe und unser Jubel verebbte.

Wir fuhren stundenlang weiter, bis wir schließlich ein Krankenhaus erreichten. Heute weiß ich nicht einmal mehr, wo wir genau waren. Ich war so müde, dass ich auf dem Lastwagen einschlief, während die Verletzten abgeladen wurden. Doch dann hörten wir aufgeregte Rufe – die Deutschen hatten Pontons mitgebracht und waren bereits dabei, die Weichsel zu überqueren. Die Ärzte fluchten, einige weinten sogar, während sie Order gaben, die Verletzten wieder aufzuladen.

»Wohin fahren wir jetzt?«, fragte ich einen der Soldaten.

»Zum Bahnhof. Wir versuchen, nach Nordosten zu kommen, nach Kovno.«

Blutrot ging die Sonne über den Hügeln im Westen unter und im Nordosten, wo sich das polnische Litauen bis nach Russland erstreckt, war es schon dunkel. Ich hielt mich an der Seite des Lastwagens fest, während wir die Straße zum Bahnhof hinunterholperten. Im Näherkommen sah ich, dass die Gleise von einem liegen gebliebenen Militär-Transport blockiert waren. Soldaten hackten junge Bäume und die Äste der größeren ab, um die Waggons damit zu tarnen. Auf dem Bahnsteig stand ein Offizier und brüllte: »Ein Arzt! Wo ist ein verdammter Arzt?«

Plötzlich kamen für einen Moment die hektischen Aktivitäten zum Stillstand. Wir verrenkten unsere Köpfe, um zu lauschen, und wieder hörten wir das pulsierende Dröhnen von nahenden Bombern.

»Diese Laster gehören dem Roten Kreuz!«, hörte ich mich zu niemand Bestimmtem sagen. Ich ergriff den Arm einer Nonne. »Wir sind doch mit dem Roten Kreuz gekennzeichnet – sie werden uns nicht bombardieren, oder?«

»Ich weiß es nicht, Liebes. Helfen Sie mir mit diesem Mann.«

Zu zweit stützten wir einen Soldaten, der ein gebrochenes Bein hatte, auf dem Weg durch den Bahnhof. Als der Lärm der Flugzeuge lauter wurde, begann mein Herz zu rasen. Einige Soldaten versuchten, die zerstörten Güterwaggons von den Bahngleisen zu schieben, ein junger Arzt brüllte, ob ihm jemand Wasser bringen könne, er müsse operieren, der Lokführer rief dem Bremser auf dem Wagen hinter ihm etwas zu und stoßweise begann der Dampf unter den Rädern hervorzuquellen. Und dann fielen mit einem pfeifenden Geräusch erneut Bomben.

Das Schindeldach des Bahnhofsgebäudes fing sofort Feuer und auch die Fichten auf der anderen Seite der Gleise entflammten, als seien sie Kerzen. Die Flugzeuge ließen Brandbomben fallen, die sogar das Blech der Bahnsteig-Überdachung durchschlugen. Ich konnte nicht einmal Luft holen, um zu schreien. Die andere Krankenschwester und ich schleiften den Soldaten zwischen uns die Stufen hoch in einen Bahnwaggon. Sobald wir es geschafft hatten, ließ mich die Schwester mit dem Verletzten allein und rannte zurück, um den nächsten zu holen.

Der Soldat hatte seinen Arm um meine Schultern gelegt. Sein Gewicht zog mich nach unten. »Hier, bleib hier«, flüsterte ich, während ich versuchte, ihn mit dem Rücken an die Wand des Abteils zu lehnen. Aus seinem vom Schweiß glänzenden Gesicht war sämtliche Farbe gewichen.

»Sind Sie Krankenschwester?«, keuchte er und versuchte, mit der Zunge seine Lippen zu befeuchten. Sein Blick glitt von meiner Rotkreuzarmbinde zu meinem Gesicht. »Sie sehen aus wie zwölf.«

»Ich bin Schwesternschülerin und siebzehn Jahre alt«, antwortete ich mit zitternder Stimme. In diesem Augenblick explodierte ein Schrapnell in der Nähe des Waggons und mit voller Wucht zerschmetterten Metallsplitter das Fenster. Wir duckten uns vor den umherfliegenden Glasscherben.

Als ich wieder aufstehen konnte, faltete ich meine Hände, um das Zittern zu unterdrücken. Überall um mich herum auf den Sitzbänken lagen oder saßen verwundete Soldaten und stöhnten vor Schmerzen. »Ich hole einen Arzt«, sagte ich so ruhig wie möglich. »Ich werde einen Arzt finden. Irgendwo in diesem Zug muss ja ein Arzt sein.«

Dann ertönte ein gellender Pfiff und durch das Getöse der detonierenden Bomben und die Schreie der Männer draußen drang das Schnaufen der Lokomotive an mein Ohr. Als der Zug sich langsam und ruckend in Bewegung setzte, hielt ich mich am Rahmen der Abteiltür fest. Er brachte uns nach Osten – dorthin, wo die Russen waren.

Mütterchen Russland

In Kovno war es ruhig. Wir waren weit weg von den Kämpfen, tief im litauischen Teil Polens, in der Nähe der Grenze zur Sowjetunion. Insgesamt waren es ungefähr hundert Personen, Soldaten, Offiziere und der Sanitätsstab, die sich frierend vor einem militärischen Lagerhaus zusammendrängten. Der Sommer war plötzlich vorbei. Es war frühmorgens und noch recht kühl, und da ich keine Handschuhe hatte, versuchte ich meine Hände zu wärmen, indem ich in meine hohlen Fäuste hauchte. Einer meiner Fingernägel war tief eingerissen und ich verspürte einen stechenden Schmerz, wenn ihn mein Atem streifte.

Ich hatte keine Ahnung, wie es weitergehen würde. Ich war das jüngste Mitglied unserer Gruppe und niemand machte sich die Mühe, mir etwas zu erklären. Ich hatte mitbekommen, dass wir auf die Anweisungen irgendeines Generals warteten, dessen Namen ich allerdings nie erfuhr. Die Soldaten wollten natürlich wissen, wie es um die polnische Armee stand. Wenn es nach ihnen gegangen wäre, hätten die Offiziere nur alle Männer um sich versammeln müssen, um die Truppen neu zu formieren, und mit einer neuen und besseren Ausrüstung wären sie in der Lage gewesen, den Deutschen die Stirn zu bieten. Sie hätten der Wehrmacht zu gern gezeigt, welch starker Gegner die polnische Armee war.

Plötzlich wies ein Mann mit einer Kinnbewegung in Richtung der Tür, durch die gerade der General mit einem Berater herausgekommen war. Sie blieben auf der obersten Stufe stehen. Die Soldaten in unserer Gruppe nahmen Haltung an. Die Verletzten, die noch gehen konnten, versuchten ihre Schultern zu straffen und aufrecht zu stehen, aber viele von ihnen waren zu schwach und mussten sich wieder auf ihre Krücken stützen. Wir Krankenschwestern standen dicht zusammengedrängt, um uns gegenseitig wenigstens etwas zu wärmen, und warteten auf die Ansprache des Generals. Ich bemerkte, dass er sich offensichtlich seit einigen Tagen nicht rasiert hatte. Die Bartstoppeln in seinem Gesicht waren weiß, was ihm das Aussehen eines müden, alten Mannes verlieh.

Schließlich räusperte er sich. »Gott segne Sie für den Mut und die Stärke, die Sie bewiesen haben. Sie haben tapfer für Ihr geliebtes Land gekämpft. Ihre Enkel werden Ihnen dafür dankbar sein.« Hier legte er eine Pause ein und räusperte sich wieder. »Leider muss ich Ihnen mitteilen, dass die polnische

Armee am Ende ist. Ich habe soeben erfahren, dass die Deutschen und die Sowjets Polen unter sich aufgeteilt haben. In diesem Moment stehen wir bereits auf sowjetischem Territorium. Unser Heimatland ist verloren. Polen existiert nicht mehr.«

Ein Raunen ging durch die Menge. Viele stöhnten entsetzt auf und einige der Soldaten gaben durch Zwischenrufe zu verstehen, dass sie dem General nicht glaubten. Ich drehte mich zu der Krankenschwester um, die neben mir stand. Tränen rannen über ihr Gesicht. Ich selbst verstand gar nicht, was der General gemeint hatte. Wie konnte es kein Polen mehr geben? Meine Füße standen doch fest auf polnischem Boden. Wie konnte dieses Land nicht mehr existieren?

»Die polnische Regierung ist in England, von dort will sie alles unternehmen, was in ihrer Macht steht, um unser Land zurückzuerobern. In der Zwischenzeit steht es Ihnen frei, zu gehen – als Partisanen in die Wälder – oder nach Hause zurückzukehren …« Seine Stimme brach. Viele der Männer brachen in Tränen aus, sie fluchten und schluchzten gleichzeitig. Ein Oberst riss das Abzeichen von seiner Uniform und zerknüllte es, vom Weinen geschüttelt, in seiner Hand.

Der General deutete auf die Tür des Lagerhauses hinter sich. »Nehmen Sie, was Sie brauchen. Nehmen Sie alles mit.« Er nahm Haltung an und salutierte noch einmal. Sein Kinn zitterte, als er, gefolgt von seinem Berater, eilig die Treppe hinunterstieg.

Sogleich brach Tumult aus. Alle redeten durcheinander, fluchten auf die Deutschen und die Russen und stritten darüber, wie es jetzt weitergehen sollte. Ein Soldat riss schließlich die Tür des Lagerhauses auf und bald darauf rannten die Menschen ein und aus. Decken, Gewehre, Kleider, Wodkaflaschen, Mehlsäcke, Dosenfleisch, Zigarettenschachteln – alles Brauchbare wurde auf die Lastwagen geschleppt. Jemand ließ eine Flasche fallen, sie zerschlug auf den Stufen. Der erste Motor sprang nach einer lauten Fehlzündung an und bald darauf waren die Leute mit allem, was sie tragen konnten, auf dem Weg in den Wald.

Und so kam es, dass ich mit den Resten einer abgerissenen Armee, die kein Land mehr zu verteidigen hatte, tief in die litauischen Wälder verschlagen wurde. Die Situation hatte etwas Irreales, es kam mir vor, als spielte ich nur eine Rolle in einem Theaterstück. War ich das, die da auf einen Militärtransporter kletterte und sich auf eine Munitionskiste hockte? Die echte Irena sollte doch eigentlich zu Hause sein, sie gehörte hier nicht hin, ungewaschen, hungrig und zitternd. Während ich noch diesen Gedanken nachhing, beobachtete ich eine Laus, die auf dem Ärmel meines Mantels herumkrabbelte. Dieses verlauste Wesen konnte nicht ich sein. Es durfte einfach nicht wahr sein.

In der ersten Nacht im Wald bauten wir aus unseren Decken provisorische Zelte. Einige von uns schliefen in den Lastern, andere einfach auf dem Boden. Wieder andere schliefen gar nicht, sondern saßen rauchend in der Dunkelheit und schmiedeten Rachepläne. In jener Nacht betranken sich viele der Männer, ich hörte sie fluchen, hörte, wie sie schluchzend undeutliche Gebete stotterten. Als der Morgen anbrach entdeckten wir, dass acht Soldaten und Offiziere in der Nacht Selbstmord begangen hatten – sie hatten sich mit dem Gewehr in den Mund geschossen oder sich selbst mit einem Messer die Kehle durchgeschnitten.

Mit dieser grausigen Entdeckung begann unser erster Tag als Verbannte im eigenen Land. Ich erfuhr, dass sich einige der Männer zu einer Art Führungs-Komitee zusammengetan hatten und einen Plan ausarbeiteten. Ich wusste nicht einmal, wer sie waren, und natürlich fragte mich nie jemand nach meiner Meinung. Es hieß, dass wir uns nach Süden in Richtung L'vov (Lemberg), das ungefähr fünfhundert Kilometer weit entfernt lag, durchschlagen wollten.

Während wir uns auf den Aufbruch vorbereiteten, kursierten in dem provisorischen Lager unterschiedliche Gerüchte: In L'vov war ein General – nein, aber dort standen fünf Armee-Einheiten, die gegen die Deutschen marschieren wollten – nein, aber ein Staatssekretär hatte von der polnischen Regierung aus dem Londoner Exil den Befehl erhalten, in L'vov die Truppen um sich zu versammeln – nein, aber nach L'vov kamen über eine französische Luftbrücke Waffen und Munition ... Tatsächlich bekam ich nie heraus, warum wir nun wirklich nach L'vov wollten. Vielleicht hatten einfach ein paar der Soldaten ihre Familien dort und wollten nach Hause. Mir wurde ein Platz auf einem der Lastwagen zugewiesen, der das übrig gebliebene Gepäck transportierte, und dann setzte sich unser Treck in Bewegung.

Keiner von uns konnte vorhersagen, was wir von den Litauern zu erwarten hatten, deren Kultur der russischen näher war als der polnischen. Wir wussten nicht, ob wir als mittlerweile illegale Armee auf russisch besetztem Gebiet in Sicherheit waren oder nicht, und ob uns die Einheimischen willkommen heißen oder ablehnen würden. In den folgenden Tagen bewegten wir uns durch den dichten Wald von einem Dorf zum anderen und versuchten, unsere Vorräte gegen die der Dorfbewohner zu tauschen: Wodka gegen Kartoffeln, Tabak gegen Würste, Zucker gegen Eier. Einige der Einheimischen begegneten uns mit Argwohn und schlugen uns die Türen vor der Nase zu. Andere ließen nur schwer mit sich handeln. Wieder andere waren uns offensichtlich wohlgesonnen und gaben uns Tipps, wo wir mit sowjetischen Truppen rechnen müssten. Irgendwann kamen wir in der polnischen Ukraine an. Als ich wieder einmal im Wald auf der Suche nach Nüssen und Pilzen war, fiel mir plötzlich ein, dass ich als Kind während unserer Schulausflüge genau das Gleiche getan hatte. Ich entdeckte einen Weinstock, der wie ein Schleier von einem Baum herunterhing, aber die Trauben waren durch den Frost verfault und schrumpelig. Eines Nachmittags, als ich ein Stück allein durch den Wald lief, stieß ich mit meinen Füssen gegen etwas Weiches, das sich als großer Vogel entpuppte. Er erhob sich flügelschlagend in die Lüfte und wurde im Gegenlicht der Sonne für einen Augenblick unsichtbar. In diesem Moment knallte ein Schuss und der Vogel fiel zu Boden. Einer der Soldaten rannte an mir vorbei, schnappte den Vogel und drehte ihm mit geübtem Griff den Hals um. Offensichtlich hörte er, wie ich vor Schreck schwer atmete, denn er wandte sich um und sah mir in die Augen, sah, wie ich ihn entsetzt anstarrte und mit verkrampften Händen den Kragen meines Mantels am Hals zusammenhielt.

Der Herbst ging in den Winter über. Wir fuhren an gefrorenem Sumpfland und vereisten Flüssen vorbei, immer auf der Suche nach Zuflucht in den Wäldern. Als seien wir Tiere, war unser einziges Ziel das Überleben. Wie versuchten, das Beste aus unserer Situation zu machen. Von der ständigen Kälte wurden einige von uns krank und oft kauerten wir uns zum Schutz gegen den Schnee aneinander. Die Blutarmut, unter der ich schon seit meinen Kindertagen litt, machte mir zu schaffen, und wenn ich mich nach einer Hand voll Nüsse zu Boden gebückt und dann zu schnell wieder aufgerichtet hatte, wurde mir häufig schwindelig. Manchmal schlugen wir unser Lager für mehrere Tage in der Nähe eines Ortes auf, in dem wir uns dann umsahen und umhörten, immer begierig darauf, Neuigkeiten zu erfahren. Dann wieder zogen wir jeden Tag weiter und versuchten, in einem der ukrainischen Dörfer Zuflucht zu finden, was uns aber nie gelang.

Sobald wir mit unserem Treck auf der Straße fuhren, waren wir in Gefahr. Einige aus unserer Gruppe hatten seltsame Rituale entwickelt, wurden abergläubisch oder trugen Glücksbringer. Durch den täglichen Kampf ums nackte Überleben waren wir in einen Lebensstil primitiver Zeiten zurückgefallen. Damit die russischen Patrouillen nicht auf uns aufmerksam wurden, konnten wir abends nicht zusammen singen und machten auch nur kleine Feuer. Ich selbst hielt mich meistens in der Nähe der anderen Frauen auf. Meine Verzweiflung über diese missliche Lage wurde immer größer und ich befürchtete, dass ich meine Familie niemals wiedersehen würde. So kamen die Weihnachtstage und gingen wieder vorüber, ohne dass jemand besonders Notiz davon genommen hätte, und das Jahr 1940 begann ohne jede Hoffnung. Der angeblich so wichtige Grund, weshalb wir nach L'vov aufgebrochen waren, wurde niemals wieder erwähnt. Ich hatte keine Ahnung, welche Pläne es gab oder wohin wir gingen, und ich glaube, den anderen ging es genauso. Wir schienen auf dem Weg nach L'vov stecken geblieben zu sein und niemals wirklich von der Stelle zu kommen.

Anfang Januar wurde ich auserkoren, zusammen mit vier Soldaten und zwei weiteren Krankenschwestern in ein Dorf in der Nähe von L'vov aufzubrechen, um dort einige unserer Waren zu tauschen. Es war bereits dunkel und die Reifen unseres Lastwagens knirschten auf einer dünnen Schicht Neuschnee. Wir parkten im Wald in der Nähe des Dorfes und gingen zu Fuß weiter. Solche Unternehmungen waren gefährlich, da man jederzeit mit russischen Patrouillen rechnen musste. Während meine Begleiter eines der dunklen Häuser betraten, blieb ich als Wache an der Straßenecke stehen.

Obwohl ich meinen Rücken fest gegen eine Häuserwand presste, fuhr der Wind von allen Seiten unter meinen dünnen Mantel. Durch die dünnen Sohlen meiner Stiefel kroch die Kälte nach oben und umklammerte meine Füße mit eisernem Griff. Während ich so dastand, konnte ich vor Angst keinen klaren Gedanken fassen. Ich wusste, dass die Russen Kommunisten waren und nicht an Gott glaubten. Aber ich hatte keine Ahnung, was sie für Menschen waren, was es bedeutete, dass sie jetzt unsere Besatzer waren, und was sie tun würden, wenn sie uns entdeckten. Ich sah zum Himmel hoch, an dem tausende von Sternen blinkten. Er glich einer Wiese im Frühling, die mit blühenden Schneeglöckchen übersät ist. In mir erwachte ein Gefühl, das mir aus meinem früheren Leben vertraut war: So oft hatte ich im Frühling meinen Blick über eine blühende Wiese schweifen lassen und mir eingebildet, dass ich, wenn ich nur schnell genug loslaufen würde, vom Boden abheben und fliegen könnte! Ich wäre so gern losgelaufen. Ich wollte zu meiner Mutter.

Durch die klare, kalte Luft drang das Motorgeräusch eines Lastwagens und ich sah, wie sich die hüpfenden Lichtkegel von Scheinwerfern näherten: eine russische Patrouille. Ich blickte noch einmal kurz hoch zu den Sternen, dann trat ich aus dem schützenden Schatten und rannte und rannte, so schnell ich konnte, um abzuheben und in den dunklen Nachthimmel hinaufzufliegen. Ich hörte bereits die Stimmen der russischen Soldaten, hörte ihre Schritte im Schnee knirschen. Sie jagten mich. Vor mir tauchte der dunkle Wald auf. Vor Anstrengung brannte jeder Atemzug in meiner Kehle und ich spürte, wie Schnee von oben in meine Stiefel eindrang. Und hinter mir waren die russischen Soldaten, schreiend und lachend. Ich war ein Vogel und wollte einfach auffliegen, aber sie würden mich erschießen.

Ich war beinahe schnell genug. Ich war beinahe schnell genug.

Das Krankenhaus

Es fällt schwer, darüber zu sprechen. Ich war siebzehn und im Umgang mit Männern stets schüchtern gewesen. Ich hatte noch keinen Freund gehabt, war noch nie geküsst worden, kurz, ich war ein braves katholisches Mädchen. Die russischen Soldaten haben mich damals nicht erschossen. Sie fingen mich ein und schlugen mich bewusstlos. Dann vergewaltigten sie mich und ließen mich im Schnee liegen und der dunkle Wald unter dem kalten Sternenhimmel schaute meinem Sterben zu.

Aber ich starb nicht. Eine andere Patrouille stieß zufällig auf mich, ein zusammengekrümmtes, bewusstloses Häuflein Elend auf dem Boden, und warf mich auf die Ladefläche eines Lastwagens. Während der Wagen über die harten Straßen rumpelte, kam ich immer wieder kurz zu Bewusstsein, um dann gleich wieder wegzudämmern. Als das Schaukeln aufhörte, kam ich erneut zu mir und bemerkte, dass ich von irgendwelchen Lichtern umringt war. Jemand zerrte mich von der Ladefläche herunter und dann fand ich mich auf einer Trage liegend wieder. Eine Frau sprach mich freundlich auf Russisch an und streichelte mein misshandeltes Gesicht, während sie gleichzeitig meinen Körper nach Brüchen abtastete. »Mamusia«, wimmerte ich wie ein Kind, bevor ich erneut das Bewusstsein verlor.

Als ich erwachte, lag ich zugedeckt in einem Bett. Durch meine geschwollenen Augenlider blinzelte ich zur Decke. Draußen tobte offensichtlich ein Sturm. Die Fensterscheiben klirrten, wenn der Wind dagegen drückte, und sein Heulen hallte in meinem schmerzenden Kopf wieder. Langsam versuchte ich den Kopf zur Seite zu drehen. Neben meinem Bett standen ein junger Mann und eine ältere Frau in russischen Uniformen.

»Ich werde für die Ärztin dolmetschen«, sagte der Mann auf Polnisch zu mir. »Können Sie sprechen?«

Meine Kehle fühlte sich ausgedörrt an und ich räusperte mich. »Ja.«

»Sie befinden sich in einem Krankenhaus, aber Sie gelten als Gefangene. Das ist Dr. Olga Pavlovskaya. Wie heißen Sie?«

»Irena Gutowna.«

»Ihr Alter?«

»Siebzehn.«

»Warum waren Sie im Wald?« Nach jedem einzelnen meiner Sätze dolmetschte der junge Mann für die russische Ärztin. »Ich war mit dem polnischen Medizincorps unterwegs. Wir – wir haben uns in den Wäldern versteckt, als wir hörten, dass Polen … dass Polen aufgeteilt wurde. Wir haben nur versucht, zu überleben.«

Während ich antwortete, blickte mich Dr. Pavlovskaya die ganze Zeit über durchdringend an. Zwischen ihren Augenbrauen zeigte sich eine kleine senkrechte Falte. Dann sagte sie etwas auf Russisch.

»Sind Sie Krankenschwester?«, übersetzte der Mann. Ich starrte zur Decke. Ich hatte meinen Wachposten verlassen, meine Gefährten verloren und mein ganzer Körper schmerzte. Die Erinnerung an den Überfall der Soldaten überrollte mich wie eine Flutwelle und heiße Tränen rannen mir über die Wangen.

Wieder fragte er: »Sind Sie Krankenschwester?«

»Ich bin Schwesternschülerin«, flüsterte ich.

Nachdem der Mann meine Antwort für Dr. Pavlovskaya übersetzt hatte, schwiegen wir alle für einen Moment Ich hörte, wie das Gebäude im Sturm ächzte. Plötzlich prasselte Schneeregen gegen die Fensterscheiben. Es klang, als werfe jemand eine Hand voll Steinchen dagegen. Die Ärztin nahm meine Krankenkarte zur Hand, überflog sie rasch und sagte etwas zu dem Dolmetscher.

»Sie werden keine bleibenden Schäden davontragen, obwohl es natürlich eine Zeit dauern wird, bis Sie wieder ganz gesund sind. Sie sind unterernährt und überanstrengt, aber ich denke, in ein paar Tagen werden wir Sie so weit wieder hergestellt haben, dass Sie ein paar kleine Aufgaben im Krankenhaus übernehmen können. Wir haben zu wenig Personal. Ich werde Ihnen eine Schwesterntracht bringen lassen, sobald es Ihnen besser geht.«

Ich fühlte mich bleischwer und wie betäubt. Die Stimme

des Dolmetschers wurde immer leiser und undeutlicher. »Wo bin ich?«, versuchte ich zu fragen, aber meine Stimme wollte mir nicht mehr gehorchen und ich wurde erneut vom Schlaf überwältigt.

Als ich das nächste Mal aufwachte, war es bereits Nachmittag. Wieder war Dr. Pavlovskaya bei mir. Sie bemerkte, dass ich sie beobachtete, lächelte mir flüchtig zu und sagte etwas auf Russisch zu mir, was ich nicht verstand. Dann strich sie mir das Haar aus dem Gesicht und nahm mein Handgelenk, um meinen Puls zu überprüfen. Sie murmelte etwas, das wie »Vögelchen« klang. Dankbar für ihre Liebenswürdigkeit schloss ich die Augen wieder. Ihre Hände fühlten sich kühl und weich an. Dann ging sie und bald darauf kam eine Krankenschwester ins Zimmer und brachte mir eine Schüssel und eine saubere Schwesterntracht. Mühsam setzte ich mich im Bett auf. Mein ganzer Körper schmerzte, als ich vorsichtig meine Beine über die Bettkante schwang und mich schließlich mit zitternden Knien hinstellte. Die Schwester machte Anstalten, mir zu helfen, aber ich schüttelte den Kopf. Ich drehte ihr den Rücken zu, zog mich aus und wusch mich, so schnell es mir möglich war. Ich brachte es nicht fertig, meinen lädierten Körper anzuschauen. Als ich schließlich in die Schwesterntracht geschlüpft war, bedeutete die Frau mir, ihr zu folgen.

Sie führte mich einen langen Krankenhausflur hinunter, wo es vertraut nach Chloroform und kranken Menschen roch. Durch eine geöffnete Tür sah ich in das Stationszimmer, wo gerade zwei Krankenschwestern ihre Köpfe über eine Patientenakte gesenkt hielten. Sie schauten neugierig auf, als ich an der offenen Tür vorbeiging. Während ich der Schwester in einen anderen Flügel des weitläufigen Gebäudes folgte, spürte ich einen kalten Luftzug an meinen Knöcheln. Die Schilder an sämtlichen Türen waren in russischer Sprache und am Ende des Korridors hing eine Fotografie von Josef Stalin.

Die Schlafzimmer der Krankenschwestern lagen alle hintereinander und waren durch Türen miteinander verbunden, sodass man jeweils einen Schlafraum durchqueren musste, um zum nächsten zu gelangen. Wir betraten einen Raum, in dem drei Betten standen. Auf eines von ihnen zeigte meine Begleiterin und gar mir zu verstehen, dass es für mich gedacht war. Die Schwester verließ mich ohne eine weitere Erklärung und da ich nicht wusste, was ich jetzt tun sollte, setzte ich mich zunächst einmal auf die Bettkante.

Da saß ich nun, zitternd vor Kälte und Nervosität. Die beiden anderen Betten schienen bereits belegt zu sein, denn auf dem einen lag ein Pullover, auf dem anderen eine Zeitschrift mit der Titelseite nach unten. Unter beiden Betten lugte jeweils ein großer Koffer hervor. Immer noch zitternd, kroch ich unter meine Decke, rollte mich auf die Seite und zog die Knie bis unters Kinn. Ich wollte einfach nur schlafen und alles vergessen. Und tatsächlich schlief ich auch ein, aber vergessen konnte ich nicht.

Meine Mitbewohnerinnen lernte ich erst am folgenden Tag kennen. Schnatternd kamen sie zusammen ins Zimmer. Offensichtlich hatten sie gerade ihre Schicht beendet, denn sie wirkten sehr müde. Die eine war groß, aber schmal und hatte dunkles Haar, während die andere einen etwas kräftigeren, derben Eindruck machte. Die beiden setzten sich auf ihre Betten und schauten zu mir herüber, während sie ihre Trachten auszogen.

Die Kleinere zeigte auf sich und sagte mit einer lauten, ungeduldig wirkenden Stimme: »Galla«, dann zeigte sie auf die Größere und sagte: »Maruszka.«

»Irena«, flüsterte ich.

Sie fuhren mit ihrer Unterhaltung fort, bei der mich hin und wieder ein Wort an eines meiner Muttersprache erinnerte. Auf diese Weise lernte ich Russisch. Einige Tage durfte ich noch zur Erholung in unserem Zimmer bleiben und jedes Mal, wenn meine Mitbewohnerinnen kamen, schnappte ich ein wenig mehr von der russischen Sprache auf. Später wurde ich dann zur Arbeit im Krankenhaus herangezogen, wobei ich häufig für dieselbe Schicht eingeteilt wurde wie Galla und Maruszka. Im Laufe der Zeit brachten sie mir zunächst die wichtigsten Fachwörter bei – Bett, Verband, Thermometer, Blut –, später kamen dann Verben, Zahlen und Adjektive hinzu. Im Speisesaal, der vom Summen der vielen Stimmen erfüllt war, lernte ich, Gabel, Messer, Kartoffeln, Brot, Tee, Tisch und dergleichen auf Russisch zu sagen. Schon nach wenigen Tagen konnte ich die ersten kurze Sätze in der fremden Sprache stammeln. Von da an las Maruszka mir geduldig aus der Moskauer Zeitung vor, wobei sie die Sprache stets für mich vereinfachte.

Die Zeitung feierte den Feldzug, den die Rote Armee an der finnischen Grenze mit eiserner Faust durchgeführt hatte, und ihren Triumph über den polnischen Widerstand. Stumm lauschte ich den Berichten über die zerschlagene polnische Armee. Die Neuigkeiten waren unerträglich für mich und ich versuchte, die Gedanken an meine Familie und mein geliebtes Heimatland, das nun aus zwei Himmelsrichtungen vom Feind überrollt worden war, zu verdrängen. Abende lang saßen wir im Gemeinschaftsraum und lauschten den Propagandareden im Radio, in denen die Tugenden der siegreichen Kommunisten gepriesen wurden. Maruszka half mir, die schwierigsten Passagen zu verstehen, und erklärte, dass Millionen von Amerikanern vor den Augen einer herzlosen kapitalistischen Regierung in den Straßen verhungerten. Zwar war mir damals klar, dass wir systematisch mit der marxistischen Lehre gefüttert wurden und man nicht die Hälfte von dem, was die Propaganda behauptete, glauben konnte. Aber naiv, wie ich war, strengte ich mich stets an, trotzdem alles mitzubekommen und zu verstehen.

Nachts im Bett überwältigte mich dann die Einsamkeit. In den angrenzenden Schlafräumen wurde häufig gefeiert und der Geruch des Zigarettenrauchs, das Gelächter und die klingenden Gläser hinderten mich am Einschlafen. Ich starrte dann an die Decke und versuchte, nicht vor Kummer und Angst zu weinen. *Ojcze nasz, Który jesteś w niebie*, betete ich, *święć się Imię Twoje.* Ich fragte mich, ob der Vater im Himmel mich wohl in meiner Einsamkeit und Traurigkeit sah. Tagsüber arbeitete ich auf den Stationen, frischte meine in Radom erworbenen Kenntnisse in der Krankenpflege auf und versuchte zu verdrängen, dass ich eine Gefangene war.

»Sie machen hervorragende Fortschritte«, sagte Dr. Pavlovskaya eines Tages zu mir.

»Vielen Dank, Dr. Olga«, antwortete ich. »Maruszka ist eine sehr gute Lehrerin.«

Die Ärztin nickte. Sie besuchte mich häufig und war jedes Mal zufrieden mit meiner Arbeit und meinen Fortschritten in der russischen Sprache. Als Leiterin des Krankenhauses lag ihr Aufgabengebiet eher in der Verwaltung, aber sie hatte stets ein Auge auf mich.

Noch öfter als Dr. Olga sah ich den Chefarzt der Chirurgie, Dr. David, einen ukrainischen Polen. Er hatte ein freundliches und umgängliches Wesen, verlangte aber für seine Patienten die besten Pflege. Eifrig bemühte ich mich, es ihm recht zu machen. Es war auch Dr. David, von dem ich schließlich erfuhr, wo wir uns befanden: in Ternopol, das ungefähr hundert Kilometer östlich von L'vov in der Ukraine liegt. Ich lebte also immer noch in Polen, das nicht mehr Polen war. So, wie ich mich fühlte, hätte ich aber ebenso gut in Moskau sein können: Ich war weit, weit weg von meiner Familie und hatte die Hoffnung verloren, zu ihr zurückzukehren, ihre Stimmen zu hören oder die vertrauten Handschriften in einem Brief zu lesen. Es war unmöglich, ihnen mitzuteilen, wo ich war, ja nicht einmal, dass ich noch lebte.

Die Wochen und Monate flogen vorbei. Im Laufe der Zeit kam ich wieder zu Kräften und konnte immer besser Russisch sprechen. Dann wurde Dr. Olga zusammen mit Galla und Maruszka zur finnischen Front versetzt und ihre Stelle wurde im März durch einen neuen Verwalter, Dr. Ksydzof, besetzt. Er war ein verbitterter, boshafter Mann, der seit einem Unfall in seiner Jugend ein verkrüppeltes Bein hatte und humpelte. Immer wenn ich ihm begegnete, schien er mich hasserfüllt anzufunkeln. Für die Belegschaft des Krankenhauses hatte er nichts als harsche Kritik und Beschwerden übrig, sodass schon bald alle Mitarbeiter ihn zugleich verachteten und fürchteten.

Unter seiner Verwaltung wurde die kommunistische Propaganda, der wir ausgesetzt waren, noch intensiviert. Fast jeden Abend mussten wir uns in der Lesehalle versammeln, um die jüngsten Erfolge der Roten Armee zu feiern, die den gesamten Osten Polens »befreite«. Ich hatte keine Zweifel, dass all meine Gefährten aus dem Wald getötet worden waren, und begann zu fürchten, dass Dr. Ksydzof meinen Aufenthalt im Krankenhaus von Ternopol ebenfalls schnell zu einem unerfreulichen Ende bringen würde. Unter Dr. Olga war ich mir zwar stets meiner Gefangenschaft bewusst gewesen, hatte mich aber relativ frei gefühlt. Dass ich eine Krankenschwester der abtrünningen polnischen Armee war, löste in Dr. Ksydzof offensichtlich Rachegefühle aus, die ich deutlich zu spüren bekam.

Und doch hatte ich mit dem, was dann passierte, nicht gerechnet. Eines Nachts, als ich nach einer 24-Stunden-Schicht in einen bleischweren Schlaf gesunken war, schreckte ich plötzlich hoch. Irgendetwas Schweres war neben mir auf mein Bett gesunken und ich wurde von dem Gestank nach abgestandenem Zigarrenrauch und Wodka überwältigt. Hände begannen mich zu begrapschen und hielten mir den Mund zu, als ich mich wehrte.

»Schnauze, du polnische Hure!«, knurrte eine barsche Stimme. »Jetzt gehörst du mir.«

Ich erkannte Dr. Ksydzof. Von Ekel und Entsetzen geschüttelt, versuchte ich, ihn von mir herunterzustoßen, was mir aber misslang. Zufällig stieß meine Hand an die schwere Glasflasche mit kaltem Tee, die auf einem Stuhl neben dem Bett stand, und ohne nachzudenken, ergriff ich sie beim Hals, holte so weit wie möglich aus und schmetterte sie gegen seinen Kopf. Er sackte in sich zusammen. Mühsam kletterte ich unter der Last seines erschlafften Körpers hervor. Ich war völlig durchnässt – ob es Tee war oder Blut, wusste ich nicht.

»*Panie Jezu!* Lieber Gott, ich habe ihn umgebracht!«, stöhnte ich.

Als ich im Nachthemd panisch aus dem Zimmer rannte, spürte ich die kalten Bodenfliesen unter meinen Füßen. Blindlings rannte ich in die Notaufnahme, wo ich Dr. David entdeckte, der allein im Schwesternzimmer saß und eine Krankenakte studierte.

»Helfen Sie mir! Ich habe ihn umgebracht! Was werden sie jetzt mit mir machen?«

Dr. David sprang von seinem Stuhl auf und packte mich bei den Armen. »Iruschka, was ist passiert? Wen haben Sie umgebracht?«

Ich keuchte und schluchzte und konnte nur verzweifelt den Kopf schütteln. »Ich werde verhaftet, sie werden mich töten! Er ist über mich hergefallen, während ich schlief, und ich habe ihn umgebracht!«

Dr. David drehte sich um und suchte im Besenschrank nach einer Decke, die er mir dann um die Schultern legte. »Sie bleiben hier«, sagte er und führte mich zu einem Bett im Raum nebenan. Schluchzend setzte ich mich auf die Bettkante. Er steckte die Decke unter meinen Knien fest. »Versuchen Sie, sich zu beruhigen. Ich sehe nach, was passiert ist.«

Als Dr. David hinausgegangen war, zog ich die Füße auf das Bett, kauerte mich zusammen und schaukelte unwillkürlich vor und zurück. Ich versuchte, mich zu beruhigen und meine Tränen hinunterzuschlucken. Als er nach einigen Minuten zurückkam, sah er sehr müde aus.

»Wer auch immer bei Ihnen war, ist verschwunden. Sie haben ihn ganz eindeutig nicht umgebracht.«

Ich starrte ihn an. »Es war Dr. Ksydzof«, flüsterte ich.

Dr. David atmete schwer ein. »Jetzt haben Sie einen Feind, so viel ist sicher. Aber ich glaube nicht, dass er Sie belasten wird. Wie würde er dann dastehen? Er hat Sie immerhin in Ihrem Bett überfallen.«

Er setzte sich neben mich und tätschelte mein Knie. Er war sehr liebenswürdig, und obwohl ich schon von Männern missbraucht worden war, vertraute ich ihm.

»Lassen Sie mich nachdenken, was wir jetzt mit Ihnen tun«, fuhr er freundlich fort. »Ich würde Sie lieber hier wegschaffen –«

»Ja! Ich könnte doch nach Hause gehen!«

»Nein, Iruschka. Ich glaube, man kann noch nicht wieder in Richtung Westen fahren. Aber ich habe einige Freunde …«

Vor Enttäuschung liefen mir erneut Tränen über die Wangen. »Ich möchte nach Hause«, sagte ich kläglich. »Ich will zu meiner Mutter.«

»Es tut mir Leid.« Dr. David stand auf und streckte sich. »Bleiben Sie heute Nacht hier. Morgen werden wir weitersehen. Ich schätze, für eine Weile sind Sie vor Dr. Ksydzof sicher.«

Diesbezüglich hatte ich nur wenig Hoffnung, aber Dr. David behielt tatsächlich Recht. Der nächtliche Zwischenfall wurde niemals erwähnt, es war, als hätte er einfach nicht stattgefunden. In den nächsten Tagen versuchte ich, dem Krankenhausverwalter aus dem Weg zu gehen. Wenn ich ihm dann doch begegnete, legte sich bei der Art, wie er mich anschaute, eine eiserne Hand um mein Herz. Er wartete ganz offensichtlich auf eine Gelegenheit, mich zu bestrafen, und ich hatte keine Ahnung, wie viel Zeit mir noch blieb. Jedes Mal, wenn ich Dr. David sah, drängte es mich, ihn nach Neuigkeiten zu fragen, aber stets waren andere Leute um uns herum und wir konnten kein einziges privates Wort wechseln.

Schließlich kam dann doch eine Gelegenheit. Ich stahl mich in Dr. Davids Büro und er blickte kurz in beide Richtungen den Flur hinunter, bevor er die Tür hinter sich schloss.

»Ich habe eine Freundin, die ich seit dem Medizinstudium kenne. Sie lebt in Svetlana, in der Nähe von Kiew. Es ist ein kleines Dorf. Sie leitete dort eine Krankenstation. Ich habe ihr erzählt, dass Sie eine gute Krankenschwester sind und was Ihnen widerfahren ist. Sie wird Sie bei sich aufnehmen. Aber hier herauszukommen wird ein Problem werden. Ich kann Ihnen keine gefälschte Genehmigung schreiben.«

»Ich werde es schon schaffen«, versprach ich. »Ich muss unbedingt hier weg.«

Ich schlüpfte aus seinem Büro und eilte zurück an meine Arbeit. Während der nächsten Tage begann ich, das Krankenhausgelände auf mögliche Fluchtwege hin zu untersuchen. Die Tore wurden von Soldaten bewacht, an denen man ohne eine Genehmigung nicht vorbeikam. Aber während ich das Gelände durchquerte und dabei meine Arme schwingen ließ, als mache ich Sportübungen, entdeckte ich ein loses Brett im Zaun. Ich bückte mich, gab vor, meinen Schuh zuzubinden, und untersuchte das Brett. Die Öffnung war nur klein, aber dünn, wie ich war, würde ich mich hindurchquetschen können. Als ich Dr. David das nächste Mal allein sah, erzählte ich ihm, dass ich eine Möglichkeit entdeckt hatte, nach draußen zu gelangen.

»Erzählen Sie mir keine Einzelheiten. Es ist besser, wenn ich nichts weiß«, sagte er ruhig. Während unseres Wortwechsels hielt er ein Röntgenbild gegen das Licht, sodass es schien, als betrachteten wir es gemeinsam. In Wahrheit schützte es uns vor fremden Blicken. »Ich werde Ihnen eine Bahnfahrkarte und die Adresse meiner Freundin in Svetlana besorgen. Morgen haben wir gemeinsam Schicht, dann gebe ich Ihnen beides.«

Wir schauten immer noch auf die Röntgenaufnahme, Arzt

und Schwester, die sich über einen Patienten berieten. Ich atmete langsam aus und mir war, als hätte ich meinen Atem tagelang angehalten. »Danke, Doktor.«

»Viel Glück, Iruschka. Seien Sie vorsichtig.«

Ein Jahr in Svetlana

Es war Mitte März, als ich Ternopol verließ. Schmutziger Schnee häufte sich an den Rändern der Straßen. Bei Sonnenaufgang machte ich mich auf den Weg zum Bahnhof. Ich hatte mich unmittelbar nach Dienstende davongestohlen, sodass man mich für mehrere Stunden nicht vermissen würde. Auf der Straße beachtete mich niemand – ich war eine von vielen auf dem Weg zur Arbeit oder zum Einkaufen für die Familie. Zwei russische Soldaten lehnten am Bahnhof an einem vernagelten Kiosk und teilten sich eine Wurst, von der sie dünne Scheiben abschnitten. Sie beachteten mich kaum. Ich ging an ihnen vorüber und stieg in den Zug. Die mächtige Rote Armee war zu sehr mit dem Frühstück beschäftigt, um mich zu bemerken, und ich schlüpfte so leicht wie Rauch durch ihr Netz.

Ich fand ein leeres Abteil und fuhr schon bald in Richtung Osten. Der Zug schnaufte an schlammigen, noch halb gefrorenen Feldern vorbei, auf denen Wagen tiefe Fahrspuren hinterlassen hatten. Kirchturmspitzen aus dunklem Holz tauchten am Horizont auf und entlang der Bäche standen kahle Weiden. Aus dem Schornstein der Lokomotive quollen dicke Aschewolken. Der Zug fuhr den ganzen Tag lang über Land und hielt von Zeit zu Zeit am Bahnhof eines kleinen Dorfes oder Städtchens. Einmal sah ich in der Ferne eine Reihe von Lastwagen der Roten Armee in Richtung Westen fahren. Aus der Entfernung wirkten sie wie Ameisen. Ich blieb die ganze Zeit auf meinem Platz sitzen, hielt die Hände im Schoß und versuchte, nicht aufzufallen.

Schließlich überquerten wir den Dnjepr und hatten einen kurzen Aufenthalt in Kiew. Der Bahnhof wimmelte vor Soldaten in Uniformen der Roten Armee und ich verhielt mich so unauffällig wie möglich, sodass niemand auf mich aufmerksam wurde. Einige Waggons wurden ausrangiert und durch den Zug ging ein heftiger Ruck, als neue angekoppelt wurden. Unter den Rädern der Waggons quollen dicke Dampfwolken hervor und ein Bahnarbeiter rief die Namen der Bahnhöfe auf der West-Ost-Route aus, an denen der Zug halten würde.

Schließlich fuhren wir weiter und ließen die Zwiebeltürme und vergoldeten Kirchendächer von Kiew hinter uns zurück. Eine Gruppe betrunkener Soldaten polterte randalierend durch den Zug. Sie grölten schmutzige Lieder und hielten offensichtlich nach hübschen Mädchen Ausschau. Ich wickelte mich in meinen Schal ein und schaute zum Fenster hinaus. Meine Füße waren eiskalt und mein Magen knurrte wie ein alter Hund. Als es dunkel wurde, näherten wir uns einem kleinen Provinzbahnhof, und der Schaffner rief: »Svetlana!«

Ungeschickt schob ich die Abteiltür auf und stürzte vor Eile beinahe auf die Plattform.

»Rachel! Ich bin's, Miriam!«

Von hinten umfassten mich zwei starke Arme und wirbelten mich herum. Ich starrte die junge Frau an, deren dunkles, lockiges Haar unter einem Kopftuch hervorlugte. Sie erwiderte meinen Blick eindringlich. »Schön, dass du da bist, Cousine«, sagte sie bestimmt. »Kleine Rachel Meyer, wie groß du geworden bist, seit ich dich das letzte Mal gesehen habe!«

»O ja«, stammelte ich.

»Also«, fuhr Miriam fort, hakte sich bei mir unter und schob mich auf das Bahnhofsgebäude zu, »du bist bestimmt müde, lass uns jetzt gar nicht viel erzählen – wir gehen erst mal nach

Hause und machen es uns gemütlich. Gute Nacht, Genosse«, sagte sie zu dem Mann hinter der Scheibe des Fahrkartenschalters.

Er nickte und hob kurz die Hand, schaute aber ansonsten nicht einmal hoch. »Gute Nacht.«

Kurz darauf standen wir auf einer schmutzigen Straße, die durch das Zwielicht der Dämmerung in ein eintöniges Grau getaucht war. Schweigend gingen wir schnellen Schrittes weiter und überholten zwei alte Frauen, die graue Schals trugen. Erst als wir allein waren, wagte ich zu sprechen.

»Dr. David sagte – ich bin Ihnen so dankbar, dass ich zu Ihnen kommen durfte«, sagte ich stockend. »Ich wusste nicht mehr, was ich tun sollte.«

»Am besten sprechen Sie am Anfang nicht so viel«, antwortete meine neue Cousine freundlich. »Ihr Akzent fällt ein bisschen auf. Überlassen Sie das Reden für eine Weile lieber mir. Wir müssen Sie morgen beim Bezirksrichter anmelden. Gewöhnen Sie sich an den Gedanken, dass Sie meine Cousine Rachel Meyer aus Ludmilla in der Nähe von L'vov sind. Heute Nacht üben Sie, Ihren Namen zu schreiben, damit er Ihnen morgen leicht von der Hand geht.«

Sie schloss die Tür zu einem kleinen Haus auf, das unmittelbar neben einer Klinik stand, und bat mich herein. Drinnen war es angenehm warm und trocken. Miriam wickelte sich aus ihrem Schal und schüttelte ihr Haar, während sie mich betrachtete.

»So, da wären wir. Ich werde auf Sie Acht geben, bis wir Sie nach Hause schaffen können.«

Ich schaute mich in Ruhe im Erdgeschoss des Häuschens um, das offensichtlich aus einem einzigen Zimmer bestand. Medizinische Bücher lagen aufgeschlagen auf einem Tisch, auf dem Ofen blubberte etwas in einem Topf vor sich hin. Im ganzen Haus roch es angenehm vertraut nach einer Mischung aus Desinfektionsmitteln, Holzfeuer und Veilchenparfüm. Zum ersten Mal seit Monaten begann ich mich zu entspannen. Jemand kümmerte sich um mich. Diese Vorstellung war Balsam für mein armes, einsames Herz.

Während unser Abendessen garte, machten Miriam und ich es uns mit hochgezogenen Füßen auf der Ofenbank gemütlich. Wir wärmten unsere Fußsohlen und erzählten uns voneinander. Beim Abendbrot – es gab Kohlsuppe, frisches dunkles Brot, Milch und eingelegte Zwiebeln – erfanden wir Details aus Rachel Meyers Leben, während mir die schrecklichen Dinge, die Irena Gutowna zugestoßen waren, immer unwirklicher erschienen. Als ob sie einer anderen passiert wären. Dort in der Ukraine, umgeben von der unendlichen Weite ruhender Weizenfelder, schlief ich spät in der Nacht als Irena ein, und als ich am Morgen erwachte, war ich Rachel.

Früh am nächsten Morgen begann mein neues Leben. Ein kleiner Junge, der sich ein Bein gebrochen hatte, wurde auf die Krankenstation gebracht. Er hatte seinem Vater beim Reparieren des Daches geholfen und war dabei abgestürzt. Miriam richtete seine Knochen und ich half ihr beim Anlegen des Gipsverbandes. Der Junge wirkte blass und unterernährt und schaute uns ruhig zu. Als sein Vater kam, um ihn abzuholen, brachte er ein frisch geschlachtetes Huhn als Bezahlung mit. Er legte es auf den Untersuchungstisch, wo es Blutspuren auf der weißen Emaille hinterließ.

Während der nächsten Wochen kümmerten wir uns um die Kranken von Svetlana und um die, die einen Unfall gehabt hatten. Wir versorgten die Wunden von Männern, die betrunken in eine Schlägerei geraten waren, und halfen Frauen, ihre Babys zur Welt zu bringen. Schulkinder mussten geimpft werden, wir behandelten runzlige alte Männer und Frauen, die unter Rheumatismus litten, zogen Zähne und öffneten Abszesse. Bezahlt wurden wir mit Blutwürsten, Geflügel, Sahne, Brot, Honigwaben oder Arbeitsangeboten – mit allem, nur nicht mit Geld. Meine Aufgabe war es, die Instrumente zu sterilisieren,

Verbände zu rollen und mich um die Medikamente zu kümmern. Miriam war eine exzellente Ärztin und es verging kein Tag, an dem ich nicht bei der Arbeit etwas Neues von ihr lernte.

Eines Tages Anfang Mai, wir waren gerade auf dem Heimweg von einer Geburt, entdeckte ich überrascht die ersten blühenden Fliederbüsche. In diesem Augenblick wurde mir bewusst, dass mein achtzehnter Geburtstag kurz bevorstand. Bald darauf traf ein Brief von Dr. David ein, in dem er uns die Aufregung schilderte, die durch meine Flucht aus dem Krankenhaus in Ternopol ausgelöst worden war. Dr. Ksydzof hatte behauptet, ich sei Mitglied einer gefährlichen Gruppe subversiver polnischer Partisanen gewesen, sei dann aber kurz nach meiner Flucht gefangen genommen worden und schmore nun in einem russischen Gefängnis. Miriam und ich glucksten in uns hinein, als wir diese Neuigkeiten lasen, und waren zugleich sehr erleichtert, dass offensichtlich keinerlei Verdacht auf Dr. David gefallen war. In diesem Wissen feierten wir meinen Geburtstag und meine erfolgreiche Flucht aus Ternopol. Wir stießen mit unseren Gläsern an und tanzten eine Polka, zu der Miriam die Melodie summte. Die beiden Störche, die auf dem Dach des kleines Häuschens ihr Nest hatten, krächzten dazu wie zwei alte Klatschbasen.

Svetlana war nur ein kleines Dorf und schon bald kannte ich die meisten Einwohner vom Sehen. Sie hielten mich für Rachel Meyer, die jüngere Cousine von Dr. Miriam, und behandelten mich genau wie sie mit Ehrfurcht und Respekt. In den kleinen Häusern mit den schmutzigen Fußböden, wo wir Babys mit Koliken und bettlägerige Großmütter behandelten, waren wir stets willkommen, und die Dorfbewohner drängten uns, auf ihren besten Stühlen Platz zu nehmen. Neben ihren gesundheitlichen Problemen gab es kaum ein anderes Gesprächsthema. Die meisten waren arme Bauern, die Svetlana noch nie in ihrem Leben verlassen hatten und keine Ahnung hatten, was sich in jener Welt abspielte, die hinter den Grenzen des Dorfes begann. Für diese Bauern hatte sich durch den Kommunismus nichts verändert; sie hatten immer schon ein hartes Leben geführt und so war es geblieben. Dass weiter westlich Krieg geführt wurde, spielte für sie keine Rolle.

Ich selbst war mir dieses Krieges allerdings stets bewusst. Jeden Abend, wenn die Sonne im Westen unterging, begann ich mich schmerzlich nach meiner Familie in Polen zu sehnen. Trotz Miriams grenzenloser Liebenswürdigkeit und Freundschaft vermisste ich mein Zuhause sehr und musste ständig daran denken. Da ich den kommunistischen Zeitungen bezüglich ihres Wahrheitsgehaltes nicht traute, wusste ich nicht, was in Polen vor sich ging. Einige der Nachrichten mögen vielleicht der Wahrheit entsprochen haben, aber wie hätte ich sie von der Propaganda unterscheiden sollen?

So vergingen die Monate und ich gewöhnte mich allmählich an den Lebensstil der Landbevölkerung: vor Morgengrauen aufstehen, den ganzen Tag lang hart arbeiten, eine einfache, herzhafte Mahlzeit zu sich nehmen und dann wieder früh zu Bett gehen. Im Sommer kam es zu einer Typhusepidemie und wir hatten sechs Wochen lang alle Hände voll zu tun, die armen Menschen vor dem Sterben zu retten. Dann begann der Herbst. Die Bauern ernteten die bernsteinfarbenen Felder und der Staub, der durch das Dreschen des Weizens aufgewirbelt wurde, legte sich wie ein goldener Schleier über das ganze Land. Der Herbst ging bald in einen strengen Winter über und man konnte schon von weit her das Klingeln der Glöckchen eines Pferdeschlittens hören, der sich über die gefrorenen Wege näherte. Ungeachtet der kommunistischen Regierung feierten die Dorfbewohner wie eh und je das Weihnachtsfest. Wir schrieben mittlerweile das Jahr 1941. Im Dorf lag so viel Schnee, dass er bis an die Dächer der Häuser reichte. Miriam und ich blieben im Haus, machten es uns gemütlich und wärmten unsere Füße an dem riesigen Holzofen.

Im Januar erreichte uns wieder ein Brief von Dr. David. »Es heißt, dass die Russen und die Deutschen eine Einigung gefunden haben: Diejenigen Polen, die durch die Invasion von ihren Familien getrennt wurden, dürfen angeblich im Frühjahr die Front überqueren. Wenn du jemanden kennst, der davon betroffen ist, solltest du ihm sagen, dass er oder sie sich darauf einrichten soll, nach Ternopol zu kommen, um rechtzeitig einen Antrag zu stellen.«

»Er meint mich, Miriam«, flüsterte ich. Ich umklammerte meine Tasse, um zu verbergen, dass meine Hände zitterten. »Er meint mich! Ich kann nach Hause zurück.«

»Ja, aber in Ternopol kann es für dich sehr gefährlich werden, Iruschka«, antwortete Miriam, während sie den Brief sorgfältig faltete. »Vielleicht wirst du immer noch von der Roten Armee gesucht. Du könntest verhaftet werden.«

Ich schaute sie an und erriet, dass sie sich Sorgen um sich selbst und Dr. David machte. Ich ging zu ihr und kniete mich neben sie. »Miriam, glaube mir, ich würde dich nie, niemals verraten! Aber du musst mich gehen lassen. Ich muss meine Familie suchen. Bitte!«

Sie legte eine Hand auf mein Haar. »Ich weiß, Liebes. Aber wir müssen vorsichtig sein. Wir müssen sehr vorsichtig sein.«

Es gelang mir nur mit Mühe, meine Aufregung zu bändigen, aber mir war klar, dass ich jetzt nicht einfach nach Ternopol zurückeilen konnte. Tag für Tag studierten wir die Zeitungen von der ersten bis zur letzten Seite, in der Hoffnung, dort noch einmal schwarz auf weiß bestätigt zu bekommen, dass Dr. David Recht hatte. Im Februar tauchten dann die ersten Artikel auf – natürlich in jenem selbstbeweihräuchernden Stil verfasst, der so typisch für die Kommunisten war –, dass die mitfühlende Sowjetunion den polnischen Familien erlaube, wieder zueinander zu finden. Miriam und ich überlegten uns, was wir dem örtlichen Magistrat für eine Geschichte auftischen konnten, warum ich Svetlana zu verlassen gedachte. Schließlich beschlossen wir, ihnen zu erzählen, dass meine Mutter im Sterben lag und ich nach Ludmilla zurückkehren müsse, um meinem Vater den Haushalt zu führen.

Tag für Tag warteten wir auf die offizielle Bestätigung der Familienzusammenführung. Als sie schließlich kam, wurde es Zeit für den Aufbruch. An einem kühlen Morgen Ende März begleitete Miriam mich zum Bahnhof. Unser Atem bildete dichte Nebelwolken. Der Tag meiner Ankunft in Svetlana lag beinahe genau ein Jahr zurück.

»Sei vorsichtig mit dem, was du sagst«, warnte Miriam mich, als der Zug schnaufend einlief. »Ich wünschte, ich könnte dich überreden, hier zu bleiben, wo du in Sicherheit bist, aber ich weiß, dass es keinen Zweck hat. Sieh zu, dass du an der Grenze einen klaren Kopf behältst. Es könnte alles Mögliche passieren.«

»Ich weiß, ich weiß«, antwortete ich schnell, während ich mir bereits den Hals nach dem Zug verrenkte. Dann drehte ich mich noch einmal zu ihr um und brach plötzlich in Tränen aus. »Ich werde dich so vermissen, Miriam!«

»Auf Wiedersehen, liebe Cousine«, antwortete sie.

Als die Tür zu einem der Waggons öffnete und mir beim Einsteigen half, standen auch ihr die Tränen in den Augen. »Auf Wiedersehen!«

Ich suchte mir ein Abteil und presste mein Gesicht gegen die Fensterscheibe, um Miriam so lange wie möglich zu sehen. Der Zug fuhr los und sie wurde kleiner und kleiner, bis sie schließlich nur noch als winziger dunkler Punkt neben den Gleisen zu erkennen war. In diesem Augenblick wurde das Land mit dem goldenen Licht der aufgehenden Sonne überflutet und Miriam verschwand aus meinem Blickfeld. Ich ließ mich auf die hölzerne Sitzbank fallen und nahm in Gedanken Abschied von meiner Identität als Rachel Meyer.

Ich war wieder Irena Gutowna, die auf dem Weg nach Hause war. Nach Hause – in den Krieg.

Durch das Tor

Ich musste mich zunächst zurück nach Ternopol begeben. Dort auf dem Marktplatz sollte eine Registrierungsstelle für polnische Landsleute eingerichtet sein, die so wie ich in den deutschen Sektor heimkehren wollten. Wenn man den Zeitungsberichten Glauben schenken durfte, würde alles ganz einfach sein: Mein Fall musste »bearbeitet« werden und schon konnte ich mich auf den Weg zu meiner Familie machen. Die Räder des Zuges ratterten rhythmisch *bald zu Hause, bald zu Hause*, während die riesigen Weizenfelder der Ukraine an den Fenster vorbeiflogen. Hin und wieder kreuzten ein paar Krähen mein Blickfeld, die mit trägem Flügelschlag über die endlose Weite flogen. Die Blüten der Birken zitterten im Wind. An einer Wegkreuzung wartete ein Bauer auf seinem Traktor, dessen Anhänger mit Lastwagenreifen beladen war. Die Straße hinter ihm erstreckte sich bis zum Horizont über sanfte Hügel, wo die beiden Fahrspuren zu einer einzigen verschmolzen.

In Kriegszeiten geht alles nur langsam voran. Der Zug hielt immer wieder mitten auf der Strecke an und wurde etliche Male umgeleitet, wenn wieder einmal ein Truppentransport vorbeigelassen werden musste, sodass wir erst nach vierundzwanzig Stunden endlich in Ternopol einliefen. Als der Zug das Tempo verlangsamte, sprang ich ungeduldig von meinem Sitzplatz auf und trat auf die Plattform, sobald er zum Stehen kam. Einen Augenblick lang hüllten mich die Dampfwolken ein, die zischend unter dem Zug hervorgestoßen wurden. Dann verlor sich der Qualm und ich entdeckte, dass der Bahnsteig von einer wogenden Menschenmenge überquoll: Familien mit Unmengen von Gepäck, alte Frauen mit runzligen Gesichtern und schäbigen Hüten, Soldaten und Polizeihunde. Nur junge

Männer waren nicht dabei. Ich bahnte mir so schnell wie möglich einen Weg durch die Menge.

»Wo geht's zum Marktplatz?«, fragte ich eine junge Frau, als ich endlich auf der Straße stand.

»Da hinunter«, sagte sie und schon eilte ich in die Richtung, in die sie gewiesen hatte.

Nicht mehr lange, und ich würde meine Familie wiedersehen! Ich musste nur noch ein paar Formalitäten erledigen, einen Transitpass bekommen, und schon wäre ich unterwegs – vorausgesetzt, niemand würde mich erkennen und sich daran erinnern, dass ich vor einem Jahr aus dem Krankenhaus geflohen war. Während ich den Bürgersteig hinunterrannte, hüpfte mein Herz vor Aufregung. Auf den Straßen herrschte reger Verkehr, Dieselgeruch hing in der Luft und in den Gossen häufte sich der Pferdemist. Aus der geöffneten Tür eines Cafés quoll Zigarettenrauch wie Nebel; ich sah alte Männer in dunklen Kleidern an der Bar stehen, die an ihren Teegläsern nippten und Zeitungen aus dünnem Papier lasen. Irgendwo ertönte aus einem Radio krächzend ein russisches Patriotenlied.

Nach einer Weile näherte ich mich einer Menschenschlange, die Leute standen dicht gedrängt und warteten offensichtlich auf etwas. Sie wirkten ziemlich erschöpft, wie sie da von einem Bein auf das andere traten und sich miteinander unterhielten. Ich würdigte sie kaum eines Blickes und begann, mich an ihnen vorbeizudrängen. Die Menschen verströmten einen unangenehmen Geruch, als hätten sie sich mehrere Tage nicht gewaschen. Überall weinten Babys, ein allgemeines, monotones Wehklagen. Die Menschenschlange zog sich an mehreren Häuserblöcken entlang und während ich an den Leuten vorüberging, verlangsamte ich allmählich meinen Schritt. Mein Herz wurde wieder schwer.

»Stehen Sie – warten Sie auf die Registrierung, um nach Westen zu gehen?«, fragte ich einen Mann und betete gleichzeitig, dass er verneinen würde, dass die Leute um irgendetwas anderes, um Brot oder Papiere anstanden. Ich hoffte inständig, dass sie nicht aus dem gleichen Grund wie ich selbst in diese Richtung wollten.

Doch noch während ich sprach, nickte der Mann und zog seinen abgewetzten Koffer höher, den er unter den Arm geklemmt hatte. »Ich stehe schon seit gestern in dieser Schlange«, brummte er. »Diese verdammten Wachposten – sie machen absichtlich langsam, aus reiner Bosheit.«

Er brummelte weiter vor sich hin, verfluchte die Russen, die Deutschen und überhaupt alle Menschen. Ich kehrte um, um mich am Ende der Schlange einzureihen, als ich feststellte, dass ich wohl besser zunächst eine Toilette suchen sollte, wenn ich solch eine lange Wartezeit vor mir hatte. Ich schaute nach vorn, dorthin, wo die Schlange um eine Häuserecke in Richtung Marktplatz bog. Vielleicht würde ich dort eine Toilette finden.

Ich zog meinen Mantel fester um meine Schultern, ging weiter an der Schlange entlang und musterte dabei flüchtig die Gesichter der Menschen. Es war idiotisch von mir, zu glauben, dass ich jemanden erkennen könnte. Aber das bevorstehende Wiedersehen mit meiner Familie brachte mich dermaßen aus der Fassung, dass ich meinte, bereits jetzt überall nach ihr Ausschau halten zu müssen. Wie ein Betrunkener, der unter der Straßenlaterne nach seiner Geldbörse sucht, die er eigentlich ganz woanders verloren hat, nur weil dort das Licht besser ist. Die Menschen, an denen ich vorbeikam, waren Landsleute von mir und ich hörte den vertrauten Klang der polnischen Sprache. Und jedes »Tatuś« und »Mamusia«, das ich aus einem Kindermund hörte, streute wieder Salz in die Wunde meines Heimwehs.

Ich ging um die Ecke und erreichte den Marktplatz. Das Pflaster war in einem miserablen Zustand und überall stand das Wasser in großen Pfützen. In diesem Augenblick entdeckte ich eine zweite, viel kürzere Warteschlange. Die Menschen standen an einem Tisch an, über dem ein Schild mit deutscher und polnischer Aufschrift angebracht war: »Registrierung deutscher Bürger und polnischer Bürger deutscher Herkunft«.

Eine Idee durchfuhr mich wie ein Blitz und mir wurde heiß vor Aufregung, aber auch vor Angst. Ich war blond und blauäugig, ich sprach Deutsch und ich hatte einen deutschen Namen. Ich könnte mich also leicht als Bürgerin deutscher Herkunft ausgeben. Mit hochrotem Kopf stellte ich mich am Ende der Schlange an. Der Zweck heiligt die Mittel, sagte ich zu mir selbst. *Ich* wusste, dass ich keine Deutsche war, aber *sie* wussten es nicht. Ich hatte gerade ein Jahr in Svetlana hinter mir, wo ich mich als jemand anders ausgegeben hatte – was bedeutete da schon eine weitere Lüge? Schließlich wollte ich nach Hause. Ich wollte nach Hause!

Die Leute in der Schlange vor mir unterhielten sich miteinander. Sie sprachen auffällig laut von ihren Verwandten im »Vaterland«, ließen beiläufig deutsche Namen fallen und machten keinen Hehl daraus, dass sie Hitler bewunderten. Ich schämte mich für ihr Verhalten, dafür, dass sie leugneten, Polen zu sein. Gleichzeitig fragte mich aber, ob sie vielleicht genau wie ich nur schauspielerten, weil sie nur ein einziges Ziel hatten – nach Hause zu kommen. Man musste vorgeben, Deutscher zu sein, später konnte man dann wieder zu seiner polnischen Nationalität stehen.

Nach knapp zwei Stunden Wartezeit war ich am Registrierungstisch angelangt. Ich glättete mein Haar und versuchte, alle deutschen Worte aus meinem Gedächtnis hervorzukramen, die ich in der höheren Schule gelernt hatte. Ein russischer und ein deutscher Offizier saßen auf der anderen Seite des Tisches. Den Russen ignorierend wandte ich mich direkt an den Deutschen.

»Guten Tag, Herr Leutnant«, sagte ich, so lässig ich konnte, auf Deutsch.

Er blickte flüchtig hoch. Ich bemerkte, dass er mein »deutsches« Aussehen registrierte und sofort ein väterliches Lächeln aufsetzte. »Guten Tag, Fräulein, sind Sie allein?«

»Ja«, fuhr ich auf Deutsch fort. »Ich wurde von meiner Familie getrennt – sie ist in Oberschlesien. Ich möchte sie so gern wiedersehen.«

»Oberschlesien?« Der Offizier fuhr mit seinem Finger eine Liste entlang, die auf dem Tisch lag. »Oberschlesien ist dem Vaterland wieder zugeführt worden. Hier können wir Sie nur für die Einreise in das polnische Generalgouvernement registrieren – das, was von Polen übrig geblieben ist. Wenn Sie erst einmal dort sind, können Sie versuchen, über die Grenze nach Deutschland zu gelangen.«

Mir lief es eiskalt den Rücken hinunter. Die Deutschen hatten sich also Kozłowa Góra einfach einverleibt. Als ich antwortete, kam mir meine Stimme ungewöhnlich hoch vor. »Ach ja, ich verstehe. Dauert die Registrierung lange?«

»Wir machen so schnell, wie wir können. Ihr Name?«, fragte er.

»Irene Gut.«

Ein anderer Offizier schrieb meinen Namen auf; dann notierte er mein Alter, die Adresse meiner Eltern und den Grund, warum ich mich auf der sowjetischen Seite befand. Schließlich nickte der erste Offizier mir zu und sagte:

»Gute Reise, Fräulein Gut.«

Und damit war ich entlassen. Ich konnte kaum glauben, dass es so einfach gewesen war. Während ich mich von dem Tisch entfernte, prickelte mein ganzer Körper vor Anspannung. Fast rechnete ich damit, doch noch zurückgerufen zu werden. Aber niemand forderte mich mit lauter Stimme auf, stehen zu bleiben.

Dann musste ich mich abermals am Ende einer Warteschlange anstellen, diesmal ging es um die Passierscheine. Vor dem Gebäude, in das wir hineinmussten, traf die Schlange derjenigen polnischen Bürger, die keine deutsche Abstammung angegeben hatten, mit unserer zusammen und ich beschloss, mich lieber mit auf der anderen Seite anzustellen. Womöglich hätte man mich nach Deutschland geschickt, wenn ich in der Warteschlange der Deutschen geblieben wäre. Es erschien mir sicherer, mich denjenigen Menschen anzuschließen, die in das von Deutschland besetzte Polen, das Generalgouvernement, einreisen wollten. Ich hatte nämlich beschlossen, zunächst nach Radom zurückzukehren, um meine Tante Helen Pawlowska zu suchen. Sie würde mir hoffentlich berichten können, wie die Dinge in Kozłowa Góra standen. Wenn meine Familie noch in Oberschlesien war, konnte ich versuchen, sie zu erreichen. Wenn nicht, würde ich unter keinen Umständen in das verhasste Deutschland fahren wollen. Auf jeden Fall musste ich also zunächst einmal herausbekommen, wo meine Familie sich aufhielt, dann würde ich weitersehen.

Diese Überlegungen setzten natürlich voraus, dass ich meine Tante finden würde und sie wusste, was aus meinen Eltern und meinen Schwestern geworden war.

Nun konnte ich aber nicht einfach über den Platz zu der anderen Menschenschlange spazieren und sagen: »Entschuldigung, darf ich mich noch dazwischen drängen?« Überall standen bewaffnete Wachen herum und behielten die Flüchtlinge genau im Auge. Schritt für Schritt näherten wir uns dem Gebäude. Über den Platz fuhr ein nasskalter Wind und wehte Dreck und Papierfetzen in die Rinnsteine. Alle froren, waren müde und hungrig und voller angespannter Nervosität. Ich kaute auf meiner Unterlippe herum und starrte nachdenklich zu der Menschenschlange auf der anderen Seite hinüber.

In diesem Augenblick beobachtete ich, wie eine Frau aus der polnischen Gruppe ohnmächtig zusammenbrach. Sofort bildete sich um sie herum ein aufgeregtes Menschenknäuel. Mehrere Frauen eilten ihr zu Hilfe. Das war die Gelegenheit, auf die ich gewartet hatte. Ich rannte hinüber und kniete mich neben die bewusstlose Frau. Durch ein Gewirr aus Beinen vor den Blicken der Wachen geschützt, bewegte ich mich Zentimeter um Zentimeter rückwärts, tiefer in die polnische Menschenmenge hinein. Dann stand ich auf, wischte die Hände an meinem Rock ab und mit ihnen meine deutsche Identität. Ein kleines Mädchen sah mich neugierig an, ihre Augen hatten einen wissenden Ausdruck, wie die einer Erwachsenen. Ich legte einen Finger an meine Lippen und drehte mich von der Kleinen weg, während sich mein rasender Herzschlag allmählich beruhigte.

Jetzt hieß es wieder warten – ein anderer Tisch, weitere Offiziere. Von dem Geld, das Miriam mir mitgegeben hatte, kaufte ich einen Passierschein nach Radom. Auf dem Schein stand die Abfahrtszeit des Zuges: acht Uhr, noch am selben Abend. Ich stand da und betrachtete das Stück Papier in meinen Händen, das es mir ermöglichen würde, in das von Deutschland besetzte Polen zu gelangen. Es flatterte leicht im Wind und in plötzlicher Panik, es zu verlieren, presste ich es an meine Brust.

Mein Kleid hatte keine Taschen. Ich trug zwar eine kleine Handtasche bei mir, hatte aber Angst vor Taschendieben. Als sicherster Aufbewahrungsplatz für meinen Passierschein erschien mir meine Unterwäsche. Klein und dünn wie ich war, hatte ich noch nie einen Büstenhalter getragen, aber Miriam hatte mir einen von sich gegeben mit dem Rat, ihn mit Baumwolle auszustopfen, damit ich nicht allzu sehr nach der Mitleid erregenden, verlorenen Seele aussähe, die ich war. Ich eilte zur Toilette und steckte das kostbare Papierstück sorgfältig in den Büstenhalter. Um ganz sicher zu gehen, schnallte ich meinen Gürtel, so eng es ging, um die Taille. So ausgerüstet, war ich bereit für den Weg zum Bahnhof.

Es war allerdings erst später Nachmittag, sodass ich bis zur Abfahrt meines Zuges noch mehrere Stunden warten musste. Ich schlenderte durch die Stadt und vertrödelte die Zeit, indem ich die Schaufenster von Läden betrachtete, die fast nichts mehr zu verkaufen hatten, und indem ich die öffentlichen Bekanntgaben auf einem schwarzen Brett las. Auf einer Brücke über den Seret blieb ich eine Weile lang stehen und sah den Enten zu, die im Schlamm herumwatschelten. Ein dünner Sonnenstrahl brach durch die Wolken und streifte die Wasseroberfläche in der Nähe des Ufers. Ich lehnte mich an das Steinmäuerchen der Brücke, löste mit den Fingern kleine Kieselsteinchen aus dem krümeligen alten Mörtel und warf sie ins Wasser. Mein Magen knurrte vernehmlich. Auf dem Weg zurück in die Stadt entdeckte ich einen Park. Ich setzte mich auf eine von der blassen Frühlingssonne beschienene Bank und ermahnte mich selbst, meine Ungeduld zu zügeln. Weil niemand im letzten Herbst Blumenzwiebeln gesetzt hatte, waren die Beete kahl und leer, und die Kieswege, die sich durch den Park schlängelten, sahen aus, als seien sie seit Monaten nicht geharkt worden. Die ganze Anlage machte einen unfreundlichen, verwahrlosten Eindruck, der mich erschauern ließ. In der Nähe hörte ich jemanden laut auf Russisch sprechen und spitzte meine Ohren, um die Worte zu verstehen.

»Wir können froh sein, dass Mütterchen Russland uns vor den Kapitalisten gerettet hat! Jetzt sind alle Menschen gleich, vom Präsidenten bis zum einfachsten Arbeiter!«

Es klang wie die übliche kommunistische Propaganda, aber ich wurde neugierig auf den Menschen, der einen solch langweiligen Vortrag mitten in einem ausgestorbenen Park hielt. Ich wollte mich gerade von der Bank erheben, um der Stimme nachzugehen, als ich zwei russische Soldaten entdeckte, die in meine Richtung kamen. Ihre Stiefel knirschten laut auf dem Kiesweg.

Im Vorübergehen musterten sie mich intensiv. Ich errötete und senkte meinen Kopf, da ich keinesfalls daran interessiert war, mit ihnen zu flirten. Als sie vorbeigegangen waren, entfuhr mir ein Seufzer der Erleichterung, aber von da an verspürte ich eine gewisse Beunruhigung. Irgendwie waren mir die beiden bekannt vorgekommen und es gab nur einen Ort auf der Welt, wo ich ihnen schon einmal hätte begegnet sein können: das Krankenhaus in Ternopol. Ich sprang von meiner Bank auf und ging schnellen Schrittes weiter.

Ich machte mir ernsthaft Sorgen, ob auch sie mich wieder erkannt hatten, und verwünschte mich wegen meines Leichtsinns. Wie hatte ich nur vor den Augen der ganzen Stadt durch die Gegend trödeln können? Dadurch hatte ich immerhin nicht nur meine eigene Sicherheit riskiert: Schließlich hatte ich Dr. David und Miriam versprochen, sie nicht in Gefahr zu bringen. Die Stimme, die eben noch meine Neugier geweckt hatte, tönte jetzt in voller Lautstärke. Ich sah mich um und bemerkte, dass sie aus einem Lautsprecher kam, der in der Nähe einer Lenin-Statue angebracht war. »Wir können froh sein«, begann sie gerade erneut in dem gleichen, monotonen Tonfall wie vorher. Auf der Schulter der Statue hockten zwei Tauben, nickten mit ihren Köpfchen und fixierten mich mit ihren schwarzen Augen.

Mir schien, als ob die Statue selbst einen Vortrag hielt, vor mir als einziger Zuhörerin. Ich fühlte mich beobachtet und hatte das Gefühl, jemand mache sich darüber lustig, dass ich allen Ernstes glaubte, nach Hause zurückzukönnen. Fröstelnd blickte ich mich um, ob die beiden Soldaten mir gefolgt waren. Ich griff an die Stelle, wo ich den Passierschein versteckt hatte und hörte das Papier auf meiner Haut leise knistern. Bis zur Abfahrt des Zuges blieben nur noch ein paar Stunden. Ich beschloss, zum Bahnhof zu gehen und zwischen den anderen Menschen unterzutauchen. Ich musste mich zusammenreißen und mir stets im Bewusstsein halten, dass ich die Geheimnisse anderer Leute sicher bewahren musste.

Hinter mir hörte ich Schritte, und als ich mich umwandte, erblickte ich eine russische Patrouille, die sich über ein schmutziges Rasenstück jener Bank näherte, von der ich gerade aufgestanden war. Ich spürte, wie sich mir der Magen umdrehte. In der Hoffnung, keine Aufmerksamkeit zu erregen, ging ich langsamen Schrittes auf das Tor zu. Ich hielt meinen Kopf gesenkt und betete, dass sie mich nicht entdecken würden.

In diesem Moment tauchten vier Soldatenstiefel in meinem Blickfeld auf, deren schwarzes Leder sich von dem grauen Kies des Weges abhob. Ich blieb stehen, schaute auf und blickte in die Gesichter einer weiteren russischen Patrouille.

Hinter mir dröhnte der Lautsprecher: »Wir können froh sein, dass Mütterchen Russland uns gerettet hat!«

»Hier entlang«, sagten die beiden Soldaten, nahmen mich bei den Armen und führten mich durch das Tor.

Mein Herz, wie ein im Netz gefangener Vogel

Auf dem Kommissariat wurde ich in einen kleinen, fensterlosen Raum gebracht. Ein Tisch und ein Stuhl bildeten das einzige Mobiliar und von der Decke hing eine nackte Glühbirne. Es handelte sich um jene karge und schäbige Ausstattung, die einem heutzutage aus Filmszenen vertraut ist, in denen Menschen verhört werden. Eigentlich hätte ich vor Angst wie von Sinnen sein müssen, aber tatsächlich betrachtete ich meine Umgebung zunächst mit einer großen innerlichen Distanz, als ginge mich das Ganze gar nichts an. Ein Teil von mir wollte einfach nicht wahrhaben, was sich abspielte, dass ich das alles wirklich erlebte.

Aber dann stellte sich die Angst doch noch ein und plötzlich wurde alles sehr schnell sehr real. Ich saß da und presste meine Knie zusammen, um das Zittern verbergen. *Ojcze nasz, Który jesteś w niebie*, betete ich, *święć się Imię Twoje …* Wieder und wieder betete ich das Vaterunser und zählte Ave Marias an meinen Fingern ab. Jedes Mal, wenn ich eine Stimme auf dem Flur oder ein merkwürdiges Geräusch von irgendwo aus dem Gebäude hörte, schlotterte ich vor Angst und Kälte und verlor den Faden bei meinen Gebeten. Ich bin mir nicht sicher, aber ich glaube, ich saß stundenlang so da.

Endlich öffnete sich die Tür und zwei Wachen bedeuteten mir, ihnen zu folgen. Auf dem Weg zum Büro des Kommissars wagte ich nicht, nach rechts oder links zu schauen. Ich mochte mir nicht ausmalen, welch furchtbare Dinge hinter den verschlossenen Türen vor sich gingen oder was mich selbst vielleicht noch erwartete. Die merkwürdige Distanz zu der ganzen Szenerie kam und ging in Schüben: Einen Moment lang war ich nur eine außenstehende Beobachterin, dann wieder hätte ich mir vor Angst beinahe in die Hose gemacht.

Ich wurde in ein Büro geführt. Mein Blick fiel auf zwei Soldaten, die an der einen Seite an der Wand lehnten. Es waren dieselben Männer, die ich im Park meinte, wieder erkannt zu haben. Meine kleine Handtasche lag auf dem Schreibtisch des Kommissars. Hinter ihm an der Wand hing ein riesiges Porträt von Stalin.

»Das ist die Spionin Irena, die im Krankenhaus gearbeitet hat«, sagte einer der Soldaten, als ich den Raum betrat.

Der Kommissar, der eine auffallende Ähnlichkeit mit Stalin hatte, entließ die beiden. Sie salutierten noch einmal und gingen aus dem Raum. Ich stand in der Mitte, die Arme eng um meinen Brustkorb geschlungen. Angst schüttelte mich, mir war, als würde ich mich zu Tode frieren.

»Ziehen Sie Ihre Jacke aus«, ordnete der Kommissar an.

Ich befahl meinen Fingern, nicht zu zittern, und knöpfte meine Jacke auf. Dann reichte ich sie einem der Wachmänner, der sie sorgfältig durchsuchte. Ich hörte, wie eine Naht einriss, als er mit seiner plumpen Hand in eine der Taschen fuhr.

»Leeren Sie Ihre anderen Taschen«, sagte der Kommissar mit einer tiefen, ausdruckslosen Stimme.

»Ich habe keine anderen Taschen«, antwortete ich mit zitternder Stimme.

»Wo ist Ihre Waffe?«

Wenn ich nicht so eingeschüchtert gewesen wäre, hätte ich über diese Absurdität beinahe lachen müssen. »Ich habe keine Waffe. Ich habe noch nie eine besessen. Was sollte ich mit einer Waffe anfangen?«

Der Kommissar blickte zu einem der Wachmänner hinüber und bewegte sein Kinn in meine Richtung. Sofort begann der Mann, mich zu durchsuchen. Ich errötete vor Scham, als er mit seinen Händen meinen Körper entlangfuhr. In meinem Büstenhalter steckte noch immer mein Passierschein, aber mittlerweile musste der Zug sowieso ohne mich abgefahren sein.

»Sie werden uns jetzt einige Fragen beantworten.«

»Aber ich kenne keine –«

»Setzen Sie sich.«

Die Schreibtischlampe wurde auf mich gerichtet, das Licht blendete meine Augen und tauchte den Rest des Raumes ins Dunkle.

Sie fragten mich nach meinem Namen, wo ich herkäme, warum ich in Ternopol war, wie ich das Krankenhaus verlassen hätte. Wie eine schlechte Lügnerin antwortete ich holprig, schwor aber immer wieder, die Wahrheit zu sagen – und was ich erzählte, *war* die Wahrheit.

»Welcher Organisation gehören Sie an? Es wird leichter für Sie, wenn Sie uns die Wahrheit nennen. Was planen die Partisanen?« Die tiefe Stimme grollte hinter dem blendenden Lichtschein hervor.

»Ich bin allein – ganz allein«, sagte ich. Mein Magen hüpfte und flatterte. »Ich weiß nichts.«

Er wiederholte seine Fragen und einer der Soldaten schrieb

alles auf, was ich sagte. Ich presste meine Hand gegen mein Kinn, damit es aufhörte, zu zittern. Und wieder dieselben Fragen: Wo stehen die Partisanen? Wer gehört dazu? Was planen sie? Als ich spürte, dass sie mir nicht glaubten und ich sie nicht von meiner Unschuld überzeugen konnte, begann ich zu weinen. Der Kommissar war offensichtlich auf die Geschichte fixiert, die Dr. Ksydzof über mich verbreitet hatte. Er war überzeugt, dass ich bewusst in das Krankenhaus eingeschleust worden und meine Vergewaltigung Teil eines sorgfältig ausgearbeiteten Plans gewesen war. »Ich wurde wirklich vergewaltigt«, schluchzte ich. »Von Ihren Soldaten. Sie haben mich vergewaltigt und geschlagen.«

Zuletzt stützte sich der Kommissar mit den Händen an der Schreibtischkante ab und schob seinen Stuhl nach hinten. Ich konnte im Gegenlicht die einzelnen Haare seines dicken Schnurrbartes erkennen.

»Bringt sie fort«, sagte er. »Wir versuchen es später noch einmal.«

Eine andere Zelle. Eine Pritsche und eine Decke. Ich legte mich hin und rollte mich wie ein Embryo zusammen. Ich war viel zu aufgewühlt, um schlafen zu können, und während ich immer wieder kurz einnickte, gingen mir einige Zeilen aus Gebeten durch den Kopf. Dann wurde ich unsanft geweckt und wieder in das Büro des Kommissars gebracht, wo wir erneut dieselben Fragen durchgingen. Wo stehen die Partisanen, was planen sie? Sie drohten mir mit Gefängnis in Sibirien, sie drohten mir mit Folter. Es kam mir vor, als sei ich auf meine immer schwächer werdende Stimme reduziert, die gegen den hellen Lichtschein anflüsterte. Sie waren überzeugt davon, dass ich etwas zu verbergen hatte, womit sie ja auch Recht hatten: Ich erwähnte Dr. David und Miriam mit keiner Silbe. Aber aus meinem Gesichtsausdruck müssen sie die Lügen abgelesen haben, denn sie verhörten mich stundenlang. Offensichtlich glaubten sie meine Geschichte nicht und allmählich klang sie schon für mich selbst unglaubwürdig. Um meine einjährige Abwesenheit zu erklären, berichtete ich, dass ich von Dorf zu Dorf gezogen sei, für Nahrungsmittel gearbeitet, in Scheunen geschlafen und mich ansonsten versteckt gehalten hätte. Meine Erklärungen waren so dünn, dass sie sie als Lügen enttarnen mussten. Wieder wurde ich in die Zelle gebracht, wo ich schon bald in einen unruhigen Schlaf fiel und schreckliche Albträume hatte. Wieder weckten sie mich und fuhren mit dem Verhör fort.

Am anderen Morgen war ich völlig erschöpft. Als die Wachen mich abermals in das Büro des Kommissars brachten, verspeiste dieser gerade Spiegeleier mit Würstchen. Er stach mit der Gabel in das Eigelb, sodass es über den ganzen Teller lief. Wie benommen sah ich ihm dabei zu, während der Essensduft mir in die Nase stieg. Es schienen Jahre vergangen zu sein, seit ich zuletzt etwas gegessen hatte.

»Wollen Sie Ihre Geschichte noch einmal wiederholen, oder gibt es etwas, das Sie hinzufügen möchten?«, fragte er mit vollem Mund. Sein Schnurrbart war mit Eigelb bekleckert. Mein Magen rebellierte, als ich es bemerkte, aber es gelang mir trotzdem nicht, meinen Blick von seinem Teller abzuwenden. Daneben lag ein roter, glänzender Apfel.

»Wollen Sie Ihrer Geschichte etwas hinzufügen?«, wiederholte er und schnitt ein Würstchen durch.

»Ich bin aus dem Krankenhaus weggerannt, weil Dr. Ksydzof versucht hatte, mich zu vergewaltigen«, antwortete ich und schluckte hart. »Ich habe Ihnen bereits alles erzählt, ich weiß, dass Sie mir nicht glauben, aber es ist die Wahrheit.«

Er legte Messer und Gabel beiseite, blätterte flüchtig einige Papiere durch und knallte sie vor mir auf den Schreibtisch.

»Wir haben von Dr. Ksydzof eine ganz andere Geschichte gehört. Was denken Sie wohl, wem ich glaube?«

»Dr. Ksydzof«, flüsterte ich.

Er grunzte, dann gestikulierte er mit seiner Gabel und der

Wachmann brachte mich in die Zelle zurück. Ich hätte unmöglich sagen können, wie viel Zeit mittlerweile vergangen war, nicht einmal, welcher Wochentag war. Der Kommissar hatte zwar gefrühstückt, aber allmählich begann ich an meiner Wahrnehmung und damit an allem, was um mich herum passierte, zu zweifeln. Dass er Eier und Würstchen aß, musste nicht heißen, dass es morgens war, und wenn, wusste ich nicht, welcher Morgen. Irgendwann brachte mir jemand etwas kalten Tee und Brot. Ich schlang beides sofort hinunter, woraufhin mir so schlecht wurde, dass ich fürchtete, mich erbrechen zu müssen. Ich legte eine Hand über meinen Mund und kniff meine Augen zusammen. Ich konnte es nicht zulassen, dass ich krank wurde. Ich schluckte und schluckte meinen eigenen Speichel hinunter.

Dann wurde ich erneut zum Büro des Kommissars gebracht. Ich spürte sofort, dass sich etwas verändert hatte. Er winkte mich zu einem Stuhl und stellte mir ein Glas mit heißem Tee hin. Ich nahm es mit beiden Händen und schaute ihn nervös an, während ich an dem Tee nippte. Zu meiner Überraschung lächelte er.

»Wissen Sie, ich habe beschlossen, Ihnen zu glauben«, begann er. Er stützte seine Unterarme auf den Schreibtisch und beugte sich vor. »Sie sind jung und hübsch – und so hilflos. Ich möchte Ihnen helfen.«

Der Tee blieb mir in der Kehle stecken. Ich glaubte nicht ein Wort von dem, was er sagte. Dieser neuen Masche vertraute ich keinen Deut mehr als der alten.

»Sie müssen Freunde in der Nähe haben, die Ihnen helfen können. Als Sie aus dem Krankenhaus geflohen sind, müssen Sie zu jemandem gegangen sein …« Gegen Ende des Satzes nahm seine Stimme einen fragenden Ton an.

Um Zeit zu schinden, blies ich in meinen heißen Tee. Ich wusste nicht, was ich sagen sollte. Mein Verstand war träge und es dauerte eine Weile, bis ich seine Worte aufgenommen hatte.

»Sie müssen doch jemanden haben, bei dem Sie bleiben können, bis wir das Problem hier gelöst haben«, fuhr der Kommissar fort. »Dr. Ksydzof ist in Moskau, kommt aber bald zurück, dann können wir endlich alle Teile des Mosaiks zusammenfügen. In der Zwischenzeit können Sie zu Ihren Freunden gehen und sich ein bisschen ausruhen. Ich kann mir denken, dass die Unterkunft hier nicht sehr ... sehr komfortabel für ein junges Mädchen war.«

Ich blies abermals in meinen Tee. »Ich habe eine Freundin«, sagte ich langsam. Die Worte kamen mir zögernd über die Lippen, als würde ich mich in dem Moment erst daran erinnern. Ich wusste selbst nicht, wie ich darauf kam. »Sie heißt Lalka.«

»Ja?«, fragte er und beugte sich wieder vor. »Möchten Sie heute Nacht bei ihr bleiben?«

Die Erinnerung an unsere Hündin Lalka schoss mir durch den Kopf, daran, wie gern sie ins Wasser gesprungen war, um ein Stöckchen zurückzuholen, das ich hineingeworfen hatte. Wassertropfen waren hochgespritzt und hatten in der Sonne geglitzert. »Ja, sehr gern«, antwortete ich aus tiefster Seele.

Er lächelte, lehnte sich zurück und schraubte die Kappe von seinem Füllfederhalter ab. »Nennen Sie mir ihren Familiennamen und ihre Adresse, dann bringen wir Sie zu ihr nach Hause.«

Mein Blick fiel auf das Stalin-Porträt an der Wand hinter seinem Schreibtisch. Ich fühlte mich, als hätte ich die Rolle in einem Schauspiel übernommen. »An ihren Familiennamen kann ich mich nicht erinnern, Kommissar, so gut kenne ich sie nicht. Und den Namen der Straße kenne ich auch nicht.« Als er missbilligend die Stirn runzelte, fuhr ich rasch fort: »Sie kennen das doch sicher auch – man weiß genau, wie man zu jemandem hinkommt, obwohl man sich nicht an die Straßennamen erinnert.«

Seine freundliche Haltung veränderte sich auf einen Schlag.

Er hatte sich schon auf den Spuren der kleinen Irena Gutowna ein ganzes Partisanennest ausheben sehen. Jetzt stand er wieder am Anfang. »Halten Sie mich für einen Idioten?«, blaffte er mich an.

Tränen, echte Tränen liefen mir die Wangen hinunter. »Es tut mir Leid – ich bin so verwirrt und müde, ich kann mich an den Namen der Straße wirklich nicht erinnern. Aber ich würde bestimmt hinfinden.«

Er musterte mich einen Moment lang regungslos. Meine Tränen liefen schneller, als ich sie wegwischen konnte. Schließlich erhob er sich, öffnete die Tür und rief eine Wache.

»Sie werden Fräulein Gutowna begleiten. Sie kennt den Weg. Und Sie«, fuhr er, wieder an mich gewandt, fort, »Sie sind morgen früh pünktlich um acht Uhr wieder hier.«

»O ja«, versprach ich. Ich hätte alles versprochen, nur um von dort wegzukommen.

Er begleitete mich zur Tür seines Büros und beobachtete, wie ich mit dem Wachmann den Flur hinunterging. Wir kamen an der Tür zu der Zelle vorbei, in der ich so viele furchtbare Stunden verbracht hatte, gingen an einer Absperrung entlang und endlich zum Ausgang.

Die Straßen waren in ein schwaches Mondlicht getaucht. Keine Menschenseele war zu sehen, nur in einigen wenigen Fenstern brannte noch Licht. Es herrschte Ausgangssperre und Ternopol glich einer Geisterstadt.

»Ich – ich glaube, es geht da lang«, sagte ich stockend zu meinem Begleiter und wandte mich nach links.

Die Häuser gaben das Echo unserer Schritte zurück und unsere Körper warfen lange Schatten auf den Bürgersteig vor uns. Ich bog in eine Straße ein, dann in eine andere und überlegte krampfhaft, was ich tun sollte. Ich fror und schob meine Hände in die Jackentaschen.

»Sind Sie sicher, dass Sie wissen, wo wir hingehen?«, fragte der Wachmann, als wir an einer Synagoge vorbeikamen.

»Ja, wissen Sie, ich muss den Weg so gehen, wie ich ihn von früher kenne, es tut mir Leid, dass es so lange dauert, aber – ah, da sind wir ja!«

Vor uns in der Dunkelheit ragte ein dreigeschossiges Wohnhaus auf. Daneben war ein Zaun, in dem ein Brett fehlte. Der Wachmann schaute an dem Haus hoch und notierte die Hausnummer, die über der Tür angebracht war.

»Danke«, sagte ich schnell. »Vielen Dank, das ist das Haus. Hier lebt meine Freundin. Ich werde morgen wiederkommen.«

Ich legte meine Hand auf den Türgriff. Er sah mich noch einmal kurz an, drehte sich dann um und ging weg.

»Idiot«, stieß ich leise hervor. Sobald er um die Ecke gebogen war, schlüpfte ich aus dem Schatten des Hauseingangs und zwängte mich durch die Lücke, die ich in dem Zaun entdeckt hatte. Dahinter lag ein dunkler Hof. Als ich ihn im Laufschritt überquerte, stieß ich mit dem Schienbein gegen eine blecherne Gießkanne, die laut scheppernd umfiel. Dann kletterte ich über einen anderen Zaun, rannte über den nächsten Hof und bog schließlich in eine Gasse ein, die ich, so schnell ich konnte, hinunterlief. Eine Hintertür öffnete sich und ich versteckte mich rasch im Schatten des Hauses. Ein alter Mann trat heraus und ging auf ein Nebengebäude zu.

»Wo geht's zum Bahnhof?«, fragte ich.

Weil ich ihn so unvermittelt ansprach, machte er vor Schreck einen Sprung zur Seite. Ohne ein Wort zu sagen, zeigte er mit seinem knochigen Finger die Gasse hinunter und ich rannte weiter. Die Gasse mündete in eine Straße. Aufgrund der Ausgangssperre wirkte sie wie ausgestorben. Um nicht aufzufallen, lief ich dicht an den Häusern entlang und versuchte, mich die ganze Zeit in ihrem Schatten zu halten. Ein Seufzer der Erleichterung entfuhr mir, als ich die massige Silhouette der Kirche neben dem Bahnhof erkannte. Kurz darauf befand ich mich bereits im Wartesaal.

Überall auf den Bänken und auf dem Bahnsteig schliefen Menschen zusammengekauert auf ihren Habseligkeiten. Mit Bindfaden verschnürte Bündel und Kisten dienten als Kopfkissen, bis zum Kinn hochgezogene Mäntel als Zudecken. Weit hinten am Ende des Bahnsteigs standen zwei deutsche Wachposten und rauchten. Mit zitternden Händen zog ich meinen Passierschein aus dem Büstenhalter. Ich mahnte mich selbst zur Ruhe und ging auf die beiden zu. Ich hatte keine Ahnung, was für eine Erscheinung ich nach den Tagen des Verhörs abgab.

»Entschuldigung, können Sie mir bitte helfen?«, fragte ich und hielt meinen Passierschein hoch. »Ich war krank und habe den Transport am Freitag verpasst. Was kann ich tun?«

Die beiden Wachposten prüften nacheinander das Papier. Einer von ihnen entließ lässig eine Wolke blauen Zigarettendunstes aus dem Mundwinkel und sagte: »Sie haben Glück, Fräulein. Die Züge haben zwei Tage Verspätung. Ihrer ist noch gar nicht abgefahren. Er fährt um fünf Uhr morgen früh.«

Ich spürte, dass sich die Haare auf meinen Armen wie elektrisiert aufrichteten. »Ich kann also den nächsten Zug nehmen? Ich kann nach Hause fahren?«

»Fahren Sie nach Hause, fahren Sie nach Krakau und tanzen Sie mit den Zigeunern auf dem Marktplatz, was immer Sie wollen, kleines Mädchen.«

Sie lachten und schauten mich belustigt an. Der eine hielt mir meinen Passierschein vor die Nase, um ihn dann lachend gleich wieder wegzuziehen, als ich danach griff. Mein Herz hüpfte wie ein Vögelchen, das in einem Netz gefangen wurde.

»Hier haben Sie ihn«, sagte er schließlich und reichte mir den Schein zurück.

Ich presste ihn fest an mich, entschlossen, ihn nicht wieder loszulassen, bevor ich im Zug saß. Jetzt war ich fast zu Hause, und nichts und niemand würde mich mehr davon abhalten, die verhassten Sowjets und ihre Rote Armee hinter mir zu lassen und nach Radom zurückzukehren.

Aber ich hatte nicht mit den Deutschen gerechnet. Doch zunächst einmal schnaufte der Zug in Richtung Westen und wir blickten durch die schmutzigen Scheiben auf die vorbeifliegende Landschaft und lachten ausgelassen vor Vorfreude. Doch als wir die Grenze überquert hatten, die das sowjetisch besetzte Gebiet von dem von Deutschland kontrollierten Generalgouvernement Polen trennte, hielt unser Zug und man befahl uns mit vorgehaltener Waffe, auszusteigen. Kaum jemand protestierte, das Ganze war einfach zu überraschend gekommen und wir waren total verängstigt. Als wir gegen das helle Sonnenlicht blinzelnd hinausstolperten, sahen wir uns von allen Seiten von Stacheldrahtzaun umgeben. Viele Frauen begannen zu schreien, Kinder weinten vor Angst.

»Es ist eine Quarantäne, ihr ignoranten Idioten!«, sagte ein Wachposten verächtlich. »Wir wollen nicht, dass ihr irgendwelche abartigen russischen Krankheiten einschleppt. Hier herein!«

Mein Magen revoltierte, während ich zusammen mit einer Gruppe Flüchtlinge vorwärts geschoben wurde. Niemand konnte ahnen, was uns dann schließlich erwartete. Die Demütigungen des Quarantänelagers übertrafen die schlimmsten Befürchtungen – körperliche Untersuchung, Desinfektion, Trennung, Erniedrigung.

Bereits einige Stunden, nachdem wir in dem Lager angekommen waren, kursierten die ersten Gerüchte – erst langsam, dann schneller. Die Männer, die von den Frauen getrennt worden waren, würden untersucht, ob sie beschnitten waren; die Beschnittenen, die Juden, wurden fortgebracht. Wohin? Warum? Würden sie zurückkommen? Niemand wusste es. Wir mussten uns jeden Tag auf dem dreckigen Hof versammeln und uns die Drohungen und Warnungen des Kommandanten anhören. Feinde des Dritten Reichs würden bestraft werden. Der Aufenthalt in der Nähe der Zäune und Wachtürme war verboten. Wir sollten für »Kost und Logis«, unsere

Baracken mit den Etagenbetten und die einfachen Kartoffeln, arbeiten. Hitlers Willkommensgruß sprach eine unmissverständliche Sprache: gehorchen oder leiden.

Im Laufe der Zeit fühlte ich mich durch meine innere Ablehnung gegen das Lagerleben immer stärker zermürbt und eines Tages schaffte ich es einfach nicht, aufzustehen und meinen Aufgaben in der Küche nachzukommen. Schon bald kamen die Wachposten, um mich zu holen.

»Aufstehen!«, brüllte ein Soldat. Als er mir die dünne Decke wegriss, jammerte ich kläglich auf Deutsch: »Nein! Ich bin krank!«

Der Mann hielt inne und schaute mich etwas genauer an. »Warten Sie, Fräulein. Ich wusste nicht, dass Sie eine Deutsche sind. Ich hole einen Arzt.«

Ich kam auf die Krankenstation, was eine kleine Verbesserung der Lebensumstände bedeutete. Ich litt unter einer Grippe, die wegen der unhygienischen Verhältnisse im Lager, wo so viele Menschen eng aufeinander hausten, grassierte: so viel zur deutschen Gründlichkeit in einem Quarantänelager. Wir Patienten auf der Krankenstation lernten schnell, nicht allzu weinerlich zu sein, denn es war offensichtlich, dass die deutschen Ärzte und Schwestern nur wenig für Polen übrig hatten. Wir gaben uns Mühe, geduldig dazuliegen und schnell wieder gesund zu werden. Der April kam und war schon fast vorüber, als ich zum ersten Mal wieder in der Lage war, mein Krankenbett zu verlassen. Ich fühlte mich schwach und all meine Sinne schienen nicht mehr richtig zu funktionieren. Bei der leichtesten Berührung zuckte ich zusammen. Jedes Licht erschien mir zu hell und selbst leise Geräusche ließen mich erschrecken.

Endlich erhielt ich dann doch noch neue Dokumente und einen Passierschein für den nächsten Zug. Als ich dieses Mal einstieg, betete ich zu Gott und der Heiligen Jungfrau, dass mich nichts mehr davon abhalten möge, nach Radom zu gelangen. Wir sollten in einem Viehwaggon transportiert werden, und als wir endlich unseren Weg in Richtung Westen fortsetzten, versuchten wir, durch die Schlitze zwischen den Brettern der Außenwände nach draußen zu spähen. Ein frischer Frühlingswind strich durch den Waggon, während wir ländliche Gegenden Polens durchquerten. Hinter einem Zaun erkannte ich lilafarbene Fliederbüsche, die sich im Wind bogen, und in diesem Moment wusste ich nicht, ob ich lachen oder weinen sollte. Seitdem ich von meiner Krankheit genesen war, brach ich leicht in Tränen aus, und auch jetzt, als ich zwischen den Planken des Waggons hindurch mein Heimatland vorbeifliegen sah, spürte ich, wie sie mir über die Wangen rannen.

Fast zwei Jahre waren vergangen, seit ich Radom verlassen hatte, und die Stadt kam mir verändert vor. Zunächst einmal waren viele ihrer Wahrzeichen durch die Bombardierung zerstört worden. Ganze Häuserblocks und Schulgebäude, an die ich mich erinnerte, existierten nicht mehr und auf den leeren Grundstücken türmten sich die Trümmer. Nur die Fabriken schienen noch intakt zu sein, denn aus ihren Schornsteinen quoll schwarzer Rauch. Außerdem trugen sämtliche Straßen jetzt deutsche Namen, sodass ich den richtigen Weg nur nach meinen Erinnerungen suchen konnte. Ich ging langsam und tastete mich dabei wie eine Blinde mit den Fingern an den Häuserfassaden entlang. An diesem Trümmerhaufen links – das war früher doch ein Hotel, oder? – und dann eine Straße hinunter, die jetzt Hermann-Göring-Straße hieß. Ich ging kreuz und quer und hatte das Gefühl, mich immer mehr zu verirren. Die Deutschen hatten zwar allen Straßen der Stadt neue Namen verliehen, aber offensichtlich nichts investiert, um den Schaden, den sie ihr zugefügt hatten, wieder zu beheben.

»Sie sehen aus, als hätten Sie sich verirrt, junge Frau. Kann ich Sie irgendwohin mitnehmen?«

Ich drehte mich um und sah einen Mann mit buschigen

grauen Augenbrauen auf einem Pferdegespann. Die beiden Pferde schlugen mit den Schweifen und scharrten mit ihren Hufen.

»Ich kann Sie nicht bezahlen«, antwortete ich.

»Es kann nicht nur zahlende Kunden geben«, bemerkte er und klopfte auf den Platz neben sich auf dem Kutschbock. »Kommen Sie, herauf mit Ihnen. Wo wollen Sie denn hin?«

Ich schaute immer noch in die eine und die andere Richtung, um die Orientierung wiederzufinden. »Ich weiß nicht, wie die Straße jetzt heißt, in der meine Tante wohnt ...«

»Sagen Sie mir den früheren Namen. Ich habe mein ganzes Leben hier verbracht. Sie können diese Stadt nicht einfach so in eine deutsche verwandeln.« Mit diesen Worten ergriff er die Zügel und ließ die Pferde mit klappernden Hufen anlaufen. Während der ganzen Fahrt unterhielten wir uns über dies und das und er schwärmte mir von seiner hübschen Tochter Zofia und seinem Sohn Tadeusz vor. Als mir die Umgebung mehr und mehr vertraut vorkam, begann ich, vor Aufregung zu zittern.

»Hier, diese Kirche erkenne ich wieder!«, rief ich und ergriff seinen Arm. »Hier ganz in der Nähe wohnt meine Tante! Oh, was mache ich bloß, wenn sie nicht da ist? Dann muss ich allein nach Deutschland, um meine Eltern zu finden und –«

»Eins nach dem anderen. Eins nach dem anderen.«

Der alte Wagen schaukelte die Straße hinunter und umfuhr dabei Krater, die seit dem Blitzkrieg nicht zugeschüttet worden waren – und dann sah ich das Haus meiner Tante. Am Tor stand ein Mädchen mit schwarzen Locken. Sie erblickte mich – und rannte dann kreischend auf das Haus zu.

»Irena! Irena!«, schrie sie. »Irena kommt!« Sie riss die Tür auf und stürzte, immer noch schreiend, hinein.

Ich fühlte, wie sich auf meinem ganzen Körper die Haare aufrichteten, als hätte ich einen elektrischen Draht berührt. »Bronia!«, flüsterte ich. »Das war die kleine Bronia!«

Wie ein Sturzbach rannen die Tränen aus meinen Augen. Ich fiel mehr, als dass ich vom Kutschbock hinunterkletterte. Während ich ungeschickt an der Klinke des Tores herumfummelte, hörte ich noch, wie sich die klappernden Hufe entfernten. Vor Eile und Aufregung bekam ich das Tor nicht auf. In diesem Augenblick ertönte vom Haus her einen Schrei, und als ich hochblickte, sah ich Mamusia und Tatuś im Hauseingang stehen.

Mein Herz flog hoch zum Himmel hinauf, wie ein Vogel, der aus einem Netz befreit wurde.

ZWEITER TEIL

Flügel bekommen

Als ich dachte, ich könnte glücklich sein

Erzählen Sie mir von dem Moment Ihres Lebens, in dem Sie am allerglücklichsten waren, und ich werde Ihnen erwidern, dass ich an jenem Tag noch glücklicher war. Meine Tränen vermischten sich mit denen meiner Eltern und meiner Schwestern Marysia, Bronia und Władzia, während wir uns umarmten und küssten. »Und Janina?«, fragte ich, während ich die Hand meines Vaters an mein Gesicht hielt. »Wo ist Janina?«

»Sie arbeitet in einem Restaurant«, sagte Mamusia, die mir unablässig über das Haar strich. »Sie wird bald hier sein.«

Erneut weinten wir und umarmten einander, ich strich wieder und wieder über den Lockenkopf meiner kleinen Schwester Władzia. Ich hatte kein Taschentuch und musste mir die Nase mit dem Handrücken abwischen und dann brachen wir alle aufs Neue in Tränen aus und betraten aneinander geklammert das Haus.

Nach und nach begann ich, meine Umgebung wahrzunehmen. Ich hatte meine Familie anscheinend bei irgendeiner Arbeit am Esstisch unterbrochen, auf dem Gummibänder und Stoffdecken verstreut lagen. Mitten in dem Durcheinander stand eine riesige Garnrolle mit grobem schwarzem Zwirn.

»Wir stellen Hausschuhe her«, erklärte Tatuś und errötete dabei leicht. Sein Kinn wirkte mager und ich bemerkte, das sein Hemdkragen um den Hals herum abstand. Er war so dünn geworden! »Damit verdienen wir ein bisschen Geld.«

Mamusia nahm eine schwere Schere zur Hand und begann, eine Decke zu zerteilen. »Genug, um der armen Helen ein wenig zu helfen. Ihr Mann ist schon in den ersten Kämpfen gefallen.«

Hand in Hand mit meinen Schwestern schob ich einen Stuhl an den Tisch, setzte mich und sah meiner Familie beim Arbeiten zu. Während sie aus alten Reifenmänteln und fadenscheinigen Stoffen billige Hausschuhe zusammenschusterten, begannen wir, uns abwechselnd zu erzählen, wie es uns ergangen war. Es war mittlerweile zwanzig Monate her, seit ich Radom verlassen hatte, aber von meiner Familie war ich sogar noch länger getrennt gewesen – fast zwei Jahre. Wir hatten eine wertvolle Zeit des Familienlebens verpasst.

Der Krieg hatte auch von meiner Familie seinen Tribut gefordert. Tatuś hatte wie viele andere polnische Facharbeiter und Intellektuelle seine Arbeit verloren, ihre Stellen wurden jetzt von Deutschen besetzt. Die meisten der Polen waren in Gefangenenlager gebracht worden und man vermutete, dass viele von ihnen umgebracht worden waren. Männer waren plötzlich verschwunden und niemand hatte je wieder etwas von ihnen gehört. Somit konnte sich mein armer Tatuś noch glücklich schätzen, auch wenn er jetzt darauf angewiesen war, von dem Ertrag zu leben, den die armseligen Hausschuhe auf dem Schwarzmarkt erbrachten. Mamusia war in den vergangenen zwei Jahren völlig ergraut. Die Deutschen hatten sich Kozłowa Góra und das restliche Oberschlesien einverleibt und meine Familie war, wie viele andere auch, Richtung Osten in das »unabhängige« Polen geflohen, das Generalgouvernement genannt wurde. Tatsächlich war es so unabhängig wie ein Gefangener, der in Ketten gehalten wird.

»Wir leben jetzt wie Sklaven, vielleicht noch schlechter«, sagte Tatuś und runzelte die Stirn, während er mit seiner Ahle ein Loch in eine Gummisohle bohrte. »Allen Polen droht die Todesstrafe, wenn sie gegen die Ausgangssperre verstoßen, Sachen auf dem Schwarzmarkt verkaufen oder eine ›feindliche Gesinnung‹ zeigen –«

»Und was könnte subjektiver zu beurteilen sein?«, warf Mamusia ein.

»Wir müssen den Bürgersteig verlassen und den Hut ziehen, wenn uns ein Deutscher begegnet«, fuhr Tatuś fort, der sich immer noch auf sein Loch konzentrierte. »Außerdem wird jeder zum Tode verurteilt, der einem Juden hilft.«

Fröstelnd spürte ich, wie meine ursprüngliche Wiedersehensfreude durch ihre Berichte getrübt wurde. »Den Juden helfen?«, fragte ich, während ich Bronias Hand streichelte. »Den Juden *wobei* helfen?«

Mamusia und Tatuś tauschten einen raschen Blick. »Beim Leben. Beim Arbeiten. Bei der Flucht«, sagte Mamusia. »Sie sind – sie sind von den Deutschen nicht erwünscht.«

Ich war verblüfft. »Aber warum lassen die Deutschen sie dann nicht einfach weggehen?«

»Ich glaube nicht, dass es das ist, was Hitler vorhat«, begann Tatuś vorsichtig. »Ich fürchte –«

Die Haustür wurde geöffnet und mir schossen erneut die Tränen in die Augen, als ich eine fröhliche Stimme rufen hörte: »Ich bin zu Hause! Wo seid ihr alle?«

Janina kam ins Esszimmer, nahm ihren Hut ab und schüttelte ihr Haar aus. Als sie mich erblickte, erstarrte sie.

»Irena!«

Wir schrien gleichzeitig auf und fielen einander in die Arme. »Ich glaube es nicht! Ich glaube es nicht!«, rief sie, während wir zusammen auf und nieder hüpften. »Ich kann es einfach nicht glauben, dass du es wirklich bist!« Bronia, Władzia und Marysia kamen zu uns gelaufen und wir hielten einander eng umschlungen und lachten und schluchzten alle fünf durcheinander.

Als wir uns an jenem Abend mit Tante Helen zum Abendbrot an den Tisch setzten, dankte Tatuś Gott mit einem Gebet, dass wir alle gesund wieder vereint waren. In den damaligen Kriegszeiten grenzte es an ein Wunder, wenn alle Mitglieder einer Familie zusammen sein konnten. Unser Zuhause, unser wunderschönes Haus in Kozłowa Góra, war verloren. Unser ganzer Besitz, unsere Andenken, Fotos und Bücher – alles war weg. Aber wir waren zusammen. Wir waren glücklich.

Später am Abend, als meine jüngeren Schwestern zu Bett gegangen waren, erzählte ich meinen Eltern alles, was mir seit der deutschen Invasion 1939 widerfahren war. Janina hielt meine Hand, während ich stockend von den verzweifelten Tagen berichtete, die ich mit der polnischen Armee im Wald verbracht hatte, und meine Stimme versiegte beinahe, als ich meinen Lieben von der Vergewaltigung erzählte. Im sicheren Schoß der Familie konnte ich endlich darüber weinen, was die Soldaten mir angetan hatten.

Tatuś beugte sich quer über den Tisch und legte mir seine Hand auf die Schulter. »Irena, mein liebes Mädchen. Der Krieg macht manche Männer zu Tieren. Lass dir durch diese furchtbare Geschichte nicht dein Leben zerstören. Gott hat Pläne für dich. Er ließ dich überleben. Gott hat Pläne für dich!«

Ich ergriff seine Hand und bedeckte sie mit Küssen, während erneut heiße Tränen zwischen meinen Wimpern hervorquollen. »Ja, Tatuś. Ich weiß, ich sollte daran glauben. Aber es ist so schwer.«

Am nächsten Tag ging ich mit Janina ein wenig durch Radom spazieren. Ich erkannte kaum etwas wieder, es kam mir vor, als gingen wir durch eine fremde Stadt, in der selbst die Straßennamen das Dritte Reich verherrlichten. Das Restaurant, in dem Janina arbeitete, gehörte einem polnischen Ehepaar, aber dort wurden nur Deutsche bedient: Polen konnten sich ein Essen im Restaurant nicht mehr leisten. Überall auf den Straßen sahen wir deutsche Soldaten, Wehrmachtsoffiziere und SS-Männer in ihren schwarzen Uniformen. Gefährlich wirkende Schäferhunde zerrten an ihren Leinen, bereit, auf Kommando ihrer Besitzer blindlings anzugreifen. Entlang den Straßen waren in regelmäßigen Abständen Schilder mit Hakenkreuzen angebracht, auf denen die Gesetze standen, die die Polen zu befolgen hatten. Jedem, der sich nicht daran hielt, drohten strenge Strafen.

Und überall an den Wänden hingen Plakate, auf denen die Juden auf gemeine Art verspottet und mit jeder Art von Sünde und Verderbtheit in Zusammenhang gebracht wurden. Das ganze Leid und Elend der polnischen Bevölkerung wurde ihnen zu Lasten gelegt. Zusätzlich plärrten aus Lautsprechern, die an etlichen Straßenecken angebracht waren, auf Polnisch und auf Deutsch Warnungen vor den Juden. An einer Straßenmündung beobachtete ich drei Nazis, die einen alten jüdischen Mann anbrüllten, der zu ihren Füßen kauerte und versuchte, seine Jarmulke unter dem Stiefel von einem der Männer hervorzuziehen. Mit blassem Gesicht nahm Janina mich beim Arm und zog mich weiter. Ich konnte kaum glauben, was ich da beobachtet hatte, aber jedes Mal, wenn ich versuchte, Janina zu fragen, schüttelte sie den Kopf und blickte sich nach allen Seiten um.

»So ist das jetzt in Polen«, raunte sie mir zu, als gerade einmal keine Deutschen in der Nähe waren.

Ohne weitere Worte zu verlieren, führte sie mich die Reichstraße hinunter. Ungläubig schaute ich ringsumher und stolperte beinahe, als Janina mich vom Bürgersteig zog, um ein paar Deutsche vorbeizulassen. »Wo gehen wir hin?«, murmelte ich mit gesenktem Kopf.

»Ich möchte dir etwas zeigen.«

Wir gingen in südliche Richtung nach Glinice, einem jüdischen Viertel in Radom. Als wir dort ankamen, sah ich, dass quer über die Straße Stacheldrahtzäune gezogen worden waren. Ich wagte nicht zu fragen, was die Zäune zu bedeuten hatten.

An einer Straßenecke blieben wir stehen und Janina tat so, als wolle sie meinen Mantelkragen richten. Sie bedeutete mir, auf die andere Straßenseite zu schauen. Dort befand sich ein Tor, das von deutschen Soldaten mit Hunden bewacht wurde. Ein großes Schild warnte vor Typhus. Das Wort *»Verboten«* prangte in großen Lettern quer über zwei Fahrspuren.

»Das Ghetto von Glinice«, flüsterte Janina, während sie meinen Kragen gerade rückte. »Alle Juden aus Radom und den umliegenden Gebieten wurden gezwungen, hierher und in das Ghetto von Walowa zu kommen.«

Dann sagte sie mit aufgesetzt fröhlicher Stimme: »Komm, Irenka, lass uns nach Hause gehen!« Sie schenkte zwei Soldaten ein strahlendes Lächeln und wir eilten an ihnen vorbei.

»Aber was hat das zu bedeuten?«, fragte ich atemlos.

»Wir wissen es nicht.«

Von diesem Moment an lag ein Schatten über meiner Wiedersehensfreude, der sich nicht mehr verziehen wollte. Wir wussten nicht, was vor sich ging. Zusammen mit den Lebensmittelkarten für Brot und Käse wurden die wildesten Gerüchte verbreitet. Einige Leute behaupteten, Hitler plane, die Juden zu vernichten, aber meine Familie und ich hielten das schlicht für zu absurd, um daran zu glauben. Viele unserer Nachbarn in Radom waren der Meinung, dass die Lebensbedingungen der Juden nur deren eigenes Problem sei: Wir Polen hatten durch die brutale Behandlung durch die Deutschen genug eigene Probleme.

Meinen neunzehnten Geburtstag feierten wir nur im engsten Familienkreis. Einige Tage darauf meldete ich mich beim Arbeitsamt als arbeitssuchend; dort erhielt ich eine Arbeitskarte und eine Kennkarte. Da ich fließend Deutsch sprach, wurde mir eine Stelle in einem Restaurant zugewiesen, das von Deutschen geführt wurde. Es war mir schon bald verhasst, denn es wimmelte dort von angetrunkenen Soldaten, die mich zu befummeln versuchten, wenn ich mit einem schweren Tablett beladen durch die verräucherte Luft an ihnen vorbeiging. Selbst der Eigentümer versuchte eines Tages, sich mir zu nähern, als ich gerade in der Speisekammer zu tun hatte. In dem Moment, als er mich um einen Kuss anbettelte, kam seine Frau vorbei. Ich wurde gefeuert. Kurz darauf bekam ich eine neue Stelle in einem kleinen, von Polen geführten Laden, der ganz in der Nähe der Wohnung meiner Tante Helen lag, was mir sehr gefiel. Zum einen arbeitete ich jetzt in der Nähe meines Zuhauses, zum anderen war ich nicht mehr den ganzen Tag lang von Deutschen umgeben.

Der Mai verging, und dann der Juni, und obwohl wir alle hart arbeiten mussten und dabei nur wenig zu essen hatten, freuten wir uns jeden Tag aufs Neue darüber, dass unsere Familie vereint war. Tante Helens kleines Haus war übervölkert, aber wir trösteten uns darüber hinweg, indem wir zum Beispiel zusammen sangen, ganz wie in alten Zeiten. Wenn wir uns abends um den Tisch versammelten und aus voller Kehle die alten Lieder schmetterten und lachten, weil wir wieder einmal eine Zeile vergessen hatten, gelang es uns fast, uns einzubilden, alles sei normal. Wenn wir nur bis Kriegsende durchhalten könnten, so glaubten wir, würde alles bestimmt besser werden.

Aber im Juni kamen die ersten Nachrichten, dass Deutschland und die Sowjetunion jetzt gegeneinander Krieg führten und der labile Frieden zwischen den beiden Ländern beendet war. Janina und ich lagen nächtelang wach und hörten zu, wie unsere Eltern im Bett nebenan flüsternd spekulierten, wie viel länger der Krieg nun wohl dauern würde. In solchen Situationen gaben weder Janina noch ich zu, dass wir noch wach waren. Ich denke, dass wir einander nicht eingestehen wollten, von den Sorgen unserer Eltern zu wissen. Aber hin und wieder, wenn Janina auf dem Rücken lag und zur Decke starrte, sah ich ihren Augenwinkel im Mondlicht glänzen, und so manches Mal glitzerte darin eine Träne. Sie war erst siebzehn und hatte in den vergangenen zwei Jahren zu schnell erwachsen werden müssen, doch ich selbst fühlte mich um hundert

Jahre älter. Ich fand, dass ich während meines Exils bereits genug Schmerz hatte erdulden müssen, und wie ein eigennütziges Kind wollte ich jetzt wieder gut und glücklich leben. Ich bildete mir ein, dass mir wieder ein wenig Glück zustand.

Aber noch während ich diese Träume entwickelte, wurden sie schon zerstört: Eines Tages im Juli kamen die Deutschen und nahmen Tatuś mit.

Wie betäubt saßen wir um unseren Esstisch herum. Die Deutschen brauchten die Keramikfabrik in Kozłowa Góra, die Tatuś einst konstruiert hatte, und das Reich brauchte seine Erfahrung, um die Produktion anlaufen zu lassen. Die Deutschen wollten ihn und deshalb holten sie ihn einfach ab.

Mehrere Wochen lang hörten wir nichts von Tatuś; dann kam endlich ein Brief. Als Mamusia seine Neuigkeiten gelesen hatte, brach sie weinend zusammen: Fremde lebten in unserem Haus, alte Freunde wandten sich von Tatuś ab, weil er für die Deutschen arbeitete. Als sie sich wieder so weit gefasst hatte, dass sie sprechen konnte, kündigte sie an, dass sie mit den drei jüngeren Mädchen zu Tatuś nach Kozłowa Góra gehen wolle. Janina und ich durften nicht mitfahren, denn es gab Gerüchte, dass junge polnische Frauen, die blond und blauäugig waren, in Bordelle nach Deutschland verschleppt wurden. Aus diesem Grund wollte sie es nicht riskieren, uns mit nach Oberschlesien zu nehmen.

Janina und mir kam es vor, als würde ein Albtraum nahtlos auf den vorigen folgen. Zuerst war Tatuś abgeholt worden. Dann verließen uns mit einem Schlag auch noch Mamusia, Marysia, Bronia und Władzia. Ich wollte einfach nicht wahrhaben, dass all das passierte, nachdem ich meine Familie doch gerade erst wieder gefunden hatte. Sie durften nicht erneut aus meinem Leben verschwinden. Janina und ich baten Mamusia inständig, sie möge uns mitnehmen, aber sie blieb unnachgiebig. Auf dem ganzen Weg zum Bahnhof bettelten und schluchzten wir. Vom vielen Weinen fühlten wir uns ganz elend, es schien, als müssten wir an unseren eigenen Tränen ersticken. Doch dann fuhr der Zug mit unserer Mutter und unseren Schwestern los und wir blieben allein zurück.

In dieser Situation hielten Janina und ich noch stärker zusammen, versuchten verzweifelt, so viel Zeit wie möglich gemeinsam zu verbringen. Jeden Morgen, wenn wir zur Arbeit aufbrechen mussten, brach uns schier das Herz. Die Erinnerung an den Abschied von unserer geliebten Familie war einfach zu schmerzhaft. Obwohl es im Haus jetzt mehr Platz gab, schliefen wir weiterhin in einem Bett, hielten uns an den Händen, bis wir eingeschlafen waren. Ich fühlte mich für Janina verantwortlich; fühlte, dass ich sie vor den Gefahren rings um uns beschützen musste.

Das Leben in Radom wurde schwieriger. Die polnischen Einwohner dachten nicht daran, sich den Besatzern ohne Widerstand wie eine Herde braver Schäfchen zu fügen. Immer wieder kam es zu Sabotageakten gegen die Deutschen, die stets mit Repressalien reagierten, schnell und unberechenbar wie tödliche Blitze. Männer wurden auf den Straßen aufgegriffen, an eine Wand gestellt und erschossen. Sechs Männer auf einmal. Zehn Männer. Für die Deutschen spielte es keine Rolle, ob diese Männer für die Sabotage verantwortlich waren oder wie viele sie umbrachten – im Gegenteil, je mehr, desto besser. Die Schüsse schienen jetzt in unserem Leben den Takt anzugeben. Wir gewöhnten uns daran, nicht hinzuschauen, wenn wir das Knattern eines Maschinengewehrs oder das dumpfe Tock-Tock einer Luger hörten.

Hinzu kam, dass die Deutschen offensichtlich entschlossen waren, die polnische Bevölkerung hart arbeiten zu lassen. Sie wurden als Zwangsarbeiter in die deutschen Rüstungsfabriken verschleppt, wo sie den Nachschub für die in Nordafrika gegen die Briten und im Osten gegen die Russen kämpfenden Truppen produzieren mussten. Es verging kaum ein Tag, an dem wir nicht von einem Freund oder Nachbarn hörten, der bei einer der gefürchteten Razzien der Deutschen, einer *Łapanka*, gefangen genommen worden war. Systematisch durchkämmten die Besatzer immer wieder die Bevölkerung des Generalgouvernements und verschleppten etliche Männer und Frauen im arbeitsfähigen Alter zwischen achtzehn und vierzig Jahren.

Wo sie hingebracht wurden? Keiner wusste es genau, aber jeder hatte irgendeine Vermutung. Nach Deutschland? An die Ostfront? Manche Leute behaupteten damals schon, die Gefangenen würden zur Arbeit in deutschen Fabriken gezwungen. Andere befürchteten, dass die Deutschen Wehrpflichtige für den Einsatz an der Front brauchten. Die Pessimistischsten spekulierten, dass die Polen einfach in Gefängnisse gebracht oder auf der Stelle getötet wurden. Wir wussten, dass die Deutschen uns verachteten. Jedes neue Gesetz, das wieder Repressalien mit sich brachte, jede öffentliche Denunziation, jede willkürliche Bestrafung zeugte von ihrem Ziel, die polnische Nation zu zerstören. Tag und Nacht ratterten schwere Transportlaster durch die Stadt. Wenn wir das gefürchtete Motorengeräusch hörten, erstarrte unwillkürlich die Hand mit dem Löffel auf halbem Weg zum Mund. Wir hielten mitten in einem Handgriff bei der Arbeit inne und fragten uns, wen es wohl dieses Mal erwischt hatte. Und wir zitterten vor Angst, dass wir unsere Lieben nie wiedersehen würden.

Parallel zu der Verschleppung der Polen kamen immer mehr Juden in der Stadt an. Manchmal, wenn ich gerade unterwegs war, um Lebensmittel zu kaufen, oder ein Geschäft aufsuchte, in dem es angeblich Toilettenpapier, Glühbirnen oder Schuhe aus echtem Leder zu kaufen gab, sah ich, wie sie in langen Trecks zu den Ghettos Walowa oder Glinice getrieben wurden. Einige waren sehr gut gekleidet und trugen teure, der neuesten Mode entsprechende Anzüge und schwere Koffer; andere wirkten weniger wohlhabend und hatten ihre wenigen Besitztümer in Decken verpackt, die mit einer Kordel verschnürt waren. Aber allen war die Angst gemeinsam, die ihnen ins Gesicht geschrieben stand. Ich bekam nie mit, wie sie diese vielen Menschen in den Ghettos zusammenpferchten, und hatte keine Vorstellung davon, unter welchen Bedingungen man dort wohl lebte.

Der Spätsommer und der frühe Herbst waren einst Jahreszeiten für mich gewesen, in denen wir Pilze suchten und im Heu spielten. Im Jahre 1941 waren diese Monate angefüllt mit Arbeit und Angst. Wir warteten vergeblich auf Nachrichten von Mamusia und Tatuś und konnten nur beten, dass unsere Familie in Kozłowa Góra sicher war und uns genauso vermisste wie wir sie.

Wir verbrachten unendlich viel Zeit damit, darüber nachzudenken, wie wir an Lebensmittel kommen konnten. Das, was wir bekamen, reichte hinten und vorn nicht und wir waren eigentlich immer hungrig. Die deutsche Besatzung gestand den Polen nur sehr wenige Lebensmittel zu – weniger als die Hälfte von dem, was den Deutschen zugeteilt wurde. Wir gaben ordnungsgemäß unsere Lebensmittelkarten ab, aber was wir im Tausch dafür bekamen, schien nicht viel gehaltvoller zu sein als das Papier, auf dem sie gedruckt waren. Ich wusste, dass ich immer noch unter Anämie litt – die Symptome waren mir aus der Zeit, als ich in den Wäldern leben musste, noch bestens vertraut. Hin und wieder brachte Janina Essensreste aus dem Restaurant mit, in dem sie arbeitete, aber auch die reichten nicht aus, um drei Erwachsene satt zu machen. Wie alle anderen nichtdeutschen Bewohner von Radom waren Tante Helen, Janina und ich erbärmlich dünn und blass.

Als ich eines Sonntagsmorgens einmal nicht zu müde war, machte ich mich auf den Weg zur Kirche. Ich kniete in der Bank und murmelte mechanisch die Gebete herunter, doch auch die Messe konnte mir nicht den Trost spenden, nach dem ich mich so sehr sehnte. Immer wieder schweiften meine Gedanken ab und kreisten um meine täglichen Sorgen. Wie sollten wir das Haus im Winter heizen? Wo bekam ich einen warmen Mantel für Janina her? Und wo frisches Brot, das nicht zu viele Sägespäne enthielt? Wann würden wir endlich etwas von Mamusia und Tatuś hören?

Als der Priester mit der Segnung begann, fiel mein Blick auf eine Taube, die unter dem Gewölbe des Kirchenschiffs umherflatterte. Ich folgte ihr mit den Augen. Sie flog von einem Fenster zum anderen und wirbelte mit jedem verzweifelten Flügelschlag neuen Staub auf, der im Gegenlicht flirrte. Immer wieder stieß die Taube gegen die Scheiben und flatterte dann jedes Mal aufgeregt mit den Flügeln. Ich war kurz davor, aufzustehen und zu rufen, ob nicht jemand dem Vogel helfen wolle. In diesem Augenblick drang ein Durcheinander von Geräuschen von draußen in die Kirche. Motoren heulten, Türen knallten und dann hörte man schwere Stiefelschritte auf der Treppe. Aus dem Vorraum vernahm man undeutliche Kommandos. Die Gemeindeglieder verrenkten sich die Hälse und begannen aufgeregt zu tuscheln. Man konnte die Angst in ihren weit aufgerissenen Augen erkennen. Mehrere Leute standen auf und gingen den Gang entlang auf die Sakristei zu. Eine alte Frau schaukelte auf ihrer Bank vor und zurück, während sie ihren Rosenkranz umklammert hielt und mit zitternden Lippen Gebete flüsterte. Der Priester stockte in seiner Segnung, dann versiegte seine Stimme.

Eine allgemeine Unsicherheit breitete sich aus. Suchten die Soldaten jemand Bestimmtes? Führten sie wieder eine der gefürchteten *Łapankas* durch? Wir alle hatten Angst, hinauszugehen, doch andererseits konnten wir natürlich auch nicht den ganzen Tag in der Kirche bleiben. Ich selbst vermochte meine Augen nicht von der Taube abzuwenden, die immer noch gegen die hohen Kirchenfenster flog. Mir schoss ein verrückter Gedanke durch den Kopf: Wenn der Vogel den Weg nach draußen fände, würde auch für uns alles gut werden. Jemand rempelte mich an und drängte sich an mir vorbei auf den Gang.

Nach einer Weile gingen zwei ältere Männer mit grauen Bärten nach hinten und öffneten die Flügel der Kirchentür. Ihre grimmigen Gesichter hätten normalerweise jeden unerwünschten Eindringling in die Flucht geschlagen, aber in diesem Fall kam es leider ganz anders.

Im Vorraum wimmelte es von uniformierten Soldaten, die im Gegenlicht der Sonne zu einer einzigen dunklen Masse verschmolzen. Mit Rufen wie *»Raus! Zur Straße!«* trieben sie uns auf den Kirchenvorplatz, der von weiteren Wehrmachtssoldaten umgeben war. Sie hielten ihre Waffen auf uns gerichtet. Als der Priester versuchte, einen Offizier anzusprechen, wurde er brutal beiseite gestoßen.

Die Gemeindeglieder begannen vor Angst und Entsetzen zu jammern und zu schreien, als die Soldaten mit großen Schritten durch die Menge gingen und begannen, einzelne Leute zur Seite zu ziehen. Eine junge Frau schrie auf, als sie von ihrer Mutter getrennt wurde; zwei kleine Jungen weinten, weil ihr Vater weggerissen wurde. Kinder und ältere Leute mussten sich auf der einen Seite aufstellen, Junge und Leute mittleren Alters auf der anderen.

»Bitte versuchen Sie, meine Schwester und meine Tante zu informieren«, flüsterte ich dem Priester zu. »Helena Pawlowska und Janina Gutowna. Erzählen Sie ihnen, was passiert ist.«

»Ruhe!« Ein Soldat machte einen Schritt auf mich zu, und ich duckte mich schnell und ging auf die Seite zu den jungen Leuten. Ich fühlte, wie sich meine Rückenmuskeln verkrampften und wie sie zuckten, als ich an der Reihe Maschinengewehre vorbeiging.

»Wo bringen sie uns hin?«, raunte eine rothaarige Frau, die den Arm ihres Mannes umklammert hielt.

»Ich weiß es nicht«, antwortete er. Ich konnte sehen, dass er sich ihretwegen Mühe gab, tapfer zu sein.

In diesem Augenblick kamen drei Truppentransporter mit

röhrenden Motoren auf den Kirchenvorplatz gefahren. Sie hielten an und die Soldaten pferchten die weinenden und fluchenden Menschen hinein. Unsere Fahrt endete in einem Lager, das von einem hohen Stacheldrahtzaun umgeben war.

»Sie werden nach Deutschland gebracht, damit Sie für das Reich arbeiten können«, informierte uns ein Offizier, als wir vor unseren Baracken standen. »Ihr Polen seid lange genug faul gewesen.«

Die Welle des Entsetzens, die uns bei dieser Ankündigung überrollte, konnte man beinahe mit Händen greifen. Viele Frauen brachen erneut in Tränen aus. Ich selbst fühlte in mir wieder jene merkwürdige Distanziertheit – ich wollte einfach nicht wahrhaben, dass das alles wirklich passierte. Ich starrte auf meine Hände hinunter, die mir wie die Hände einer Fremden vorkamen.

Ein Mann mittleren Alters mit einem würdevollen Gebahren trat aus der Menge heraus und sprach den Offizier an. »Ich muss energisch protestieren. Sie haben nicht das Recht, uns so zu behandeln«, sagte er. »Sie müssen uns erlauben, Kontakt zu unseren Familien aufzunehmen.«

Ohne ein Wort zu verlieren, traten zwei Wachmänner auf ihn zu und hieben mit ihren Gewehrkolben auf ihn ein. Der Mann ging sofort zu Boden, aber sie schlugen ihn immer noch weiter. Wir anderen beobachteten die schreckliche Szene wie betäubt, während das dumpfe Geräusch der furchtbaren Schläge in unseren Ohren dröhnte. Als die Soldaten endlich von dem Mann abließen, sickerte Blut aus seinen Ohren. Er lag mit verrenkten Beinen im Schmutz, die Arme schützend um den Kopf gelegt, und keiner von uns wagte, zu ihm zu gehen.

»Ich denke, jetzt sprechen wir die gleiche Sprache«, sagte der Offizier.

Als er endlich gegangen war, eilten zwei Männer nach vorn, um dem Zusammengeschlagenen zu helfen. Obwohl es bereits Oktober war, hatte die Sonne noch Kraft und es war sehr warm. Der Geruch nach Blut und Urin, der von dem Mann ausging, erinnerte mich an den Geruch auf einer Krankenhausstation. Unwillkürlich verscheuchte ich eine Fliege von meiner Hand und trat ebenfalls näher, um zu helfen.

Mit vereinten Kräften stellten wir den Mann auf die Füße, als erneut ein Lastwagen mit dröhnendem Motor in das Lager gefahren kam. Beim Bremsen wirbelte er eine riesige Staubwolke auf. Ein Nazi mit einem offensichtlich hohen Dienstgrad kletterte vom Beifahrersitz und rückte seine Mütze zurecht. Er war bereits älter, eher siebzig als sechzig, und atmete durch den Mund, als ob er eine verstopfte Nase habe.

»Du und du«, sagte er, zunächst auf einen, dann auf einen anderen Mann zeigend. »Und du.«

Auf diese Weise pickte er aufs Geratewohl zehn Männer und Frauen aus der Menge. Als Letztes zeigte er auf mich.

»Auf den Wagen.«

Ohne weitere Umstände kletterte er zurück in den Lastwagen und schlug die Beifahrertür zu. Verängstigt eilten wir zehn zur Ladefläche des Truppentransporters. Ein Soldat öffnete die Hecktür und trieb uns mit dem Lauf seines Gewehres zur Eile an, rasch ins Wageninnere zu klettern.

»Was soll das jetzt?«, fragte eine Frau wütend.

»*Matka Boska* – Mutter Gottes«, versuchte einer der Männer sie zu beruhigen.

»Bitte, lieber Gott, lass Janina wissen, dass es mir gut geht«, flüsterte ich. »Bitte sorge du anstatt meiner für sie.«

Der Fahrer warf den Motor an und der Transporter schaukelte los. Wir hatten keine Chance, herauszubekommen, wohin sie uns brachten, und ich verrenkte meinen Hals, um einen Blick hinten aus dem Wagen werfen zu können. Ich befürchtete, dass ich in diesem Moment Polen zum letzten Mal sah.

Major Rügemer

Man kann es nicht anders beschreiben, als dass ich von dem Moment an eine Sklavin war. Wie sonst sollte man einen Menschen bezeichnen, der unter Aufsicht in einer Munitionsfabrik arbeiten muss und keinen Lohn erhält? Trotz aller Ängste, die ich ausstand, hatte die Situation einen Vorteil: Ich war immer noch in Polen, sogar noch in Radom. Der Lastwagen hatte uns nur in die Stadt zurückgefahren, wo wir in Baracken untergebracht wurden. Den Stadtteil, in dem sich das Lager befand, kannte ich nicht, ich hätte nicht einmal sagen können, wie weit ich von zu Hause weg war. Außerdem hatte ich keine Ahnung, wie ich Janina und Tante Helen benachrichtigen sollte, dass ich in Radom war und gezwungen wurde, für die Deutschen zu arbeiten.

Meine Aufgabe bestand darin, Munition in Kisten zu verpacken. Die Fabrikhalle mit ihrem Krach und den chemischen Dämpfen glich einer Hölle. Jede unserer Ideen, wie wir die Pläne unserer Peiniger hätten durchkreuzen können, wurde im Keim erstickt: Unser Arbeitstempo und die Effektivität wurden regelmäßig überprüft und auf Sabotage an der Munition stand die Todesstrafe. Es gab keine Möglichkeit, sich zu beschweren. Jede Nacht fiel ich völlig erschöpft und geschwächt von der Unterernährung und dem eingeatmeten Schießpulver auf mein Lager. Ich litt stärker denn je unter der Anämie. Oft fühlte ich mich in der Fabrikhalle einer Ohnmacht nahe und mir war so schwindelig, dass ich mich an der Werkbank festhalten musste, um nicht umzufallen. Wir mussten stundenlang im Stehen arbeiten. Immer wieder verschwanden Arbeiter und niemand wagte nachzufragen, was mit ihnen passiert war. Nach zwei Wochen in der Fabrik fühlte ich mich krank und völlig ausgelaugt, aber ich hatte Angst, dass ich, wenn ich diese schreckliche Arbeit nicht durchhielt, an einen noch schlimmeren Ort gebracht werden würde.

Eines Morgens kam ein Offizierskader herein, um uns zu inspizieren, und ich erkannte den Major wieder, der uns für die Fabrikarbeit ausgewählt hatte. Als er zu unserer Abteilung kam, beugte ich meinen Kopf und fummelte mit den Händen an den Patronenhülsen herum, die ich bündeln sollte. Plötzlich wurde es um mich herum dunkel und ich konnte nichts mehr sehen. Ich merkte noch, dass ich fiel, und vernahm schwach das Geräusch meines eigenen Körpers, der auf dem Boden aufschlug. Dann verlor ich das Bewusstsein.

Als ich wieder zu mir kam, lag ich auf einem Sofa in einem Büro. Der Major reichte mir eine Tasse Kaffee.

»Wie heißen Sie?«, fragte er auf Deutsch.

Meine Hände zitterten, als ich die Tasse entgegennahm. »Meine Name ist Irena Gut.« Ich registrierte seine Überraschung darüber, dass ich Deutsch verstand und es auch sprechen konnte. »Vor dem Krieg habe ich in Oberschlesien gelebt.«

Er zog ein Taschentuch aus seiner Tasche und schneuzte sich die Nase. »Sie müssen deutscher Herkunft sein, bei diesem Namen.«

»Ich weiß nicht – ich glaube nicht. Ich bin Polin.« Ich nippte an dem Kaffee. Er enthielt reichlich Milch und Zucker, Köstlichkeiten, die ich seit Monaten nicht bekommen hatte.

»Sie erheben also nicht den Anspruch darauf, deutsch zu sein? Sie würden sich wundern, wie viele Menschen das tun«, sagte er. Zynisch lächelte er mich an. »Ich bewundere Ihre Ehrlichkeit, dass Sie es gar nicht erst versuchen.«

Wir schwiegen beide für eine Weile, während ich meinen Kaffee trank. Dann ging er zu seinem Schreibtisch hinüber und blätterte stirnrunzelnd einige Papiere durch. »Sie gefährden die Effektivität dieser Fabrik. Wenn Sie zu krank zum Arbeiten sind –«

»Nein, Herr Major! Ich bin nicht zu krank!«, fiel ich ihm ins Wort. Mühsam setzte ich mich auf. »Bitte lassen Sie mich nicht deportieren. Bitte lassen Sie mich hier bleiben, wo ich in der Nähe meiner Schwester bin. Ich werde noch schneller arbeiten.«

Er sah mich nicht an, offensichtlich dachte er nach. »Ihr Deutsch ist sehr gut. Vielleicht ist es Verschwendung, Sie am Fließband arbeiten zu lassen.«

Ich hielt den Atem an und versuchte, meine Tränen zurückzuhalten.

»Ich habe eine Stelle für Sie, die vielleicht besser zu Ihnen passt, in der Offiziersmesse. Verstehen Sie was von Hausarbeit? Irgendwelche Erfahrung in Küchenarbeit und im Servieren?«

Ich sprang beinahe von dem Sofa hoch. »Ja, Herr Major! Meine Mutter hat uns alles im Haushalt beigebracht, ich habe kochen gelernt und kann eine gute Gastgeberin sein. Mit solchen Dingen kenne ich mich aus!«

Der Major nickte und begann, etwas zu schreiben. »Melden Sie sich morgen früh um sieben Uhr bei Herrn Schulz, hier ist die Adresse. Er spricht kein Polnisch und hat deswegen große Probleme, sich mit dem polnischen Personal zu verständigen. Er wird erfreut sein, Sie zu bekommen.« Er reichte mir einen Passierschein hinüber, zog ihn dann aber wieder ein Stückchen zurück, sodass ich ihn nicht ergreifen konnte, als ich mich vorbeugte. »Ich lasse Sie nach Hause gehen, aber machen Sie nicht den Fehler, sich morgen früh nicht sehen zu lassen, sonst schicke ich Ihnen eine Patrouille.«

»Nein, Major«, hauchte ich. »Ich werde pünktlich sein. Ich werde Sie nicht enttäuschen. Danke sehr.«

Er hielt noch einen Moment lang inne, dann reichte er mir den Passierschein hinüber. Er war mit »Major Eduard Rügemer« unterschrieben.

Es wäre die blanke Untertreibung, zu behaupten, dass Janina und Tante Helen überrascht waren, mich zu sehen. Janina brach in Tränen aus, warf sich in meine Arme und ließ mich minutenlang überhaupt nicht mehr los. Während ich etwas Brot und ein paar Möhren aß, erzählte ich den beiden, was mir seit jenem Sonntag widerfahren war, als ich bei der *Łapanka* verschleppt wurde. Janina hielt während der ganzen Zeit meine Hand und wischte sich wieder und wieder die Tränen vom Gesicht. Als ich an jenem Abend in mein Bett fiel, hatte ich das Gefühl, als habe mich jemand von einem Abgrund weggerissen, auf den ich mich während der letzten Tagen immer weiter zubewegt hatte.

Am nächsten Morgen um halb sieben war ich bereits auf dem Weg zu meiner neuen Arbeit. Die Adresse, die Major Rügemer mir genannt hatte, gehörte zu einem alten Hotel in der südöstlichen Ecke der Innenstadt von Radom. Es war ein altehrwürdiger Bau, in dem vor langer Zeit prächtige Hochzeiten und andere Feste gefeiert worden waren, bis die Kronleuchter wackelten. Ich lief die Straße hinunter und betrat das Hotel durch den Lieferanteneingang.

Ein korpulenter, rotgesichtiger Mann mit einer weißen Schürze, der offensichtlich gerade einen Abfalleimer hinausbringen wollte, kam mir entgegen.

»Ja?«

»Ich suche Herrn Schulz«, sagte ich auf Deutsch.

»Das bin ich«, antwortete er und musterte mich von Kopf bis Fuß. »Sind Sie mein neues Mädchen?«

»Ja, Herr Schulz. Ich bin Irene Gut.«

»Heißt ›Irene‹ auf Polnisch zufällig ›dürrer Knochen‹?«

Ich errötete. »Oh, es tut mir Leid«, stammelte ich. »Ich bin –«

»Hungrig. Am besten gebe ich Ihnen wohl erst einmal etwas zu essen. Hier entlang, Fräulein Dürrknochen.«

Ich wusste nicht, was ich davon zu halten hatte, aber hungrig wie ich war, ging ich mit ihm den Flur entlang. Er führte mich in eine große Küche. Dort stapelten sich die Köstlichkeiten beinahe bis zur Decke: frisches Brot – Weißbrot! –, Käse, Obst, rote Bete, an der noch Erde klebte, Körbe voller Äpfel, Gebäck und Marmeladengläser. Es gab zwei begehbare Kühlräume, die meine hungrige Phantasie sofort mit Fleisch und Geflügel und riesigen Kannen fettiger Milch füllten. Seit Kriegsbeginn hatte ich nicht mehr solche Mengen an Lebensmitteln gesehen.

Während Herr Schulz sprach, füllte er gleichzeitig einen Teller mit Essen. »Ich brauche Ihre Hilfe, um mich mit den Händlern und Lieferanten zu verständigen«, erklärte er. »Bitte verzeihen Sie – aber für mich klingt die polnische Sprache nur wie ein Kauderwelsch.«

Ich ließ mich auf einem Stuhl am Küchentisch nieder und fragte mich, ob mich vor lauter Hunger meine Sinneswahrnehmungen täuschten und ich deshalb den Eindruck gewann, dass Herr Schulz ein netter, freundlicher Mann war. Er schnitt eine dicke Scheibe Brot ab, legte sie zuoberst auf meinen vollen Teller, setzte sich mir dann gegenüber und sah mich erwartungsvoll an.

»Na los, essen Sie«, forderte er mich mit einem Lächeln auf.

»Sie sind sehr – liebenswürdig«, sagte ich endlich und griff zu der Gabel.

Er legte seinen Kopf auf die Seite. »Denken Sie denn, Herr Schulz hätte keine eigenen Töchter? Also dann, hauen Sie rein.«

Kurzerhand wischte ich alle Zweifel an seiner Großzügigkeit beiseite und beschloss, einfach dankbar dafür zu sein. Ich schaffte es noch, ihm kurz zuzulächeln, bevor ich mich über mein Essen hermachte. Ich konnte mich nicht daran erinnern, wann ich mich zuletzt hatte satt essen können, aber hier bekam ich den Eindruck, Herr Schulz wolle mich mästen. Es hätte nicht viel gefehlt und ich wäre über mein unerwartetes Glück in Tränen ausgebrochen.

Während ich meine Brotscheibe in zwei Hälften teilte und mit Butter bestrich, gab Herr Schulz ein Eigelb und reichlich

Zucker in ein Glas Rotwein und rührte es um. »Mir scheint, Sie sind nicht nur hungrig. Womöglich sind Sie krank? Hier, trinken Sie das, es ist gut für die Blutbildung.«

»Vielen Dank, Herr Schulz.«

Recht bald fand ich heraus, dass mich mein erster Eindruck von Herrn Schulz nicht getäuscht hatte. Er war ein guter, freundlicher Mann. Natürlich war auch er bei der Deutschen Wehrmacht, aber er war Koch, kein Soldat. Er hatte auch nichts von jener niederträchtigen Bosheit, die ich bei den deutschen Besatzern mittlerweile kennen und fürchten gelernt hatte. Und obwohl er ein Perfektionist war und alle Arbeiten fehlerlos erledigt haben wollte, geizte er nicht mit Lob für seine Mitarbeiter und tadelte nur sehr selten und nie ohne Grund.

Neben meiner Aufgabe als Dolmetscherin für Herrn Schulz half ich drei Mal am Tag beim Servieren im Speisesaal, wo sich deutsche Offiziere aus der ganzen Stadt trafen, um Schweinekoteletts, gegrillte Hähnchen, Sauerkraut und Würstchen, Aufläufe, Rote-Bete-Suppe und Schokoladenkuchen zu genießen. Manchmal schwindelte mir der Kopf von den Mengen an Nahrungsmitteln, die dort verzehrt – und übrig gelassen – wurden, vor allem wenn ich daran dachte, wie wenig andere Leute zu essen hatten. Nachdem ich bereits einige Wochen für Herrn Schulz gearbeitet hatte, traute ich mich endlich, ihn zu fragen, ob ich nicht ein paar Essensreste für meine Tante und meine Schwester mit nach Hause nehmen könnte. Tatsächlich stellte er erneut seine Großzügigkeit unter Beweis und half mir, Fleisch, Brot und Gemüse einzupacken. Von diesem Tag an verlor auch Janina nach und nach ihr hohlwangiges Aussehen, sodass ich eine Sorge weniger hatte. Wir hatten jedoch immer noch nichts von unseren Eltern gehört und beteten jeden Tag, dass auch sie hin und wieder etwas Gutes zu essen bekämen.

In dem Hotel wurden gelegentlich Feste gefeiert, die sich über Stunden hinziehen konnten. Es gehörte mit zu meinen Aufgaben, hinterher die Tische im Speisesaal abzuräumen und zu putzen, wodurch es oft so spät wurde, dass ich mich nach der Ausgangssperre noch auf den Heimweg machen musste. Major Rügemer unterschrieb dann einen Passierschein für mich oder erlaubte Herrn Schulz, mich nach Hause zu fahren. Der Major war stets höflich, wenn ich ihn im Speisesaal bediente. Er erinnerte sich an meinen Namen und pflegte sich nach meiner Schwester zu erkundigen. Ansonsten herrschte ein ständiges Kommen und Gehen von Dutzenden von SS-Männern und Wehrmachtsoffizieren, die sich – wie alle Männer – sehr verschieden benahmen: Einige tranken und wurden dann laut und ausfallend, andere rührten ihr Essen nicht an und redeten ernst und verbissen über den Krieg. Wieder andere versuchten, mit den Kellnerinnen oder den deutschen Sekretärinnen anzubändeln. In allen Räumen hingen Hakenkreuzflaggen und an der Wand prangte ein Porträt Hitlers, als sei er der Gastgeber. Die Fenster des Speisesaals gingen zu Straße hinaus. Hin und wieder bemerkte ich, wie jemand im Vorbeigehen kurz davor stehen blieb und den Deutschen beim Essen zusah, als handele es sich um ein ungewöhnliches Schauspiel, bevor er sich abwandte und weitereilte.

Der November kam und mit ihm die Kälte, der graue Himmel und der Schnee. Schulz nahm mich mit zum Warenhaus der Wehrmacht, in dem es Unmengen an Sachen zu kaufen gab, die aus geplünderten Läden und Häusern stammten. Dort suchte er für mich ein Paar warme Winterstiefel aus, damit meine Füße auf dem Weg zur Arbeit und nach Hause nicht frieren mussten. Am nächsten Tag machte ich mich beinahe gut gelaunt auf den Weg zum Hotel: Meine Füße waren warm, der Himmel war blau und der weiße Schnee auf den Dächern wirkte wie der Puderzucker auf Schulz' Sachertorte. Ich war fast glücklich.

»Guten Morgen, Fräulein Irene!«, rief Schulz, als ich hineinkam und den Schnee von meinen Stiefeln stapfte.

»*Dzień dobry*, Pan Schulz«, antwortete ich auf Polnisch.

»Heute haben wir ein offizielles Diner – ich brauche Ihre Hilfe, um die Tische oben im Ballsaal herzurichten«, sagte Schulz. Er war gerade dabei, einen Teig zu kneten, und seine Arme waren bis zu den Ellenbogen mit Mehl bestäubt. Er wies mit dem Kinn nach oben. »Das Silber und die Leinentücher sind schon oben.«

Ich band meine Schürze um und ging durch das Labyrinth von Gängen, das es hinter den Kulissen eines jeden Hotels gibt, bis zu dem alten, knarrenden Personalaufzug. Ich drückte auf den Knopf für die vierte Etage und fuhr hinauf. Der rote Plüschteppich des Vorraumes fühlte sich weich unter den Füßen an und die Kronleuchter brachen das hereindringende Tageslicht in seine Spektralfarben. Ich wollte noch mehr Licht hereinlassen und ging in den Ballsaal, um ein Fenster zu öffnen. Als ich die schweren Samtvorhänge aufzog, rieselte mir der Staub entgegen.

Ich warf einen flüchtigen Blick nach draußen. Der Ballsaal lag an der Hinterseite des Hotels und ich stellte fest, dass ich noch nie aus einem Fenster auf dieser Seite des Gebäudes gesehen hatte. Von hier oben sah man auf einen Platz. Erst auf den zweiten Blick fiel mir ein Holzzaun auf, der unmittelbar hinter dem Hotel entlanglief und über dem Stacheldraht angebracht war. Dann begriff ich. Hinter dem Stacheldraht befand sich das Ghetto Glinice.

Im ersten Moment wirkte der Platz verlassen, ganz so wie ein winterlicher Wald, wenn der erste Schnee gefallen ist. Dort sieht man zunächst nichts als Bäume und die Spitzen der niedrigen Gewächse und alle Formen sind von Schnee eingehüllt. Aber nach und nach entdeckt man den Kuckuck, dessen Gefieder kurz in einem Sonnenstrahl aufblitzt, oder man hört den Tritt eines Rehs, das auf dem Boden scharrt, um an das Moos zu kommen. Als ich an jenem Morgen auf das Ghetto hinunterblickte, war es genauso: Zuerst sah ich nur menschenleere, von Schneematsch bedeckte Straßen. Dann bemerkte ich einzelne Leute: zwei Kinder, die Hand in Hand über eine vereiste Pfütze liefen; einen alten Juden mit Schläfenlocken, der eine Tür hinter sich zuzog; eine Frau, die mit einem Korb am Arm die Straße überquerte.

Die Heiterkeit, die ich an jenem Tag empfunden hatte, war auf einen Schlag verschwunden. Wie hatte ich nur die Juden vergessen können, die aus ihren Häusern gezerrt und in Ghettos gesteckt wurden? In diesem Moment wurde mir bewusst, dass es ihnen unter der deutschen Besatzung noch schlechter gehen musste als den anderen Polen. Gelegentlich hatte ich beim Servieren Gesprächsfetzen aufgeschnappt, wenn sich die Offiziere über das »Judenproblem« unterhielten. Ich hatte dem aber nie größere Beachtung geschenkt, da ich viel zu beschäftigt war. Und, ehrlich gesagt, widmete ich mich auch sonst nur meinen eigenen Problemen und dachte gar nicht an die Juden. Jetzt schämte ich mich beinahe für das gute Essen, das ich bekam und meiner Familie mitbrachte, dafür, dass ich glücklich war und wohlgenährt. Ich beobachtete den alten Juden, wie er mit vorsichtigen Schritten über den rutschigen Schneematsch ging, um eine Ecke bog und verschwand.

Eine Stimme aus dem Vorraum ließ mich zusammenschrecken und ich beeilte mich, die Tische vorzubereiten. Dutzende Teller mussten gedeckt werden und eine ganze Stunde lang war ich damit beschäftigt, Servietten zu falten und das Silber aufzudecken. In dem Hotel war es still wie in einer Kirche.

Plötzlich durchbrach ein Gewehrschuss die Stille. Eine Hand voll Messer umklammernd, rannte ich zum Fenster, um nachzusehen, was in aller Welt draußen vor sich ging.

Männer, Frauen und Kinder rannten kreuz und quer durch die Straßen. SS-Männer stürzten aus Lastwagen und schossen auf die fliehenden Juden. Körper lagen ausgestreckt im Schneematsch. Durch die Fensterscheibe hörte ich schwache Schreie und das rasende Gebell eines Polizeihundes. Der Schnee war bereits von Blut dunkelrot gefärbt. Unwillkürlich umschloss ich die Messer so fest mit meiner Faust, dass ich mich in die Hand schnitt. Ich ließ sie los und sie fielen scheppernd zu Boden. Aus der Schnittwunde sickerte ein dünnes Blutrinnsal. Die ganze Situation war absolut unwirklich. Sie konnte nicht real sein. Ich riss den Blick von meiner Hand los und schaute wieder nach draußen auf das Gemetzel. In meiner Kehle stieg ein Schrei hoch, als sollte ich selbst erschossen werden.

In diesem Augenblick umklammerte eine fremde Hand meinen Mund. Ich fuhr herum und versuchte mich zu wehren. Es war Schulz, der mich kopfschüttelnd festhielt.

»Still, Irene!«

Er nahm seine Hand fort, um die Vorhänge zu schließen und zog mich vom Fenster weg.

»Schulz! Was geht da vor?«, jammerte ich. Ich wurde beinahe hysterisch, versuchte, wieder zum Fenster zu gelangen, um hinauszuschauen.

Er hielt meine Hände zwischen seinen fest und zwang mich, ihn anzusehen. Auf seiner Oberlippe stand der Schweiß. »Schauen Sie nicht hin, Irene. Sie haben das niemals gesehen.«

»Aber sie töt–«

»Reden Sie mit niemanden darüber und zeigen Sie vor allem nicht, dass Sie Anteil nehmen – man wird Sie sonst für ein Judenliebchen halten.«

Ich starrte ihn an. Ich begriff gar nicht, was er da sagte.

»Irene! Sie machen schreckliche Sachen mit Judenliebchen. Verstehen Sie mich? Ganz schreckliche.«

Langsam, ganz langsam nickte ich. Mein Hals fühlte sich steif an, als wäre er eingerostet und würde im nächsten Moment durchbrechen.

Schulz warf einen nervösen Blick zur Tür. Als er versuchte, mich zu beruhigen, fühlte ich, wie seine Hände zitterten und er unregelmäßig atmete.

»Sie brauchen heute nicht zu servieren«, flüsterte er. »Gehen Sie nach Hause. Ich werde sagen – ich werde sagen, dass

Sie krank sind. Aber Sie müssen morgen zur üblichen Zeit wiederkommen. Und Sie müssen sich einreden, dass Sie das niemals beobachtet haben. Gehen Sie jetzt.«

Er schüttelte mich sanft und schob mich in Richtung Tür. »Gehen Sie.«

Mir wurde klar, dass ich soeben beobachtet hatte, wie die Deutschen mit ihrem »Judenproblem« umgingen.

Ein Tropfen auf dem heißen Stein

Als ich am nächsten Tag zu Arbeit kam, konnte ich Schulz nicht in die Augen sehen. Ich wusste zwar, dass er ein guter, freundlicher Mann war – aber auch er war ein Deutscher und es gelang mir nicht, dies in meinem Kopf in Einklang zu bringen. Ich war so verwirrt und niedergeschlagen, dass ich kaum sprechen konnte. Mit der Gleichgültigkeit einer Maschine erledigte ich an jenem Tag meine Pflichten. Die ganze Zeit über kribbelte meine Haut und ich hatte das Gefühl, dass sie mich dadurch an die Existenz des Ghettos hinter dem Hotel erinnern wollte. Ich musste etwas tun.

Am Nachmittag war ich wie immer damit beschäftigt, die Spuren der letzten Mahlzeit zu beseitigen. Dieses Mal war ich allein in der Küche. Das war die Gelegenheit, auf die ich gewartet hatte. Ich nahm einen Abfalleimer hoch, der neben mir auf dem Boden stand, und ging hinaus. Seitlich am Hotel vorbei verlief eine Gasse, die von der Straße abging und an einem Zaun endete. Mittlerweile wusste ich, dass unmittelbar hinter dem Zaun das Ghetto begann. Ich warf einen raschen Blick die Straße hinunter: Autos fuhren vorüber, zwei in dicke Wintermäntel eingehüllte Frauen gingen vorbei, aber niemand schien auf mich zu achten.

Ich lief die Gasse hinunter auf den Bretterzaun zu. Oben an den Brettern waren messerscharfe, nach innen gebogene Metallspitzen angebracht und zwischen den hohen Stahlpfosten verliefen dicke Rollen Stacheldraht. Ich spähte durch einen Spalt zwischen den Brettern und blickte auf den hinter dem Zaun liegenden Teil der Gasse und die Rückseiten zweier Wohnhäuser. Noch einmal schaute ich mich kurz über die Schulter um und machte mich dann daran, den Boden unter dem Zaun zu untersuchen. Er bestand aus festgetretener Erde, die vom Frost hart gefroren war.

Ich nahm einen langen Kochlöffel aus Metall aus meiner Schürzentasche, kniete mich hin und versuchte, die Erde unter dem Zaun wegzukratzen. Das Geräusch wurde von den Rückseiten der Gebäude zurückgeworfen und ließ mein Herz rasen. Kein Gesicht zeigte sich an den Fenstern. Keine Schritte. Nichts.

Ich umfasste den Löffel energischer, kratzte und meißelte an dem Boden herum, bis unter dem Zaun ein kleines Loch entstanden war, das ungefähr die Größe eines Brotlaibes hatte. Ich entfernte die Kartoffelschalen, die zuoberst auf meinem Abfalleimer lagen, und nahm eine kleine Blechdose heraus, die ich mit Käse und Äpfeln gefüllt hatte. Diese zwängte ich in das Loch und eilte dann zurück in die Küche. »Wer einem Juden hilft, wird mit dem Tode bestraft«, lautete die Warnung, die ich immer und immer wieder gehört hatte. Sie war auf Plakaten abgedruckt. Sie scholl aus Lautsprechern auf der Straße. »Wer einem Juden hilft, wird mit dem Tode bestraft.«

Am nächsten Morgen schaute ich wieder nach der Dose. Sie war leer.

Als ich sie hochnahm, dröhnte mein Herzschlag mir in den Ohren. Ich hatte Käse und Äpfel auf den Boden gelegt und dafür drohte mir jetzt die Strafe für ein Kapitalverbrechen. Ohne mich noch einmal umzuschauen, betrat ich die Küche und begab mich an meine Arbeit für die deutschen Besatzer.

Von da an fand ich jeden Tag eine Gelegenheit, aus der Tür zu schlüpfen und Lebensmittel unter dem Zaun zu verstecken. Mir war klar, dass dies nur ein Tropfen auf dem heißen Stein war, aber ich wusste nicht, was ich sonst hätte tun können. Niemals bekam ich einen Menschen auf der anderen Seite des Zaunes zu Gesicht. Ich trödelte auch nicht herum. Ich wollte weder jemanden sehen noch wollte ich selbst entdeckt werden. Obwohl ich es war, die etwas Verbotenes tat, galt meine erste Sorge Janina: Ich war für sie verantwortlich. Ich durfte kein Risiko auf mich nehmen, das auch für sie riskant gewesen wäre.

Das war auch der Grund, weshalb ich unschlüssig war, was ich tun sollte, als Janina eines Tages ihre Stelle verlor. Einerseits hätte ich es gern gesehen, wenn sie in meiner Nähe gewesen wäre und auch im Hotel gearbeitet hätte, sodass ich auf sie hätte aufpassen können. Andererseits wollte ich nicht, dass sie die Wahrheit erfuhr über das, was vor sich ging, wollte nicht, dass sie die Gespräche der Nazioffiziere mitbekam. Ich konnte mich nicht entscheiden, welches von den beiden Übeln das geringere war.

Unterdessen erhielten wir Neuigkeiten, die mir die Entscheidung abnahmen. Eines Tages zwischen Weihnachten und Neujahr erschien einer unserer früheren Nachbarn aus Kozłowa Góra an Tante Helens Haustür. Peter trug eine deutsche Uniform und war auf dem Weg zur Front: Er war zum Wehrdienst eingezogen worden. Der Anblick seiner Uniform machte mich traurig, aber ich war begierig darauf, etwas über unsere Familie zu erfahren. Peter überreichte mir einen Brief. Ich bat ihn zu bleiben, bis ich den Brief gelesen hatte, damit er mir etwas erklären könnte, falls ich etwa nicht verstand, aber er wirkte plötzlich nervös.

»Das würde weder für mich noch für dich gut aussehen«, murmelte er und zündete sich mit seinen roten, rissigen Händen eine Zigarette an.

Wir standen in der eisigen Kälte auf der Treppe, während ich Mamusias Brief las. Er war auf fadenscheinigem Papier geschrieben, das so dünn war, dass die Tinte durchgesickert war und der Füllfederhalter Löcher hineingerissen hatte. Ich hielt ihn im Windzug fest und las ihn so schnell, wie es mir meine Tränen erlaubten.

»Wir sind alle zusammen, aber die Mädchen müssen als Zwangsarbeiterinnen im Lehmabbau arbeiten ... Wir müssen alle eine Armbinde mit dem Buchstaben ›P‹ für ›Pole‹ tragen ... Die Deutschen lassen Tatuś nicht gehen und ich fürchte, meine lieben Mädchen, dass wir uns nicht wiedersehen werden, bevor dieser Krieg zu Ende ist.«

Ich stöhnte auf bei dem Gedanken an meine Schwestern, die im kalten und nassen Bergwerk arbeiten mussten, mit Schlamm beschmutzt wie Tiere. Ich presste meine Hand an mein Kinn, damit es nicht so zitterte.

»Ich muss gehen«, sagte Peter.

Ich griff nach seinem Arm. »Hast du sie gesehen? Sind sie –«

»Sie sind am Leben. Ich muss los.«

Ich schlug meinen Kragen hoch und beobachtete, wie er davonging. Das Gartentor schlug mit einem lauten Knall hinter ihm zu.

In diesem Augenblick wurde mir klar: Ich musste Janina in meiner Nähe haben. Ich konnte den Gedanken, von ihr getrennt zu sein, nicht ertragen. Wenn sie in meiner Nähe arbeitete, konnte ich auf sie aufpassen und vielleicht einen Teil des Horrors, der jeden Tag um uns herum geschah, von ihr fernhalten. Am nächsten Tag fragte ich Schulz. Ich erzählte ihm, wie tüchtig und geschickt Janina sei, und er entschied sofort, sie einzustellen, eine Entscheidung, die er allein treffen durfte. Als dann das Jahr 1942 begann, nahm Janina ihr Tätigkeit im Speisesaal der Offiziere an meiner Seite auf und stand Wache, wenn ich meine Blechdose unter den Zaun zum Ghetto schob.

Ebenfalls zu Beginn jenes Jahres erzählte mir Schulz, dass die gesamte Einheit im April nach Osten verlegt würde. Die Ostfront war weit auf russisches Gebiet vorgedrungen und die Deutschen nutzten diesen »Vorteil« aus. Die Munitionsfabrik sollte umgesiedelt werden, um näher an den Schlachtfeldern zu produzieren, und wir – das Wirtschaftspersonal – sollten mitgehen.

Als ich das hörte, war mir endgültig klar, dass ich die richtige Entscheidung getroffen hatte, denn nun würde Janina mit mir zusammen fortgehen.

Wir sollten im Frühling versetzt werden – nach Ternopol. Als Schulz mir das Ziel nannte, mochte ich meinen Ohren kaum trauen. In den beiden vergangenen Jahren hatte ich diese Jahreszeit damit verbracht, aus Ternopol zu fliehen, und jetzt sollte ich wieder dorthin zurückkehren! Ich hatte keine Angst, dass meine früheren Verfolger noch da sein würden: Dieser Teil der Ukraine war jetzt fest unter deutscher Kontrolle. Aber so richtig lachen konnte ich über diese Ironie des Schicksals auch nicht: Es war Frühjahr, Zeit nach Ternopol zurückzukehren.

Unterdessen nahmen die Kriegsanstrengungen der Deutschen ständig zu und parallel dazu die Zahl der Offiziere, die jeden Tag im Hotel zum Essen kamen. In Ternopol wurde eine neue Fabrikanlage konstruiert und Major Rügemer erhielt täglich Berichte von der Baustelle. Während den Mahlzeiten war die Stimmung im Speisesaal von Erwartung erfüllt und das Summen der Tischgespräche klang wie das stetige Brummen einer Maschine.

Hin und wieder schaltete jemand das Radio ein, weil eine Rede Hitlers aus Berlin übertragen wurde, und sofort kamen alle Gespräche zum Erliegen. Wenn Hitlers Stimme dann aus dem Lautsprecher dröhnte und das Porzellan und die Kristallgläser zum Vibrieren brachte, tauschten Janina und ich kurze Blicke aus und schlichen auf Zehenspitzen mit unseren schweren Tabletts hinaus. Die Bolschewiken, die Feinde des Dritten Reichs, würden zerschlagen, brüllte die fanatische Stimme. Und die Juden, die mit den Bolschewiken gemeinsame Sache machten, würden die Stiefel der unbesiegbaren Wehrmacht in ihren Nacken spüren!

In unseren Ohren klangen diese Reden grotesk, sie hörten sich an wie das wirre Gefasel eines Verrückten. Und doch wandten sich die Offiziere dem Porträt Hitlers am Ende des Raumes zu und verharrten regungslos, als lauschten sie den Worten ihres Erlösers. Ich musste an die armen Juden denken, die sie erschossen hatten, und fragte mich, wie die Offiziere im Ernst meinen konnten, dass alte Männer mit Gebetsschals, Mütter mit Kindern, oder Väter, die ganz normal ihrer Arbeit nachgingen, gefährliche Feinde ihres Heimatlandes sein konnten.

Aber offensichtlich war genau das der Fall. Eines Morgens im März, als Janina und ich zur Arbeit kamen, sahen wir Bulldozer über die Trümmer kriechen, die zuvor das Ghetto gewesen waren. Hier und da erblickte ich zwischen Mauerresten und zerschmetterten Fensterrahmen einen zerdrückten Hut, einen kaputten Koffer oder einen silbernen Kerzenhalter. Janina und ich huschten an dem Lärm und der Zerstörung vorbei und versuchten heimlich zu beobachten, was dort vor sich ging. Ein Offizier der Gestapo ging mit großen Schritten auf dem Bürgersteig hin und her, er wirkte auf mich wie ein Hund, der seinen Knochen bewacht. Ich griff nach Janinas Hand und hielt sie ganz fest. Sie war blass vor Kummer und ich selbst hatte das Gefühl, als hätte ich jemand Nahestehenden verloren. Und dann gab aus dem Lautsprecher an der Straßenecke eine dröhnende Stimme mit großem Stolz bekannt: »Diese Stadt ist judenfrei!«

Aber es war kein Vogel

Als die Zeit für den Aufbruch nach Ternopol kam, war das Leben in Radom für mich mittlerweile unerträglich geworden. Zu jenem Zeitpunkt konnte man unmöglich noch behaupten, *nicht* zu wissen, was Hitler mit den Juden vorhatte, und jeden Tag, wenn ich an dem zerstörten Ghetto vorbeigehen musste, riss die Wunde erneut auf. Wenn wir nachts wachlagen, versuchten Janina und ich, uns die Gesichter unserer jüdischen Freunde aus den Kindertagen ins Gedächtnis zu rufen. Wir erinnerten uns an den Ärger, den wir bekamen, wenn wir uns nachts zu einer Feier fortgeschlichen hatten, und wie wir gelacht hatten, als wir einmal alle miteinander in den kleinen Seerosenteich in der Nähe von Tatuś' Fabrik gefallen waren. David, Aaron, Rachel, Ruth – lauter Freunde, die zwar jüdisch, aber kein bisschen anders waren als wir. Während wir schlaflos im Dunkeln lagen, fragten wir uns, was uns eigentlich vor einem ähnlichen Schicksal bewahrte wie dem unserer jüdischen Freunde, die zu Feinden des Deutschen Reichs erklärt worden waren. Waren wir nicht alle gleich? Hitler würde die Juden vernichten lassen, Ghetto für Ghetto, und dann seine volle Aufmerksamkeit den restlichen Polen zuwenden.

Es tat mir Leid, mich von Tante Helen verabschieden zu müssen, aber ich bedauerte keinen Moment lang, Radom zu verlassen. Ich erwartete allerdings auch nicht, dass das Leben an einem anderen Ort völlig anders verlaufen würde. Da die neue Fabrik in Ternopol noch nicht fertiggestellt war, wurden wir zunächst in Lastwagen in östliche Richtung bis nach L'vov geschickt, denn die Deutschen wollten auf jeden Fall näher an der russischen Front operieren.

Janina und ich packten all unsere Sachen in einen einzigen Koffer. Während unser Konvoi über die von Schlaglöchern übersäten Straßen rumpelte, betrachteten wir die vorbeiziehende Landschaft. Der April hatte ein Meer von Wildblumen auf die Felder gebracht: die gelben *Kaczeniec*, blaue Vergissmeinicht und rosafarbene Primeln. Viele Ackerflächen lagen brach, waren von den Bauern auf der Flucht vor dem Krieg verlassen worden oder wurden nicht bewirtschaftet, weil die Besitzer selbst in den Krieg gezogen waren. Zu dieser Jahreszeit hätte eigentlich ein blassgrüner Schleier wie ein Spitzenschal über dem fruchtbaren Land liegen müssen, aber in diesem Jahr sah man nur auf einigen wenigen Feldern den Weizen sprießen. Es war unverkennbar, dass die Nahrungsmittel im Herbst wieder knapp werden würden, aber ich ahnte, dass es nicht die Deutschen sein würden, die hungern mussten.

Bei unserer vorübergehenden Unterkunft in L'vov handelte es sich wieder einmal um ein zweckentfremdetes Hotel. Jetzt, da wir der Front näher gekommen waren, wuchs der für die Ausrüstung zuständige Stab ständig an und ich war dauernd in Bewegung – vor, während und nach jeder Mahlzeit. Janina arbeitete als eine Art Zimmermädchen in den Räumen der deutschen Offiziere und Sekretärinnen. Unser Tagesablauf war ausgefüllt mit Arbeit und es blieb nur wenig Zeit für uns selbst. Mein Geburtstag am 5. Mai kam und ging und unterschied sich kaum von jedem anderen betriebsamen Tag – mit der Ausnahme, dass Janina mich mit einem Strauß Flieder überraschte. Sein Duft erfüllte schon bald die Küche und erinnerte uns an längst vergangene, glückliche Zeiten.

Mit meinen jetzt zwanzig Jahren kam es mir vor, als hätte ich mein halbes Leben in Kriegszeiten verbracht. Manchmal fühlte ich mich wie eine alte Frau. Ich hatte schreckliche Dinge mit ansehen müssen und mir selbst waren furchtbare Dinge zugestoßen. Häufig – wenn zum Beispiel ein deutscher Offizier eine grobe und zweideutige Bemerkung machte, oder wenn ich ein besonders dünnes und blasses Kind auf der Straße sah – fühlte ich, dass in mir der Hass und die Rebellion wie eine

Welle hochstieg. Was passiert war, war nicht richtig, genauso wenig wie das, was man mir angetan hatte, und das, was ich jeden Tag um mich herum beobachten konnte. In Gottes Namen, es war nicht richtig! Und dabei lebte ich noch relativ sicher. Ich konnte mich immer satt essen. Ich hatte meine Schwester bei mir. Mir war bewusst, dass es den meisten Leuten nicht so gut ging wie mir. Wenn ich schon so viel Ärger und Entrüstung empfand, wie mussten sich dann die Menschen fühlen, die es nicht so gut getroffen hatten wie ich? Bestimmt wirkte das Übel, welches meinem Land zugefügt wurde, wie ein Gift, das den Boden ruinierte, die Luft verdarb und das Wasser faulen ließ. Manchmal, wenn ich über die Welle des Hasses nachdachte, die ganz Polen überspülte, wunderte ich mich, dass das Gras immer noch grün war und die Bäume ihre blühenden Zweige zum blauen Himmel emporstreckten.

Aber genauso war es. Es zählt zu den furchtbaren Ironien des Krieges, dass die Natur unverändert schön bleibt, auch wenn die Menschen gegen ihre eigenen Brüder kämpfen. An wunderschönen Frühlingstagen konnte ich beobachten, dass Albträume wahr wurden. Die Vögel können von einem Zweig zum anderen hüpfen, mit den Köpfchen nicken und ihre Schnäbel an der Baumrinde wetzen, während unter ihnen im Dreck ein Kind stirbt.

Hin und wieder, wenn ich etwas Zeit hatte, brachten mich solche Gedanken dazu, wieder einmal in die Kirche zu gehen. Eines Sonntags verließen Janina und ich die Kirche nach der Messe zusammen mit einer jungen polnischen Frau und ihrer Mutter. Wir begrüßten uns, und da es so ein schöner Tag war und wir für ein Stück denselben Weg hatten, machten wir einen kleinen Spaziergang, der uns zu einem Park führte. Am Ententeich blieben wir stehen und die junge Frau stellte sich vor.

»Ich heiße Helen Weinbaum, und das ist meine Mutter, Pani Klimeka.«

»Dzień dobry«, sagte Janina mit einem strahlenden Lächeln.

»Es ist schön, Sie kennen zu lernen. Ich bin Janina Gutowna und das ist meine Schwester Irene.«

»Wie gut es tut, Polnisch zu reden!«, sagte ich. »Wir arbeiten für die Deutschen – ihre Sprache klingt so hart, ganz gleich, was sie sagen.«

»Haben Sie schon immer in L'vov gelebt?«, fragte Janina.

Helen und ihre Mutter tauschten einen traurigen Blick aus, dann tätschelte Helen der älteren Frau die Schulter.

»Nein. Früher haben wir in Krásno gelebt, aber mein – mein Vater wurde von der Gestapo umgebracht. Es war eine Vergeltungsmaßnahme, weil jemand die Autoreifen des Kommandanten aufgeschlitzt hatte. Und mein Mann, Henry, wurde in ein Arbeitslager für Juden hier in der Nähe verschleppt. Ich habe versucht, eine Besuchserlaubnis zu bekommen, aber bisher hat es noch nicht geklappt.«

Während Helen erzählte, was ihrer Familie widerfahren war, zupfte sie abwesend ein paar Blätter von einem Zweig und warf sie, eines nach dem anderen, ins Wasser. Jedes Blatt hinterließ eine kleine kreisförmige Welle auf der Wasseroberfläche, die sich ins Unendliche fortsetzte. Helen war glücklich – wenn man überhaupt von Glück reden konnte – dass sie nicht zusammen mit ihrem Mann verhaftet worden war. Sie war keine Jüdin, schwor aber mit Leidenschaft, sie wünschte, es wäre so, denn dann könne sie wenigstens zusammen mit ihrem geliebten Henry im Arbeitslager sein.

Dann berichteten Janina und ich, welches Unglück uns widerfahren war und wie wir nach L'vov gekommen waren. In jenen Tagen hatte jeder Mensch in Polen etwas Schlimmes zu erzählen, wirklich jeder. Durch unsere Geschichten fühlten wir uns einander verbunden und als wir auseinander gingen, waren wir Freundinnen geworden. Janina und ich versprachen Helen und ihrer Mutter, sie so bald wie möglich in ihrem Häuschen außerhalb der Stadt zu besuchen und ihnen etwas zu essen mitzubringen, denn sie hatten nur sehr wenig.

Während der Frühling ins Land ging, besuchten wir sie oft, und für mich war es bald so, als hätte ich noch eine Schwester bekommen. Manchmal konnten Helen, Janina und ich uns benehmen und lachen, als gäbe es keinen Krieg, doch dann erinnerte Helen irgendetwas an ihren Henry, und das Lachen blieb ihr im Halse stecken.

Der Sommer kam und eine Woche nach der anderen verging. Immer mehr Offiziere und Sekretärinnen zogen nach Ternopol weiter, wodurch unsere Arbeit um einiges leichter wurde und wir mehr Zeit mit unseren neuen Freundinnen verbringen konnten. Eines Sonntags im Juli, als wir Helen und ihre Mutter wieder einmal besuchten, fanden wir die beiden in völlig aufgelöstem Zustand vor. Ihnen war ein Gerücht zu Ohren gekommen, dass viele Juden aus der Umgegend und aus den Arbeitslagern von der SS zusammengetrieben worden waren und in einem Dorf in der Nähe festgehalten wurden. Helen wollte versuchen, Henry zu finden, und bat uns, sie zu begleiten.

Janina und ich überlegten keine Sekunde lang. Wir fuhren zu viert auf dem Fuhrwerk eines Bauern mit und waren schon bald am Busbahnhof in der Stadt angelangt. Dutzende Menschen warteten dort bereits auf denselben Bus. Den Gesprächsfetzen, die wir aufschnappten, konnten wir entnehmen, dass alle aus dem gleichen traurigen Anlass unterwegs waren.

Während wir in der Sonne auf den Bus warteten, verbreiteten sich schnell alle möglichen Gerüchte, die den angstvollen Herzen nach und nach jede Hoffnung nahmen. Zuerst waren es nur einzelne Worte, die das allgemeine Gemurmel übertönten: Lager. Verschwunden. Alle. Todeskommandos. Dann schnappten wir Bruchstücke von Sätzen auf: Die Synagoge abgebrannt. Die Männer erschossen. Order aus Berlin. Nach und nach fügten sich diese Worte und Satzfragmente zusammen wie die Teile eines Puzzles. Irgendwo weinte eine Frau laut auf. Ein alter Mann beschwor Gott. Helen starrte nach vorn auf die Straße, als könne sie die Ankunft des Busses mit ihrem Willen erzwingen. Ich sah, dass sie die Hand ihrer Mutter umklammerte, dann stellte ich fest, dass ich Janinas Hand hielt. Wo auch immer Henry Weinbaum sich aufhielt, er war in Gefahr: Er befand sich in den Händen der SS. Vielleicht würden wir ihn am Ende unserer Fahrt finden. Vielleicht aber auch nicht.

Alle Wartenden hatten Angst vor dem, was sie erwartete, doch als dann der Bus endlich mit schleifender Kupplung die Straße heruntergekeucht kam, schoben und drängten alle nach vorn und stiegen in den Bus.

Unterwegs unterhielten sich die Menschen kaum miteinander. Es gab nichts zu sagen. Als wir ankamen, stiegen wir aus, standen für kurze Zeit auf dem heißen Straßenpflaster und strömten dann, als hätte es ein geheimes Signal gegeben, in eine Richtung, wie ein Schwarm Spatzen, der über einem Kirchplatz kreist.

Es fand auf dem Marktplatz statt. Der ganze Platz war eingezäunt. Hinter dem Stacheldrahtzaun standen hunderte Menschen mit einem gelben Stern an der Kleidung, der sie als Juden kenntlich machen sollte. In Lastwagen kamen weitere Menschen an und sobald die Männer, Frauen und Kinder verwirrt und verängstigt herausgesprungen waren, wurden sie von SS-Männern in schwarzen Uniformen brutal auseinandergerissen: Frauen und Kinder trieben sie in die eine Richtung, ältere Männer in eine andere, junge Männer auf andere Lastwagen. Außerhalb des umzäunten Marktplatzes drückten sich Freunde und Familienmitglieder gegen den Drahtzaun, riefen Namen, drängelten, um einen flüchtigen Blick auf einen geliebten Menschen zu erhaschen.

»Ich kann ihn nicht sehen! Wie soll ich ihn bloß finden?«, jammerte Helen, die auf Zehenspitzen stand und verzweifelt von einer Seite zur anderen blickte.

Plötzlich kamen einige der SS-Männer auf den Zaun zu

und brüllten auf Deutsch in die Menge: »Verschwindet! Verschwindet, verfluchte Schweine!« Einer von ihnen nahm sein Gewehr von der Schulter und begann, in die Luft zu schießen.

Die Menschen auf unserer Seite des Zaunes schrien und stolperten übereinander. Einige wollten sich nicht fortjagen lassen und drängten weiter nach vorn. Der SS-Mann richtete sein Gewehr auf uns, woraufhin eine Panik ausbrach und alle blindlings losrannten. In diesem Augenblick hörte ich Janina aufschreien und drehte mich erschrocken zu ihr um.

»Ich habe mir den Knöchel verstaucht!«, keuchte sie und griff an ihren Fuß.

Helen und ich fassten sie unter und zu viert bahnten wir uns einen Weg durch die Menge auf eine Hausreihe zu, die auf der einen Seite des Marktplatzes stand. Wir schlüpften in eine Gasse, wo ich eine angelehnte Tür entdeckte. Mit der Schulter öffnete ich sie ganz und wir huschten hinein.

Wir standen in einem Haus. Das Haus gehörte sicherlich jemandem, aber es lebte niemand mehr darin: Möbel waren zerstört, die Trümmer über den Boden verteilt worden. Überall lagen zerbrochenes Geschirr und Glassplitter herum und helle Flecken auf den Tapeten verrieten, wo früher einmal Bilder gehangen hatten.

»Hier hat eine jüdischen Familie gewohnt«, stellte Helen fest, die sich inmitten des Durcheinanders immer wieder um sich selbst drehte. »Das Haus ist geplündert worden.«

Von der Straße her hörten wir laute Rufe und polternde Schritte. Vor Schreck rannten wir wie auf Kommando die Treppen hinauf und kamen in ein Schlafzimmer, das zur Straße lag. Janina humpelte zu einem Fenster und lehnte sich daneben mit dem Rücken an die Wand, sodass sie seitlich hinausspähen konnte. Wir anderen taten es ihr nach. Wir sprachen kein Wort, aber unser keuchender Atem hallte in dem leeren Raum wider.

Unter uns auf dem Marktplatz hatten sich die SS-Männer

in einer Reihe gegenüber den Juden aufgestellt. Ihre Gewehre glänzten in der Sonne. »Raus, ihr Judenschweine! Schnell! Schnell!!«

Jemand öffnete ein Tor, das in den Stacheldrahtzaun eingelassen war. Dann wurden die Gefangenen zu einem Spießrutenlauf auf das Tor zu gezwungen. Die SS-Männer schlugen mit ihren Gewehrkolben auf sie ein. Ein alter Mann, der unsicher an einem Stock ging, wurde auf der Stelle erschossen. Vergeblich versuchten Frauen, ihre kleinen Kinder, versuchten Männer, ihre alten Väter vor den Schlägen zu schützen. Und jedes Mal, wenn jemand stolperte oder unter den Schlägen stürzte, knallten Schüsse. Bald schon war die Straße von Leichen bedeckt und die Juden wurden gezwungen, über sie hinwegzusteigen.

Wie gelähmt vor Entsetzen beobachteten wir alles von unseren Fenstern aus und vergaßen dabei sogar, uns versteckt zu halten. Ein alter Rabbi, der eine Tora trug, blieb stehen, um einer jungen Frau mit einem schreienden Kleinkind zu helfen, und alle drei wurden erschossen. Ein grauhaariger Mann in einer verblichenen polnischen Uniform, die noch aus dem letzten Krieg stammte, kam auf die SS-Männer zugehinkt und auch er war nicht schnell genug. Die Sonne schien auf die Toten hinunter und auf den Blutlachen sammelte sich der Staub.

Wir vier Frauen schrien mittlerweile wie von Sinnen. Helen lag auf den Knien und schluchzte in den Armen ihrer Mutter. Janina wandte ihr Gesicht ab. Aber ich schaute weiter hinaus, presste meinen Körper gegen die Fensterscheibe. Dann sah ich einen Offizier, der mit einer Hand etwas hochschleuderte, etwas, das in die Luft flog wie ein dicker Vogel. Sein anderer Arm zielte mit der Pistole und dann schlug der Vogel schwer auf dem Boden auf, neben seiner schreienden Mutter, und der Offizier erschoss auch noch die Mutter.

Aber es war kein Vogel. Es war kein Vogel. Es war kein Vogel.

Die Gefangenen wurden in einem langen Treck die Straße hinuntergetrieben, die aus dem Ort hinausführte. Als alles vorbei war, krochen wir aus unserem Versteck. Die Leichen waren bereits auf Lastwagen eingesammelt worden und über den Blutlachen, die auf dem Kopfsteinpflaster geronnen waren, summten Fliegen.

Wie verängstigte Kinder, die sich in einem Wald verirrt haben, huschten wir von einem Schatten zum anderen und fuhren bei jedem Geräusch zusammen. Unsere Herzen schlugen wie wild vor Angst und Entsetzen. Wir waren uns ohne Worte einig: Wir mussten unbedingt sehen, wo die Nazis diese Menschen hinbrachten. Wir gingen einfach hinterher, sobald wir es wagten.

Und dann, noch bevor wir die Außenbezirke der Stadt erreicht hatten, hörten wir Schüsse. Wir drückten uns gegen eine Garagenwand und bei jeder Salve aus einem knatternden Maschinengewehr zuckten wir zusammen, als wären wir selbst erschossen worden.

Die Schießerei dauerte eine lange Zeit an – eine sehr lange Zeit –, und als es endlich wieder still war, gingen wir, abermals wortlos, zur Bushaltestelle. Auch wir waren wie tot, unsere Seelen waren zerstört worden.

Wir sprachen nie über das, was wir gesehen hatten. Das Grauen, von dem wir unfreiwillig Zeugen geworden waren, war so entsetzlich, dass es sich unmöglich in Worte fassen ließ. Wir hatten dem Bösen schlechthin ins Auge gesehen. Wir bewahrten unser Wissen auf, bis zu dem Tag, an dem wir fähig sein würden, darüber zu sprechen, es anderen zu zeigen und zu sagen: »Seht her. Dies ist das Schlimmste, was Menschen einander antun können.«

Nur ein junges Mädchen

Mittlerweile war es August geworden. Die deutsche Frontlinie war noch weiter nach Osten vorgedrungen und Stalingrad stand unter ständigem Beschuss. Mitte des Monats waren wir in Ternopol angekommen, wo die neue Fabrikanlage täglich ganze Wagenladungen voller Munition ausspie. Der ganze Komplex umfasste nahezu drei komplette Häuserblocks und wurde Harres-Krafa-Park, kurz HKP genannt. Ein vierstöckiges Hotel hatte man zu einem Offizierswohnheim umgebaut. Dort befanden sich im ersten Stock ein Speisesaal und ein kleines privates Esszimer, eine kleinere Küche und ein Aufenthaltsraum. In einem anderen, gerade renovierten Gebäude waren die Wohnungen für die Sekretärinnen untergebracht. Auf der anderen Seite des Innenhofes lagen die Baracken der Soldaten, die in der Fabrik arbeiteten. In den Gebäuden befanden sich die Hauptküche und der große Speisesaal, rechts davon lag eine Reparaturwerkstatt und links ein eingeschossiges Gebäude, das eine Waschküche und Flickstube beherbergte. Die eigentliche Fabrik erstreckte sich über eine ganze Seite dieses Gebäudekomplexes. Rings um die Anlage standen in regelmäßigen Abständen Wachtürme, die durch einen hohen Zaun miteinander verbunden waren. Janina und ich teilten uns ein kleines Zimmer, das im Hauptgebäude direkt neben der kleinen Küche lag.

Wie zuvor war ich hauptsächlich im Speisesaal und bei der Zubereitung der Mahlzeiten tätig, während Janina für die Schlafräume der Offiziere und der Sekretärinnen zuständig war. Die Mahlzeiten wurden in der großen Küche auf der anderen Seite des Hofes zubereitet und in großen Töpfen und auf Servierplatten in die kleine Küche neben dem Speisesaal für Offiziere gebracht. Von dort aus servierte ich während der

Mahlzeiten, danach musste ich sauber machen. Meistens nahmen mindestens 35 Personen, häufig sogar noch mehr, an einer Mahlzeit teil, sodass Schulz und ich fast den ganzen Tag lang mit den Vorbereitungen und dem Aufräumen beschäftigt waren. Wenn ich etwas Zeit übrig hatte, half ich Janina bei ihrer Arbeit. Doch obwohl ich so viel zu tun hatte, gab mir Schulz gleich in der ersten Woche nach unserer Ankunft noch eine zusätzliche Aufgabe: Ich sollte mich um die Waschküche kümmern und dort die Reinigungs- und Flickarbeiten an der Kleidung der Offiziere und Sekretärinnen beaufsichtigen.

Wie in der Fabrik waren auch in der Waschküche jüdische Arbeitskräfte aus einem Arbeitslager in der Nähe eingesetzt. Jeden Morgen wurden sie mit Lastwagen zu uns transportiert. Dann mussten sie sich aufstellen und wurden gezählt, bevor sie schließlich an ihre Arbeitsplätze geschickt wurden. An meinem ersten Arbeitstag in der Waschküche lernte ich dort die Belegschaft kennen, die aus zwölf Männer und Frauen bestand.

Da sie mich für eine Deutsche hielten, verhielten sie sich mir gegenüber zunächst sehr zurückhaltend, aber ich bemühte mich, sie diesbezüglich schnell zu beruhigen. Jeder Einzelne von ihnen hatte früher ein ganz normales Leben geführt und in ihren Reihen befanden sich ein erfolgreicher Geschäftsmann, ein Medizinstudent und ein Rechtsanwalt. Eine Frau war von Beruf Damenschneiderin, eine andere Krankenschwester gewesen. Als ich sie kennen lernte, waren sie in erster Linie deutsche Juden, die nach Osten deportiert worden waren. Einige der Familien lebten im Ghetto von Ternopol, es gab aber nur selten eine Gelegenheit, sie zu besuchen. Sie schilderten mir das Elend, das das Leben im Arbeitslager für sie bedeutete.

»Manchmal zwingt uns Sturmbannführer Rokita, abends noch stundenlang vor den Baracken stehen zu bleiben, obwohl wir den ganzen Tag gearbeitet haben«, erzählte mir Ida Haller.

»Wenn jemand sich bewegt oder auch nur einen Mucks von

sich gibt, wird er geschlagen, manchmal sogar erschossen«, ergänzte Lazar, ihr Ehemann.

Eine junge Frau in meinem Alter, Fanka Silberman, die gerade ein Bettlaken auswrang, sagte: »Aber immerhin geht es uns hier besser als im Ghetto. Wir sind kräftig und gesund, deshalb kann Rokita uns zum Arbeiten gebrauchen – solange er uns nicht willkürlich herausgreift, um uns zu bestrafen.«

»Wer ist Rokita?«, fragte ich.

Herschl Morris blickte nervös in Richtung Tür. »Er ist der Sturmbannführer – der Anführer des hiesigen SS-Bataillons. Ich glaube, dass bei ihm da, wo sich bei anderen Menschen das Herz befindet, nichts als Eis ist.«

Unwillkürlich warf auch ich einen schnellen Blick zur Tür. Seine Worte ließen mich frösteln. »Ich werde Ihnen etwas zu essen mitbringen, wenn ich kann. Ich könnte es in den Wäschekörben verstecken.« Ich schaute die vom jahrelangen Hunger ausgemergelten, blassen Menschen eindringlich an. »Ich werde mich um Sie kümmern.«

Moses Steiner, ein düster wirkender Mann, der stets gebückt ging, zuckte die Achseln. »Sie sind doch bloß ein junges Mädchen. Was können Sie schon ausrichten?«

»Sei still, Steiner«, zischte Ida.

Ich legte ihm meine Hand auf den Arm und brachte ihn dazu, mich anzusehen. Widerwillig hob er den Kopf. »Vertrauen Sie mir«, sagte ich. »Ich werde mich um Sie kümmern.«

Mit einem aufmunternden Lächeln auf den Lippen verließ ich die Waschküche. Ich hoffte, dass ich ihnen ein wenig Mut hatte machen können. Aber in dem Moment, als ich die Tür hinter mir schloss, fühlte ich in mir eine große Leere. Steiner hatte Recht. Ich war nur ein junges Mädchen und stand ganz allein gegen den Feind. Was konnte ich schon tun?

Als ich an jenem Abend eine riesige Platte mit Sauerbraten an den Tisch des Majors brachte, fand ich ihn ins Gespräch mit einem SS-Offizier vertieft, den ich vorher noch nie gesehen hatte. In dem Moment, als ich herantrat, wandte er mir sein Gesicht zu und zu meiner großen Überraschung stellte ich fest, dass er einer der gut aussehendsten Männer war, die mir je begegnet waren. Er hatte glänzendes blondes Haar und himmelblaue Augen und schien um die dreißig Jahre alt zu sein.

»Guten Abend, Fräulein Gut«, sagte Major Rügemer höflich. Er putzte sich die Nase und griff zu der silbernen Servierzange. »Kennen Sie Sturmbannführer Rokita?«

Ich hatte ein Gefühl, als drücke mir jemand die Kehle zu. Vorsichtig setzte ich die Servierplatte ab. »Guten – guten Abend, mein Herr«, stammelte ich, bemüht, Rokita nicht ins Gesicht zu sehen. Stattdessen fixierte ich die Hakenkreuzbinde an seinem linken Ärmel. Dann fiel mein Blick auf den silbernen Totenkopfring an seiner Hand und gegen meinen Willen begann ich zu zittern.

»Was für ein hübsches Mädchen, Major«, sagte Rokita. »Was sind Sie nur für ein alter Fuchs!«

Major Rügemer errötete. »Seien Sie nicht albern, Rokita.«

Ich stand da und fühlte, wie mir vor Verlegenheit die Hitze in die Wangen schoss. Das unerwartete Zusammentreffen mit dem brutalen SS-Chef hatte mich aus der Fassung gebracht.

»Ich beiße nicht, Fräulein Gut«, neckte mich Rokita.

Erschrocken warf ich ihm einen raschen Blick zu. Flirtete er etwa mit mir? Dachte er vielleicht, ich errötete, weil ich ihm gefallen wollte?

»Entschuldigen Sie mich, Herr Major, ich muss mich um die anderen Tische kümmern.«

»Natürlich, natürlich, Fräulein Gut. Vielen Dank.«

Als ich mich steif umwandte und davonging, hatte ich das Gefühl, dass mich Hitlers manischer Blick von seinem Porträt aus verfolgte. Ich zog mich in die Küche zurück, wo Schulz gerade etliche Weinflaschen öffnete. Ich hatte soeben den Anführer der SS kennen gelernt und zweifelte nicht an dem, was Herschl Morris gesagt hatte: Rokita hatte ein Herz aus Stein.

Diese blauen Augen waren kalt, ohne Leben, und der Ring an seiner Hand war wie ein Spiegel seiner Seele. Unter seinem Kommando zu stehen musste so gefährlich sein, wie an einem Berghang unterhalb eines Schneefelds entlangzugehen: eine falsche Bewegung und eine Lawine geht los und begräbt alles unter sich. Er war ein mächtiger Feind. Er war mein Feind und ich würde versuchen, ihm einen Strich durch die Rechnung zu machen.

»Herr Schulz«, begann ich, »meinen Sie, ich könnte zusätzliche Hilfe bekommen? Mit den Mahlzeiten und der Wäsche habe ich so viel zu tun, dass ich die Arbeit kaum schaffe. Außerdem helfe ich Janina ja noch bei den Zimmern.«

Schulz wischte sich die Hände an seiner großen Schürze ab und schnupperte an einem Korken. »Ich werde mit dem Major darüber reden, Irene. Vielleicht kann er Ihnen einige Frauen aus der Fabrik geben.«

»O ja, das ist eine gute Idee«, sagte ich, Überraschung heuchelnd. »Vielleicht sollte ich die Arbeiter aus der Waschküche fragen, ob Sie mir ein paar vertrauenswürdige Leute empfehlen können.«

»Ich werde den Major ansprechen.«

Ich lächelte Schulz zu, lud ein Tablett mit Schüsseln voll, nahm es auf und stützte es auf meiner Hüfte ab. Der Anfang war geschafft.

So kam es, dass mir am übernächsten Tag zehn weitere Hilfskräfte zugeteilt wurden, die Freunde und Verwandte der Arbeiter aus der Waschküche waren. Acht der Neuankömmlinge, lauter Frauen, nahm ich mit zum Wohnheim der Sekretärinnen, wo meine Schwester gerade sauber machte.

»Das ist Janina. Sie ist für Sie verantwortlich und wird Ihnen helfen«, sagte ich. »Suchen Sie sich etwas zu arbeiten, geben Sie sich Mühe, stets beschäftigt zu wirken. Hier wird es Ihnen besser gehen als in der Fabrik oder im Arbeitslager oder im Ghetto. Wenn Sie keinen Fehler machen, werden Sie tagsüber hier bleiben können, jeden Tag, und wir werden Ihnen etwas zu essen bringen.«

»Wir hatten schon das Schlimmste befürchtet, als unsere Namen aufgerufen wurden«, sagte eine der Frauen. »Wir hatten solche Angst!«

Janina nahm die Frau bei der Hand. »Sie brauchen keine Angst zu haben. Irene ist meine große Schwester. Sie wird auf Sie aufpassen.«

Ich lächelte Janina dankbar an und eilte dann zurück in die Küche, um meine beiden neuen Hilfskräfte aus dem Arbeitslager, Roman und Sozia, einzuarbeiten.

Steiner hatte Recht: Ich war nur ein junges Mädchen. Niemand achtete besonders auf mich. Während ich abends das Essen servierte, bewegte ich mich wie selbstverständlich zwischen den Offizieren hin und her – ein Paar Hände, das Servierplatten brachte und wieder abholte. Und die Offiziere unterhielten sich miteinander, als wäre ich gar nicht da. Für sie war ich Luft. Nur ein junges Mädchen.

In Wahrheit lauschte ich aber den Gesprächen der Offiziere über die Entwicklungen an der Front. Ich bekam mit, was sich die Sekretärinnen über den Stand der Dinge in Berlin erzählten. Und ich spitzte besonders die Ohren, wenn Rokita mit Major Rügemer zusammen aß, was relativ häufig der Fall war. Und wenn er dachte, dass ich mich stets in seiner Nähe herumdrückte, weil ich ein Auge auf ihn geworfen hatte, sollte es mir nur recht sein.

»Wie schaffen Sie es nur, dass so effektiv gearbeitet wird?«, hörte ich den Major eines Abends fragen.

Rokitas wohlgeformter Mund verzog sich zu einem spöttischen Grinsen. »Übung, Herr Major. Ich habe den Juden beigebracht zu arbeiten. Keiner von denen ist faul, das schwöre ich Ihnen. Ich verstehe mich auf Disziplin.«

»Aber nicht so weit, dass sie bald nicht mehr arbeiten können, nehme ich an?«, fragte Rügemer, während er ein Stück

Weißbrot mit Butter bestrich. »Diese Fabrik ist für den Kriegserfolg von größter Wichtigkeit. Ich möchte nicht, dass meine Arbeiter missbraucht werden.«

»Keine Sorge. Aber falls Sie am Donnerstag bemerken sollten, dass einige der Arbeiter ausgetauscht wurden, dann deshalb, weil sie … faul waren. Sie werden besser ohne sie zurecht kommen.«

Am nächsten Morgen berichtete ich den Arbeitern in der Waschküche von dieser Unterhaltung. «Morgen müssen Sie mit Schwierigkeiten rechnen«, sagte ich. »Eine Razzia oder etwas Ähnliches. Geben Sie die Information möglichst an die anderen weiter.«

Auf diese Art zog ich einen Vorteil aus meiner angeblichen Schwäche. Nie ließ ich mir etwas anmerken, wenn ich zufällig etwas über eine geplante Razzia im Ghetto aufgeschnappt hatte. Wenn ich an einem Tisch vorüberkam, an dem gerade disziplinarische Maßnahmen für das Arbeitslager ausgetüftelt wurden, vermutete niemand, dass ich mich dafür interessierte. Und wenn Rokita zum Essen kam, war ich stets höflich zu ihm und ließ ihn in dem Glauben, dass ich mich gern in seiner Nähe aufhielt, weil ich mich von seiner Macht und seinem guten Aussehen angezogen fühlte.

Schließlich war ich ja nur ein junges Mädchen.

Rokita

Ungefähr drei Mal in der Woche kam Rokita gemeinsam mit Major Rügemer zum Essen. Ansonsten war er regelmäßig unterwegs, um die Ghettos in diesem Teil der Ukraine zu »säubern«, wie er sich auszudrücken pflegte. Seine Aufgabe bestand letztlich darin, die Ukraine »judenrein« zu machen. Juden, die arbeiten konnten, wurden bis zum Ende ihrer Kräfte ausgenutzt. Dann wurden sie zusammengetrieben und weggebracht – wohin, wussten wir nicht. Die »überschüssigen« Bewohner der Ghettos wurden entfernt, und niemand hörte je wieder etwas von ihnen.

Was immer ich von Rokitas Gesprächen aufschnappte, erzählte ich meinen Freunden in der Waschküche. Lazar Haller, den sie zu ihrem Sprecher ernannt hatten, entschied dann, wie die Informationen am besten in das Ghetto gebracht werden konnten. Offensichtlich gab es ein ganzes Netzwerk von Spionen unter den Juden. Trotz der strengen und brutalen Sicherheitsmaßnahmen gelangten die Neuigkeiten und Botschaften in das Ghetto, denn einige der Gefangenen aus dem Arbeitslager durften ihre Familien dort besuchen. Wenn wir erfahren hatten, dass wieder einmal eine »Aktion« bevorstand, flohen manche Leute kurz vorher in die Wälder oder versteckten sich, bevor die Razzia begann.

Doch das funktionierte nur, wenn wir früh genug Bescheid wussten. Rokita teilte Major Rügemer nicht alle seine Pläne mit, außerdem gelang es mir nicht immer, mich in seiner Nähe aufzuhalten. So kam es, dass »Aktionen« stattfanden, vor denen wir nicht hatten warnen können. Wenn ich die Waschküche betrat und meinen Freunden das Leid von den traurigen Gesichtern ablesen konnte, wusste ich, dass Rokita in der Nacht zuvor wieder zugeschlagen hatte.

Eines Morgens im September, als ich nach dem Frühstück in die Waschküche kam, fand ich Ida Haller in Tränen aufgelöst in den Armen ihres Mannes. Auch die anderen waren besonders blass, hatten aber bereits mit der Arbeit begonnen. Ich schaute von einem zum anderen und spürte, wie sich mein Magen zusammenkrampfte.

»Wo ist Fanka?«, fragte ich.

Clara Bauers Hände zitterten bei dem Versuch, eine Nadel einzufädeln. »Sie durfte letzte Nacht ihre Eltern besuchen und ist nicht zurückgekommen. Wir glauben – wir haben Angst, dass –«

»Vielleicht hat wieder eine Razzia stattgefunden«, unterbrach Abram Klinger sie.

Ich wich zurück und versuchte irgendwo Halt zu finden. Im Rückwärtsgehen stieß ich gegen den Türrahmen, drehte mich um und taumelte raus in den Sonnenschein. In der Mitte des Hofes stand ein Lastwagen, der gerade von einigen Soldaten beladen wurde. Sie lachten und scherzten miteinander, während sie die Munitionskisten hievten. Am Fahnenmast flatterte träge eine Hakenkreuzflagge. Aus einem geöffneten Küchenfenster drang das Klappern von Töpfen und Pfannen und ich hörte, wie Schulz ein Lied vor sich hinträllerte.

Einen Moment lang presste ich meine Fäuste gegen das Kinn, als könnte ich so meine hin und her jagenden Gedanken kontrollieren. Ich musste Fanka Silberman finden – falls sie noch lebte. Auf der anderen Seite des Hofes reflektierten die Fensterscheiben der Fabrik das herbstliche Sonnenlicht. Eilig rannte ich über den harten Boden hinüber und betrat den Bürotrakt der Fabrik.

»Ich muss sofort mit Major Rügemer sprechen«, sagte ich zu seiner Sekretärin

Sie blickte mich kalt an. »Worum geht es?«

Mit Mühe gelang es mir, ruhig zu bleiben. »Ich muss sofort mit Major Rügemer sprechen«, wiederholte ich.

Die Tür zu seinem Büro stand offen und ich hörte, wie ein Stuhl über den Boden geschoben wurde.«Fräulein Gut? Kommen Sie herein.«

Die Sekretärin schnaubte verächtlich und widmete sich wieder ihrer Arbeit, während ich in das Büro des Majors eilte.

»Herr Major, eine meiner Hilfskräfte sollte gestern das Kleid einer der Sekretärinnen ausbessern und ist damit ins Ghetto gegangen, weil sie in der Schneiderei dort eine besondere Maschine benutzen wollte. Sie ist nicht zurückgekommen.«

Mit einer heftigen Bewegung nahm Rügemer seine Brille ab und starrte mit zusammengezogenen Augenbrauen auf die Papiere auf seinem Schreibtisch. Ich sah an seinem Kiefer, dass er die Zähne zusammenbiss. »Rokita«, murmelte er.

»Lassen Sie mich ins Ghetto gehen, dann kann ich nach ihr suchen und das Kleid zurückholen«, bat ich eindringlich und trat näher auf ihn zu.

Er blickte immer noch grimmig auf seinen Schreibtisch und blieb für einen Moment bewegungslos sitzen. Dann zog er eine Schublade auf und nahm einen Passierschein heraus. Bevor er sie wieder zuschob, konnte ich erkennen, dass in der Schublade ein ganzer Stapel Passierscheine lag, die bereits von Rokita und ihm unterschrieben waren.

»Hier«, sagte Rügemer und schrieb meinen Namen auf den Schein. »Bleiben Sie nicht zu lange fort. Sie haben schließlich hier genug Arbeit.«

Ich dankte ihm und rannte zur Waschküche zurück. »Ida, können Sie mir den Weg zum Haus der Silbermans erklären?«, fragte ich, während ich ein paar fertig gebügelte Kleider ergriff und sie in einen Wäschekorb legte. Ich prägte mir die Wegbeschreibung ein und eilte unter den verblüfften Blicken der anderen wieder hinaus.

Es war ein weiter Weg bis zum Ghetto. Zweimal wurde ich angehalten und musste meinen Passierschein vorzeigen, und jedes Mal sagte ich, dass ich im Auftrag von Major Rügemer unterwegs sei. Endlich erreichte ich das Wachhäuschen neben dem Eingang zum Ghetto. Dort wurde ich noch einmal von zwei Soldaten kontrolliert.

»Ich bin Major Rügemers Haushälterin«, sagte ich in einem gebieterischen Tonfall. »Seine Schneiderin ist hier, sie soll diese Kleider fertig machen. Sie hat noch einige andere dabei und der Major besteht darauf, dass sie sofort zurückkommt.«

»Bitte schön, Fräulein, Sie können passieren«, sagte einer der Soldaten auf Deutsch und öffnete das Tor.

Ich betrat das Ghetto. Die Straßen wirkten wie leer gefegt. Hin und wieder bemerkte ich eine Bewegung hinter einem Vorhang und einmal meinte ich, das Geräusch einer sich schließenden Tür gehört zu haben. Ansonsten herrschte absolute Stille, die nur von meinen Schritten durchbrochen wurde. Ich hatte das Gefühl, meinen eigenen Herzschlag hören zu können. Weil ich den Griff meines Weidenkorbes so fest umklammerte, schnitt er mir in die Finger. Ich trat auf ein Buch, das mit dem Titel nach oben auf dem Bürgersteig lag, wo es wohl jemand verloren hatte. Die hebräischen Buchstaben verschwammen vor meinen Augen.

Die Tür zum Haus der Familie Silberman war nicht abgeschlossen. Ich öffnete sie vorsichtig und ging hinein. Im Haus war es dunkel, da die Fensterläden geschlossen waren.

»Fanka? Fanka, bitte antworten Sie doch! Ich bin's, Irene.«

Es kam keine Antwort.

Ich bewegte mich langsam auf die Treppe zu und versuchte angestrengt, in der Dunkelheit etwas zu erkennen. Ich betete, dass sie noch die Zeit gefunden hatte, sich zu verstecken. »Fanka?« Ich stieg vorsichtig die Treppe hinauf.

Plötzlich griff eine Hand nach meinen Knöchel und ich schrie vor Schreck auf.

Fanka hatte sich in dem Einbauschrank unter der Treppe versteckt. Sie kauerte in dem dunklen Loch und streckte ihre Hand zwischen den Treppenstufen hindurch. Ich stellte meinen Korb ab, ergriff ihre Hand und half ihr auf die Beine. Ihre Augen waren vor Angst weit aufgerissen.

»Fanka, Fanka, ich bin's.«

»Irene, meine Familie! Meine Familie ist weg! Ich habe mich im Keller versteckt, als ich die Lastwagen hörte, aber meine Eltern –« Sie begann zu weinen und ich eilte die Stufen wieder hinunter, half ihr aus dem Schrank und nahm sie in die Arme.

»Psst, Fanka, leise. Keinen Mucks«, flüsterte ich ihr ins Ohr.

Sie klammerte sich an mich und schluchzte leise. So standen wir in dem dunklen Haus und weinten beide, doch ich wusste, dass wir uns diesen Trost nicht lange erlauben konnten. Also machte ich mich von ihr los und nahm sie bei den Armen.

»Ich möchte sterben«, sagte sie mit gebrochener Stimme. »Ich will hier bleiben und sterben. Ich hätte mich nicht verstecken dürfen. Ich hätte bei ihnen bleiben müssen.«

»Fanka, hören Sie mir zu. Das dürfen Sie nicht sagen. Sie müssen für sie weiterleben! Kommen Sie mit.«

Ich nahm meinen Korb wieder auf, legte die zerknüllten Kleider ordentlich hinein und zog Fanka mit nach draußen. Sie folgte mir, ohne ein Wort zu sagen.

»Halten Sie sich hinter mir«, sagte ich und drückte ihr den Korb in die Arme. »Tun Sie es für Ihre Familie. Sie müssen weiterleben.«

Als wir am Tor angelangt waren, stand Fanka mit niedergeschlagenen Augen da, während die Wachen den Korb untersuchten. Ich fuhr sie grob an, als sei sie meine Untergebene.

»Beil dich doch! Trödel nicht so herum!«

Sie ließ ihren Kopf noch tiefer hängen und einen Moment lang befürchtete ich, sie würde zusammenbrechen. Aber ich schritt durch das Tor, ohne mich umzusehen, und betete, dass sie hinter mir herkommen und ihre Rolle weiterspielen würde.

Nach einer Weile blickte ich mich um. Fanka war hinter mir. Tränen rannen ihr über das Gesicht. »Gehen Sie einfach weiter«, sagte ich leise zu ihr. »Bitte, Fanka, gehen Sie einfach weiter.«

Wir erreichten den Harres-Krafa-Park, wo ich noch einmal meinen Passierschein vorzeigte, und ein paar Minuten später stand ich mit Fanka vor der Waschküche. Als ich die Tür öffnete, fuhren alle herum, dann schrien Ida und Clara auf, rannten auf Fanka zu und schlossen sie in die Arme. Ich ging hinaus und machte die Tür hinter mir zu.

Rokita hatte Fankas Familie erwischt. Aber Fanka war ihm entkommen. Und ich schwor mir, dass es ihm nie gelingen würde, sie zu ergreifen.

In dieser Nacht träumte ich, es sei Herbst. Ich lief über ein rotgoldenes Weizenfeld, dessen Farbe mich an die Bernsteinperlen meiner Mutter erinnerte. Der Himmel über mir war von einem dermaßen intensiven Blau, dass es beinahe schmerzte, ihn anzuschauen. Die trockenen Getreidehalme raschelten beim Gehen an meinen Beinen. Als ich nach unten blickte, bemerkte ich, dass die reifen Weizenkörner zu Boden fielen. Jedes von ihnen machte dabei ein Geräusch, das einem Seufzer glich. Ich bückte mich, um sie aufzuheben und in meiner Schürze zu sammeln. Aber noch während ich damit beschäftigt war, kam ein Wind auf, der das Weizenfeld zum Wogen brachte, und die Körner wurden in alle Richtungen verstreut. Ich schaute hoch und bemerkte, dass das Getreide vom Wind bis zum Horizont getragen wurde, und plötzlich stieg Panik in mir hoch. Ich sammelte schneller, griff mit beiden Händen nach den umherwirbelnden Weizenkörnern. Unter meinen Fingernägeln klebte Schmutz und meine Schürze wurde so schwer, dass sie mich vornüber zog und ich befürchtete, ich würde stürzen und vom Dreck begraben werden.

Ich konnte sie nicht halten

Der Herbst schritt voran. Meine neuen Freunde in der Waschküche nahmen allmählich durch das Essen, das ich täglich hineinschmuggelte, an Gewicht zu. Sie hatten einige Regale so zusammengestellt, dass sie wie eine Wand aussahen, hinter der sie sich im Ernstfall verstecken konnten. Als es kälter wurde und sie ihren dünnen Sommerkleidern froren, überlegte ich, wie ich ihnen helfen konnte.

»Herr Schulz«, begann ich eines Tages, während wir nach dem Frühstück sauber machten. Ich schrubbte gerade an einer Platte herum, auf der etwas Eigelb angetrocknet war, und schaute ihn nicht an. »War es nicht furchtbar kalt letzte Nacht? Meinen Sie, Janina und ich könnten ein paar zusätzliche Decken für unsere Betten bekommen?«

Ich spähte aus dem Augenwinkel zu ihm hinüber. Auch er schaute auf seine Arbeit und unterdrückte gerade ein Gähnen. Dann trocknete er seine Hände ab und verließ die Küche. Ich fuhr fort, meine Servierplatte zu bearbeiten, und fragte mich, was dieser abrupte und wortlose Aufbruch wohl zu bedeuten hatte. Normalerweise reagierte Schulz spontan und sagte deutlich seine Meinung.

Als er ein paar Minuten später wiederkam, brachte er einen großen Stapel Decken mit – ich sah gleich, dass es etliche mehr als nur zwei waren. »Irene, wenn Sie irgendetwas brauchen – egal was –, scheuen Sie sich nicht, mich zu fragen«, sagte er leise.

Ich fühlte, wie mein Herz in der Brust hämmerte, und ich errötete, als sei ich ertappt worden. Er wusste Bescheid. Schulz wusste, was ich tat.

»Schließlich kann ich nicht zulassen, dass meine Mädchen frieren müssen, oder?«, fuhr er in dem vertrauten, munteren Tonfall fort. »Das würde nur unsere Effizienz verringern.«

Ich wusste nicht recht, was ich von dem Ganzen halten sollte. Natürlich war ich dankbar und erleichtert, aber auf der anderen Seite ärgerte ich mich über seine Freundlichkeit und die Tatsache, dass er mir half, den Juden zu helfen, ohne es an die große Glocke zu hängen – dadurch wurde aus dem Hass gegen die Deutschen eine allgemeine Angelegenheit, aus dem Hass, der doch mein eigenes Sinnen und Trachten sein sollte. Gegen die Tränen kämpfend, lächelte ich ihn dankbar an und nahm die Decken.

In der Waschküche machten sich Ida und Fanka sofort daran, sie in Wintermäntel umzuarbeiten. Als ich mich auf den Weg zurück zur Küche machte, fielen aus dem tiefhängenden, grauen Himmel die ersten Schneeflocken dieses Winters.

Rokita kam mittlerweile fast jeden Abend zum Essen mit Major Rügemer. Häufig tranken sie nach dem Dessert im privaten Speisesaal noch etwas zusammen, während einige der Offiziere im Aufenthaltsraum Billard spielten. Ich lief durch die vom Rauch geschwängerte Luft zwischen den Räumen hin und her, leerte Aschenbecher und sammelte schmutzige Gläser und leere Flaschen ein. Ich versuchte, trotz des lauten Klickens der Billardkugeln so viele Informationen wie möglich aufzuschnappen.

Von Anfang Dezember an drehten sich die Gespräche jedoch zunehmend um die Weihnachtszeit. Die Offiziere und ihre Sekretärinnen sprachen von den bevorstehenden Feiertagen mit der gleichen Hingabe, wie sie Studenten bei der Planung ihrer Abschlussfeier an den Tag legen. Offiziell waren die Nazis allerdings keine Christen. Sie waren – abgesehen von der fanatischen Verehrung Adolf Hitlers – gar keiner Religion verpflichtet. Doch wie auch immer, nicht alle waren in der Partei und vor allem die Wehrmachtssoldaten waren offenbar entschlossen, die christlichen Traditionen fortzuführen.

An der Feier im HKP sollten Offiziere aus der ganzen Region teilnehmen, was für uns eine Menge Mehrarbeit bedeutete. Schulz bereitete mich darauf vor, dass er jede helfende Hand beim Servieren benötigen würde. Bis dahin hatte ich immer vermeiden können, dass Janina direkten Kontakt zu den Offizieren bekam; ich wollte nicht, dass sie auf meine hübsche junge Schwester aufmerksam wurden. Aber bei der Größe der geplanten Feierlichkeiten konnte ich Schulz unmöglich überreden, Janina den Service zu ersparen.

Schon Tage vor dem Fest waren wir in der Küche mit den Vorbereitungen beschäftigt, bereiteten Torten, Süßigkeiten und andere Delikatessen zu. Ohne Roman und Sozia, die ich ja als zusätzliche Hilfen aus dem Arbeitslager hatte holen können, wäre die Arbeit nicht zu schaffen gewesen. Die beiden waren frisch verheiratet, ein junges Pärchen, das sich trotz der Hoffnungslosigkeit ringsum nicht von seinen Träumen und Plänen abhalten ließ. Sozia trällerte den ganzen Tag lang vor sich hin und Roman schaute sie dermaßen verliebt an, dass es fast schmerzte, sie zu beobachten.

Schließlich kam der Weihnachtsabend und das Hotel füllte sich nach und nach bis zum Dach mit zusätzlichen Gästen. Janina wurde vor Aufregung fast schwindlig: Wir würden an einem Fest teilnehmen – und wenn es auch nur in der Rolle als Bedienstete war! Als wir die ersten Platten mit Vorspeisen in den überfüllten Speisesaal trugen, blieb sie mir so dicht auf den Fersen, dass sie mich fast zum Stolpern brachte.

Der Raum war erfüllt von Stimmengewirr und Gelächter, das die Musik, die aus einem Grammophon kam, beinahe übertönte. Die Männer hatten ihre besten Uniformen angezogen und sich mit allen Medaillen und Abzeichen behangen, die sie vorzuweisen hatten. Die Sekretärinnen trugen die neueste Mode aus Berlin. Janina schaute mit glänzenden Augen umher. »Irenka, ist das nicht herrlich?«, flüsterte sie.

»Guten Abend, Fräulein Gut«, sagte eine Stimme hinter mir.

Ich fuhr herum und stand vor Rokita, der meine Schwester neugierig betrachtete.

»Sturmbannführer«, sagte ich mit einem angedeuteten Knicks.

Rokita konnte seine Augen nicht von Janina abwenden, die unter seinem prüfenden Blick errötete. »Wer ist denn dieses reizende Geschöpf?«, fragte er.

Eine Welle der Angst durchfuhr mich bis in die Fingerspitzen. Ich fühlte, wie ich unwillkürlich die Schultern anspannte.

»Das ist meine Schwester«, sagte ich.

Die Schwestern der Familie Gut, 1933, Częstochowa. Von links nach rechts: Irene, Janina, Marysia, Bronia und Władzia

Irene im Alter von 15 Jahren mit Lalka, 1937, Kozłowa Góra

Irene, 17 Jahre alt, als Schwesternschülerin, 1939, Radom

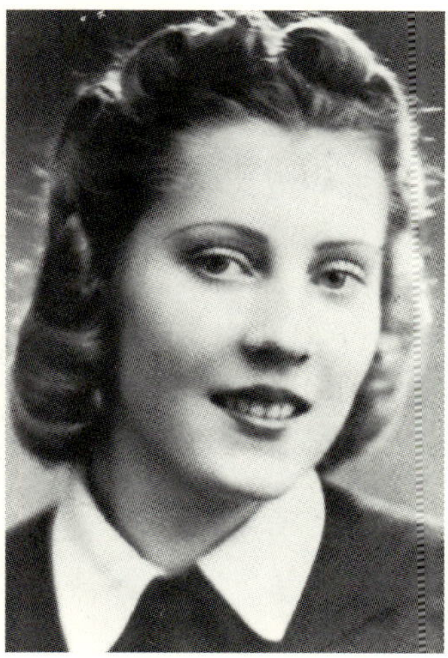

Die Schwestern der Familie Gut, 1941, Radom. Von links nach rechts: Władzia, Irene, Marysia, Bronia und Janina

Janina und Irene, 1941, Radom

Vor dem Speisesaal der Munitionsfabrik, 1941, Radom.
Ganz rechts Irene

Eines der Offizierswohnhäuser und ein Stück vom Tor des Harres-Krafa-Parks, 1942, Ternopol

Irene, 1943,
Puszcza Janówka

Major Rügemers Villa, 1943, Ternopol. Von links nach rechts: die Sekretärin des Majors, Helen Weinbaum, Pani Klimeka, Helens Mutter und Irene

Irene auf einer *dorożka*, 1943, auf dem Weg in die Puszcza Janówka

Irene, 1943, im Harres-Krafa-Park, Ternopol

Irene, Herschl und Pola Morris, 1945, Kraków. Irene trägt ein Kostüm, das Herschl für sie genäht hat

Wiedersehen 1945 in Kraków. Von links nach rechts: Marian Wilner, Fanka Silberman, Henry Weinbaum, Alex Rosen, Pola Morris, Irene und Moses Steiner

Irene (mit schwarz gefärbtem Haar), Marian Wilner und Fanka Silberman, Ende 1945, Kraków

Marian Wilner, nach dem Krieg

Fanka Silberman, nach dem Krieg

Lazar, Ida und Roman Haller, ungefähr 1948

Major Eduard Rügemer, 1949, München

Ida Haller, Eduard Rügemer, Pola Lifshitz, 1949, München

Irene und
William Opdyke
an ihrem Hoch-
zeitstag,
14. November
1956

Hochzeitstag,
1956, mit
Beatrice Kay

Irene beim Pflanzen eines Olivenbaums auf der Allee der Gerechten an der Holocaust-Gedenkstätte Yad Vashem, 1982, Jerusalem, Israel

Die Schwestern der Familie Gut, 1984, Polen. Stehend von links nach rechts: Władzia, Bronia, Marysia; sitzend von links nach rechts: Irene und Janina

Janina Opdyke Smith auf der Allee der Gerechten neben dem Baum ihrer Mutter, 1987, Yad Vashem, Jerusalem, Israel

Irene erhält den Ehrendoktortitel des Haverford College, 1994, Haverford, Pennsylvania

Irene mit Herschl Morris, 1997, Tel Aviv, Israel

Irene mit Dr. Mordechai Paldiel, dem Direktor von Yad Vashem, auf dem Gelände der Gedenkstätte, 1997, Jerusalem, Israel

Irene Gut Opdyke

Rokita blickte mich an. »Erzählen Sie mir nicht, dass sie schon die ganze Zeit hier ist und Sie sie versteckt haben.«

Ich konnte mich nur mit Mühe beherrschen. »Entschuldigen Sie uns, Sturmbannführer. Wir haben viel zu tun.«

Ich nahm Janina beim Ellenbogen und zog sie durch die Menge davon.

»Dieser Mann ist mächtig und sehr gefährlich«, zischte ich ihr zu. »Du solltest es nicht zulassen, dass er sich für dich interessiert.«

»Aber er sieht so gut aus«, schwärmte meine Schwester.

»Sei keine Närrin, Janina. Ich habe dir erzählt, was er tut. Wenn er dir das nächste Mal begegnet, achte auf seinen Ring – er verrät sein wahres Gesicht.«

Beunruhigt blickte ich mich im ganzen Saal um. Rokita flüsterte gerade einer herausgeputzten Blondine mit tiefem Ausschnitt etwas ins Ohr. Als sie meinen Blick bemerkte, strich sie ihm mit einem rotlackierten Fingernagel sanft über die Wange. Ich schauderte und zog Janina zurück in die Küche.

Roman und Sozia spülten gerade Champagnergläser und Schulz richtete Weißbrotscheiben rund um eine Schale mit russischem Kaviar an. »Irena, vor ein paar Minuten ist mir im Vorraum jemand über den Weg gelaufen, der Sie sprechen wollte«, sagte Schulz.

Ich griff nach dem nächsten Tablett mit Vorspeisen. »Mich? Wer sollte mich sprechen wollen?«

»Ein Mädchen aus der Stadt. Sie ist mit Rokita hier. Als sie hörte, dass ich eine polnische Mitarbeiterin habe, wollte sie sie gern kennen lernen. Vielleicht möchte sie sich mit Ihnen anfreunden.«

»Wahrscheinlich will sie damit angeben, dass sie ein Verhältnis mit dem Anführer der SS hat«, brummte ich und rief mir die vulgär aussehende Person in Erinnerung, die ich flüchtig bei Rokita gesehen hatte.

Die Tür wurde geöffnet und der Lärm der Feiernden drang

in die Küche. Die blonde Frau kam auf ihren hohen Absätzen quer durch den Raum auf mich zugestöckelt und entblößte in einem übertriebenen Lächeln sämtliche Zähne. »Sie müssen Irene sein«, begann sie. »Ich heiße Natascha. Ich habe gehört, dass –«

Sie brach ab und starrte Roman mit offenem Mund an. Er wich zurück und umklammerte den Rand des Spülbeckens. Sozia blickte verwirrt von ihrem Mann zu Natascha.

»Roman«, sagte die blonde Frau auf Polnisch. »Ich sehe, sie haben dich zum Arbeiten in die Küche gesteckt.« Sie blickte zu Schulz hinüber und wechselte ins Deutsche. »Halten Sie es nicht für riskant, in einer Küche, wo die Mahlzeiten für Offiziere zubereitet werden, Juden arbeiten zu lassen? Ich werde Sturmbannführer Rokita sofort davon unterrichten.«

Schulz nahm sie beim Arm und lotste sie zurück in den Speisesaal. »Verzeihen Sie, mein Fräulein. Wir haben eine Menge zu tun.«

Sie warf Roman über die Schulter noch einen kalten Blick zu und ließ sich dann von Schulz aus der Küche hinausdrängen. Wir blickten Roman bestürzt an. »Kennen Sie sie?«, fragte Janina.

»Ich habe sie vor dem Krieg kennen gelernt«, sagte Roman und strich mit zitternden Fingern über seine Oberlippe. »Wir waren befreundet, aber ich nehme an, sie wollte mehr. Sie wollte – sie war sehr eifersüchtig und versuchte mich zu verletzen, in dem sie mich verleumdete und überall Unwahrheiten über mich verbreitete. Meine Eltern drohten ihr mit einer Anzeige und sie schwor, dass sie mir das eines Tages heimzahlen würde.«

Sozia nahm ihn in die Arme und lehnte ihren Kopf an seine Schulter. »Keine Sorge, Liebster. Wir sind ja schon Gefangene. Sie kann uns nichts mehr anhaben.«

Doch am nächsten Tag erschienen die beiden nicht zur Arbeit. Stattdessen wurden Herschl Morris' Bruder Hermann und seine Frau ins Hotel gebracht. Roman und Sozia waren abgeholt worden.

Als ich dies erfuhr, hätte ich beinahe losgeschrien. Die schöne Sozia mit ihren schwarzen Locken, die so gern sang. Roman mit seinen warmen Augen. Natascha hatte Rokita dazu benutzt, um sich doch noch zu rächen.

Ich hatte das Gefühl, als ob Roman und Sozia in einen Abgrund gestürzt seien und ich sie im letzten Moment an den Handgelenken erwischt und versucht hätte, sie wieder nach oben auf sicheren Boden zu ziehen. Ich habe versucht, sie zu halten, ich schwöre bei Gott, ich habe versucht, sie zu halten – aber ich konnte nicht verhindern, dass sie mir entglitten. Selbst wenn ich meine Augen schloss, hatte ich das Bild vor Augen, wie sie in die Dunkelheit stürzten und mich dabei hilflos anblickten. Mein Herz schlug wie wild.

Ich versuchte zu beten, versuchte mich mit dem Gedanken an das Versprechen zu trösten, das Gott den Menschen durch die Geburt von Jesus gegeben hatte. Doch wenn ich mit geschlossenen Augen meine Gebete flüsterte, sah ich wieder nur Sozia und Roman vor mir, die tiefer und immer tiefer fielen. Nataschas Rache strafte die Weihnachtsgeschichte Lügen.

Und Rokita, der Major Rügemer jetzt jeden Tag zum Essen begleitete, erkundigte sich immer wieder nach Janina. Der Major war ein kluger Mann und wusste, was Rokita im Schilde führte. Rügemer versuchte, ihn davon abzubringen – ich vermute, aus Nettigkeit mir gegenüber. Aber Rokita war gerissen. Er kippte heimlich Schnaps in das Glas des Majors und drängte ihn, zu trinken.

Mir schauderte bei der Vorstellung, dass Rügemer in irgendetwas einwilligen konnte, wenn er betrunken war. Die Zeit rannte davon.

Kurz nach Weihnachten suchte ich Major Rügemer in seinem Büro auf. Als er mich erblickte, lächelte er und bot mir einen Stuhl an.

»Fräulein Gut, wie kann ich Ihnen helfen?«, fragte er.

»Ich möchte, dass Sie meine Schwester nach Radom zurückkehren lassen.« Hinter seinen dicken Brillengläsern wirkten Rügemers Augen riesengroß.

»Was sagen Sie da?«

»Herr Major, ich denke, Sie wissen, worum es geht. Sturmbannführer Rokita hat ein Auge auf meine Schwester geworfen. Ich muss sie vor ihm schützen. Bitte, lassen Sie sie nach Radom fahren. Sie ist noch so jung«, fügte ich hinzu und gegen meinen Willen traten mir Tränen in die Augen.

»Nein, nein, Fräulein Gut«, sagte der Major schnell. »Nicht weinen. Machen Sie sich keine Sorgen. Ich lasse sie gehen.«

»Oh, vielen Dank –«

»Aber Sie, Irene«, fuhr er fort, »Sie müssen hier bleiben.«

Meine Erleichterung erhielt einen Dämpfer. Er hatte mich Irene genannt. Offensichtlich knüpfte er Janinas Freigabe an eine Bedingung.

Plötzlich sah ich die Dinge in einem anderen Licht. Ich saß da und Major Rügemer beobachtete mich. Langsam nickte ich, bereit, meine neue Rolle, die mir überhaupt nicht gefiel, zu akzeptieren.

»Ja, Herr Major. Ich werde hier bleiben, bis der Krieg zu Ende ist.«

An jenem Abend winkte mich Rokita, nachdem er seinen schweren Wintermantel an der Garderobe abggegeben hatte, mit einer Kopfbewegung zu sich.

»Ihre Schwester ... Ich möchte, dass sie heute Abend auf mich wartet.«

»Es tut mir Leid, Sturmbannführer. Wir haben gerade erfahren, dass sie an Tuberkulose leidet. Wir schicken sie von hier fort, weil sie sehr ansteckend ist.«

Rokita schreckte zurück. Einen Moment lang starrte er mich angewidert an, dann drehte er sich auf dem Absatz um und ging, ohne ein weiteres Wort zu verlieren, in den Speisesaal.

Er hatte mir Roman und Sozia genommen. Aber Janina würde er nicht bekommen.

In diesem Augenblick, zu Beginn des Jahres 1943, wurde meine letzte Verbindung zu meiner Familie unterbrochen.

Puszcza Janówka

Ein Trost war mir geblieben: Helen Weinbaum lebte jetzt auf einem Bauernhof in der Nähe von Ternopol. Wir waren uns an einem bitterkalten Tag zufällig über den Weg gelaufen und hatten uns, während wir hinter einem hölzernen Zeitungsstand Schutz vor dem eisigen Wind suchten, gegenseitig alles erzählt, was uns in der letzten Zeit widerfahren war. Helen hatte herausgefunden, dass ihr Mann Henry als Kammerdiener bei Rokita arbeiten musste! Als kultivierter und gebildeter junger Mann war Henry für einen Menschen wie Rokita unentbehrlich: Er wusste genau, was ein feiner Herr anzog und wie er sich zu benehmen hatte. Henry war dabei, wenn Rokita in seinem Hauptquartier Partys gab, und genau wie ich versuchte er, etwas von den Plänen des Sturmbannführers aufzuschnappen und die Information an die Menschen im Ghetto weiterzugeben. Helen und ich versprachen einander, alles zu versuchen, um in Verbindung zu bleiben.

In jenen Tagen konnte man unschwer erkennen, dass es für die Deutschen an der Ostfront nicht gut aussah. Seit dem Angriff auf Stalingrad im August hatte die deutsche Wehrmacht erfolglos versucht, die Russen zu überwältigen. Stalin hingegen hatte beschlossen, dass die Rote Armee nicht einen einzigen Schritt zurückweichen würde, und so wurde über fünf Monate um jedes Haus in Stalingrad gekämpft. Durch das ständige Granatfeuer und die eisigen Winterstürme war von der

Stadt nicht mehr viel übrig geblieben, doch die Russen gaben sie nicht auf. Tausende deutscher Soldaten fielen oder wurden in Gefangenschaft genommen. In unserer Fabrik wurde in Doppelschichten gearbeitet, die Maschinen produzierten ohne Pause neue Munition – es schien fast, als ob sie unter ihrer eigenen Hitze zerschmelzen würden. Eine Besetzung durch die Russen hätte sowohl für Polen, als auch für mich persönlich keine Verbesserung bedeutet. Dennoch betete ich Nacht für Nacht um der Juden willen, dass es den Russen endlich gelingen möge, die deutsche Armee zu zerschlagen.

Als befürchteten sie, dass ihnen die Zeit weglief, begannen die Nazis im Frühling des Jahres 1943 ihre »Aktionen« gegen die Juden zu verstärken. Rokita und seine Männer überfielen in immer kürzeren Abständen das Ghetto und das Arbeitslager, um die Bewohner »auszudünnen«.

»Viele Leute haben vor, sich in den Wäldern zu verstecken«, erzählte mir Herschl Morris eines Tages in der Waschküche. »Es ist immer noch besser, wie ein Tier in der Wildnis zu leben, als im Ghetto auf den Tod zu warten. Mein Bruder und ich wollen auch gehen. Wir nehmen auch unsere Frauen mit.«

Wir standen in dem kleinen Versteck, das sie hinter der Regalwand geschaffen hatten. Ich schaute Herschl überrascht an. »Wie wollt ihr da leben?«

»Wie freie Menschen«, antwortete er mit einem sarkastischen Lächeln.

»Nicht wie freie Menschen«, schaltete sich Steiner mit ärgerlicher Stimme ein. »Wie gejagte Menschen.«

»Wir werden unser Glück in der Puszcza Janówka suchen«, beharrte Herschl. Zu mir gewandt fuhrt er fort: »Und Sie, Irene, müssen uns helfen, hinzukommen.«

Ich blickte von Herschl zu seiner Frau und wieder zurück. »Geben Sie mir ein paar Tage Zeit«, sagte ich und verließ die Waschküche ohne ein weiteres Wort.

Ich fragte mich nicht: »Soll ich das wirklich tun?«, sondern: »Wie kann ich es schaffen?« Jeder Schritt, den ich in der Vergangenheit gemacht hatte, hatte mich auf diese Wegkreuzung zu geführt; jetzt musste ich den richtigen Weg nehmen oder ich war verloren.

Sie müssen verstehen, dass ich nicht mit einem Schlag zur Widerstandskämpferin geworden war, die sich den Nazis widersetzte und Juden aus dem Ghetto schmuggelte. Die ersten Schritte sind stets klein: Es hatte damit begonnen, dass ich Lebensmittel unter einem Zaun versteckte. Jetzt machte ich Pläne, wie ich an die *dorożka* – ein Fuhrwerk, das es auf dem Bauernhof gab, auf dem Helen lebte – gelangen könnte. Damit wollte ich die Morris-Brüder und ihre Frauen heimlich in die dichten Wälder von Janówka bringen, zehn Kilometer außerhalb von Teronpol.

Aber selbst durch meine ersten zaghaften Versuche, den Juden im Ghetto von Radom zu helfen, hatte ich mein eigenes Leben aufs Spiel gesetzt. Mir war bewusst, dass man mich sofort erschossen hätte, wenn ich dabei erwischt worden wäre: Die Nazis machten, genau wie ich, keinen Unterschied zwischen dem Verstecken von Lebensmitteln und dem Schmuggeln von vier Menschen in einer *dorożka*. Ich war erleichtert, dass Janina nicht mehr bei mir war, denn was ich plante, hätte auch sie in Lebensgefahr gebracht.

Mittlerweile war ich einundzwanzig Jahre alt und hatte in den letzten vier Jahren immer kämpfen müssen. Jahre, die ich eigentlich zur Schule hätte gehen müssen, in denen ich mich hätte verlieben oder eine Familie gründen können, eine vernünftige Arbeitsstelle finden oder tausend andere Dinge tun. Vier Jahre lang war ich mitten im Kriegsgeschehen gewesen und aus dem Grund waren meine Hoffnungen und Erwartungen jetzt andere. Mein einziger Wunsch war es, beim Sterben nicht zu viel Schmerzen erleiden zu müssen und die Pläne der Deutschen vorher so oft wie möglich zu durchkreuzen.

Eines Morgens Ende Mai kam Helen schließlich wie verabredet mit dem Fuhrwerk in der Stadt an. Von Schulz hatte ich mir bereits im Voraus die Erlaubnis geholt, den Tag frei zu nehmen, und mit den Morris war besprochen, dass sie sich in der Nacht zuvor im Straßengraben verstecken würden. Ich hatte mich gar nicht erkundigt, wie sie aus dem Arbeitslager entkommen wollten. Wenn es eine Möglichkeit gab, würden sie sie auch nutzen. Ich sollte sie dann mit dem Fuhrwerk an der verabredeten Stelle abholen. Wir hatten es von dem Bauern ausgeliehen – gegen Zigaretten und Wodka, die ich aus dem Vorratsraum gestohlen hatte. Als ich auf den Kutschbock kletterte, schossen mir die wildesten Gedanken durch den Kopf. Ich konnte selbst kaum fassen, dass wirklich ich es war, die mit gestohlenen Waren handelte und entflohene Juden in den Wald brachte.

Während ich Ternopol verließ und in nördlicher Richtung auf ein Dorf namens Janówka zufuhr, versuchte ich, meine Nerven zu beruhigen, indem ich mich auf die Wärme der Sonne und das regelmäßige Klappern der Pferdehufe konzentrierte. Ich blickte auf den knochigen Rücken des Pferdes, der sich vor mir bewegte, sah, wie er zuckte, wenn sich Fliegen darauf niederließen, und lauschte dem Schlagen des Schweifes, in dem noch die letzten Strohhalme aus dem Stall steckten.

Ungefähr einen Kilometer hinter Ternopol führte die Straße, die mittlerweile schmaler geworden war, durch einen kleinen Birkenhain. In dem Augenblick, in dem ich an diese Stelle kam, hörte ich jemanden pfeifen und meinen Namen rufen. Ich zog am Zügel und ließ das Pferd anhalten. Die Straße vor mir war bis zu der nächsten Kurve, wo sie um einen Kartoffelacker herumführte, frei. Mit einem Blick über die Schulter vergewisserte ich mich, dass sich auch von hinten niemand näherte. Das Einzige, was ich sah, war die große Staubwolke, die die Räder des Wagens aufgewirbelt hatten. Ich nickte kurz, woraufhin die vier Flüchtlinge aus ihrem Versteck zwischen den Bäumen hervorkamen und, rasch und ohne ein einziges Wort zu sprechen, hinten auf den Wagen kletterten. Dort versteckten sie sich unter dem Heu und einigen leeren Kartoffelsäcken.

Ich schnalzte mit der Zunge und ließ das Pferd wieder antraben. Der Zwischenstopp hatte nicht einmal eine Minute gedauert, und wenn die *dorożka* hinter den Birken auftauchte, würde niemand vermuten können, dass sie jetzt fünf Menschen beförderte. Ich atmete tief durch und zwang mich, ruhig und entspannt zu bleiben. Nach einer Weile tauchte am Horizont ein Kirchturm auf und schon bald rollten wir durch das kleine Dörfchen Janówka. Laut gackernd stoben ein paar Hühner und Gänse auseinander, als wir an ihnen vorbeifuhren. Vor der Kirche beugte sich gerade ein alter Priester zu einem Rosenbusch hinunter. Er schaute hoch und lächelte mir freundlich zu.

Ich kann nicht sagen, warum, aber sein Lächeln schenkte mir neuen Mut. Ich sah wieder auf die Straße vor mir und nach einer Weile kam die dunkle Front des Waldes näher. Sie wirkte wie ein Vorhang, der vor ein Fenster gezogen worden ist. Außer dem Schleifen der Räder des Fuhrwerks auf dem Straßenbelag und dem Klappern der Hufe war kein einziges Geräusch zu hören. Ich hatte ständig das Gefühl, beobachtet zu werden – schließlich war mittlerweile bekannt, das es in Puszcza Janówka außer Füchsen und Wildschweinen noch andere Lebewesen gab. Dort lebten viele Flüchtlinge und Partisanen, Menschen, die durch den Krieg zu Geächteten geworden waren. Die Deutschen wagten es nicht, ihre Patrouillen dorthin zu schicken.

Die Straße wurde immer schmaler und wir durchquerten die ersten kühlen Schatten der Kiefernbäume. Aus der Ferne hörte ich einen Vogelschrei, dann einen zweiten, und jedes Mal spitzte das Pferd seine Ohren, als versuche es, etwas in der

Nähe zu lokalisieren. Schließlich brachte ich das Tier zum Stehen und drehte mich auf dem Kutschbock um.

»Diese Stelle scheint mir so gut geeignet wie jede andere«, sagte ich.

Das Heu auf der Ladefläche bewegte sich und einer nach dem anderen setzten die vier sich auf und zupften sich die Strohhalme aus den Haaren. Herschl stand als erster auf und half seiner Frau auf die Beine. Hermann tat es ihm nach. Dann schauten sie sich mit einer Mischung aus Neugier und Beklommenheit um.

»Unser neues Zuhause«, sagte Herschl aufmunternd. Wir sprangen vom Wagen und gaben uns reihum feierlich die Hand. Mit der freien Hand zog ich dermaßen fest an den Zügeln, dass sie in meine Handfläche einschnitten. »Ich werde Ihnen Vorräte bringen, sobald ich kann«, sagte ich mit rauer Stimme und räusperte mich.

Dann gingen sie los und ihre Schritte raschelten auf der dicken Schicht aus Kiefernnadeln, die den Boden bedeckte. Ich blieb noch stehen und sah zu, wie sie tiefer und tiefer in den Wald hineingingen. Auf einer Lichtung wurden die vier Menschen noch einmal kurz von einem Sonnenstrahl erhellt und im nächsten Moment waren sie verschwunden.

Ich drehte mich um, legte meine Wange an die Schnauze des Pferdes und versuchte mich zu beruhigen, indem ich meinen Atemrhythmus dem des Tieres anpasste. Nachdem ich eine Weile lang so dagestanden hatte, nahm ich das Pferd beim Zaumzeug und führte es herum. Die Räder des Fuhrwerks machten ein dumpfes Geräusch.

Am Sonntag darauf brachte ich zwei weitere meiner Freunde aus der Waschküche, Abram Klinger und David Rosen, zu derselben Stelle im Wald. Nur mit Mühe konnte ich meine Tränen zurückhalten, als sie von dem Wagen kletterten. Ich fühlte mich wie eine böse Mutter, die ihre Kinder in den Wald führt und dort allein lässt. Wieder stand ich einige Minuten lang da und beobachtete, wie sich die beiden einen Weg um die Baumstämme herum bahnten, bis sie von der Dunkelheit des Waldes verschluckt wurden.

An jenem Tag hielt ich auf dem Rückweg nach Ternopol neben der kleinen Kirche in Janówka an. Ich befestigte die Zügel an einem Torpfosten und ging zum Eingang hinauf. Gerade als ich die kleine hölzerne Kirche betreten wollte, summte eine Biene unmittelbar vor meiner Nase vorbei und setzte sich auf die Blüte eines Rosenbusches.

In der Kirche befanden sich nur wenige Leute – Bauern, wie ich aus ihren einfachen Kleidern und den wettergegerbten Gesichtern schloss –, die sich auf die Holzbänke niedergelassen hatten. Der Priester sprach gerade. Ich beugte kurz die Knie vor dem Altar und setzte mich dann.

Ich senkte meinen Kopf und schloss die Augen, als sei ich in ein Gebet vertieft. Tatsächlich war ich aber viel zu aufgeregt und gleichzeitig völlig erschöpft. Der warme, ukrainische Akzent in der Stimme des Priesters hatte eine beruhigende Wirkung auf mich. Zunächst achtete ich gar nicht auf den Inhalt seiner Worte. Doch dann spitzte ich die Ohren, denn ich bemerkte, dass er die Gemeindeglieder in seiner Predigt ermutigte, den Nazis Widerstand zu leisten und den Juden zu helfen.

»… und an diejenigen zu denken, die nicht so glücklich sind wie wir«, mahnte er mit seiner ruhigen Stimme. »Unser Heiland sagt, dass wir unsere Hände nicht mit dem Blut Unschuldiger beflecken dürfen. Der Weg der Gerechtigkeit ist niemals einfach zu gehen, doch an seinem Ende wartet die ewige Liebe, das ewige Leben.« Offensichtlich wusste er, dass der Wald neben seinem Gemeindebezirk vielen Gejagten Zuflucht bot, und er forderte die Gemeindeglieder auf, ihnen zu helfen. Dadurch nahm er das Risiko einer harten Bestrafung durch die Deutschen auf sich.

Ich blickte auf und betrachtete ihn mit neuem Interesse. Er war ein sehr alter Mann, kahlköpfig und faltig, aber seine Haltung war aufrecht und in seiner Stimme verbarg sich kein Zittern. Ich bemerkte, dass auch er von Zeit zu Zeit zu mir herüberschaute, und sein Blick schien mir wohlgesonnen. Ich verspürte ein Bedürfnis, mit ihm zu sprechen, das bald schon so drängend wurde, dass ich beinahe vor Ungeduld von der Kirchenbank aufgesprungen wäre.

Also schlenderte ich nach dem Gottesdienst auf dem Kirchenvorplatz umher und betrachtete die Rosenbüsche, während die Gemeindeglieder nacheinander die Kirche verließen, den Segen des Priesters empfingen und sich dann in Begleitung ihrer Hunde auf den Heimweg machten.

Als alle gegangen waren, kam der Priester auf mich zu. »Guten Morgen«, sagte er. »Ich bin Pater Joseph.«

Ich schüttelte ihm die Hand, die sich trocken und knochig anfühlte, aber trotzdem kräftig war. »Ich heiße Irena, Pater. Ich kam gerade hier vorbei, und weil ich Ihre Kirche so hübsch finde, habe ich kurz angehalten.«

»Vielleicht war es Gottes Wille, dass Sie anhielten«, sagte Pater Joseph.

Ich versuchte zu lächeln, aber stattdessen traten mir die Tränen in die Augen. »Vielleicht.« Ich strich über ein Rosenblatt und versuchte, Ordnung in die Gedanken zu bringen, die mir durch den Kopf schossen. So oft in den letzten Jahren hatte ich mich gefragt, ob Gott überhaupt noch da war und mich beobachtete.

»Ist das Ihre *dorożka*?«, fragte der Priester, ging zu dem knochigen Pferd hinüber und streichelte seine Schnauze.

Ich wischte mir mit dem Handrücken über die Nase und schluckte die Tränen hinunter. »Ja – das heißt, ich habe sie von einem Freund ausgeliehen.«

»Müssen Sie etwas ausliefern?«, fragte er. Er schaute mich mit seinen sanften Augen an, den Augen eines Mannes, der in die Abgründe der menschlichen Seele gesehen hat und dennoch Liebe für seine Mitmenschen empfinden kann.

Ich empfand von Herzen den Wunsch, mich ihm anzuvertrauen, meine Sorgen und Nöte mit jemandem zu teilen. Ich trat näher an ihn heran und rieb über die weiche Pferdeschnauze, während ich begann: »Ich würde Ihnen gern erzählen – ich würde Ihnen gern erzählen, was mir passiert ist, als mich die Russen gefangen genommen haben.«

Pater Joseph nickte, als wisse er bereits Bescheid. Dann neigte er seinen Kopf, wie er es sicher auch tat, wenn ihm jemand im Beichtstuhl gegenübersaß, und strich sanft über meine Hand. Und dann erzählte ich ihm alles. Ich erzählte ihm, was mir widerfahren war, von allen Lügen, die ich anderen erzählt hatte, und wie ich sie betrogen hatte. Das Einzige, was ich nicht erzählte, war, dass ich Juden dabei half, dem Zugriff der Deutschen zu entkommen. Es schien mir zu gefährlich, dieses Geheimnis mit jemandem zu teilen.

Als ich mit meinem Bericht zu Ende war, schaute ich ihn ängstlich an und wartete auf jene Art sorgenvoller Tadel, auf die die meisten Priester sich so gut verstehen. Aber Pater Joseph nickte nur abermals.

»Irena, es ist Krieg. Gott kennt Ihr Herz. Und Gott weiß, was Sie heute mit dieser *dorożka* transportiert haben.«

Für einen Moment schwiegen wir beide, nur das Pferd gab einen leisen Schnaufer von sich und verlagerte sein Gewicht von einem Huf auf den anderen.

»Vielen Dank, Pater Joseph«, sagte ich schließlich.

»Besuchen Sie mich wieder, wenn Sie das nächste Mal durch Janówka kommen.«

Ich nahm die Zügel in die Hand und blickte ihn noch einmal an. »Das nächste Mal?«

Pater Joseph machte eine kurze Handbewegung, wandte sich um und ging zur Kirche zurück. »*Do widzenia* – Auf Wiedersehen.«

Die Schläge einer Axt

Ich hatte sechs Menschen in den Wald gebracht, aber obwohl sie dadurch physisch nicht mehr in meiner Nähe waren, war ich in Gedanken doch stets bei ihnen. Wann immer ich es einrichten konnte, lieh ich die *dorożka* von Helens Bauernhof aus und fuhr nach Janówka, um ihnen Lebensmittel zu bringen. Manchmal blieb ich einen Moment lang regungslos im Wald stehen und spähte angestrengt in die Dunkelheit. Mir war, als ob meine Freunde mich nur sehen könnten, wenn ich mich mucksmäuschenstill verhielt – als hätte ich einen Zauberwald betreten, der unter dem Fluch eines Hexenmeisters stand. Manchmal meinte ich, von fern das Geräusch einer schlagenden Axt zu vernehmen.

Dann legte ich meinen Kopf auf die Seite und runzelte konzentriert die Stirn. Ich sehnte mich so sehr danach, eine vertraute Stimme meinen Namen rufen zu hören! Aber häufig waren nur die Rufe eines Kuckucks zu vernehmen, der zwischen den Baumwipfeln hin und her flatterte. Es war Juni und in der drückenden Hitze schienen selbst die Bäume den Atem anzuhalten. Ich legte meine Mitbringsel immer am Fuß eines bestimmten Baumes ab, ging dann langsam rückwärts und drehte mich erst in dem Moment um, wenn ich auf den Kutschbock klettern musste. Das knochige Pferd wusste mittlerweile von allein, welchen Weg es nehmen musste.

Es gelang mir nicht jedes Mal, bei der Kirche anzuhalten, um Pater Joseph zu besuchen. Manchmal war ich in zu großer Eile, weil ich pünktlich zurück sein musste, um eine Mahlzeit zu servieren. Oder ich fuhr vorbei, weil ich sah, dass der alte Priester, der bei der Gartenarbeit zum Schutz gegen die Sonne stets einen Strohhut trug, auf eine Mistgabel gelehnt ins Gespräch mit einem Nachbarn vertieft war. Ich war sicher, dass er wusste, was es mit meinen Besuchen in der Puszcza auf sich hatte. Allerdings konnte ich nicht einschätzen, ob sonst noch irgendjemand aus dem Dorf von meinem Kommen und Gehen Notiz nahm. Damals pflegten die Menschen entweder besonders neugierig zu sein oder sie waren im Gegenteil ängstlich darauf bedacht, sich nur um ihre eigenen Angelegenheiten zu kümmern. Aber offensichtlich fiel ich niemandem besonders auf.

Zu meiner Überraschung – und Erleichterung – nahm auch im HKP niemand besonders Notiz von meinem Kommen und Gehen. In der letzten Zeit waren immer mehr Offiziere eingetroffen und in der gesamten Anlage schien eine Art Umbruch vor sich zu gehen. Major Rügemer machte einen besorgten Eindruck: Wegen Rokitas »Aktionen« wusste er nie genau, wie viele jüdische Arbeiter in der Fabrik zur Verfügung standen, und das, obwohl seine Befehlshaber in Berlin ständig eine noch höhere Effizienz von ihm forderten. Diese Taktik war typisch für die Nazis. Sie wollten die Juden loswerden, aber gleichzeitig sollten die Fabriken ununterbrochen Waffen und Munition herstellen, die für den Kampf gegen Russland und die Alliierten dringend benötigt wurden. Rokita war für jenen Teil der Taktik zuständig, der es Rügemer unmöglich machte, den seinen zu erfüllen.

»Nächste Woche kommen noch mehr Männer aus Berlin an«, sagte der Major eines Abends während des Essens. »Dann platzen wir hier bald aus den Nähten.«

»Wir werden sie auf jeden Fall gut gebrauchen können«, antwortete ein Hauptmann namens Hess und wischte sich mit dem Handrücken Fett von der Oberlippe.

Rügemer runzelte missbilligend die Stirn. »Ich denke, wir sollten versuchen, für mich eine andere Unterbringungsmöglichkeit in der Stadt zu finden. Hier sind mittlerweile zu viele junge Männer für einen alten Mann. Kennt jemand von Ihnen ein geeignetes Haus?«

»Ich kann Ihnen eine Villa besorgen, wenn Sie wollen«, sagte Rokita leichthin und kleckerte durch eine flüchtige Bewegung mit seinem Messer Bratensoße auf die Tischdecke. »Auf die Erlaubnis der Einheimischen können wir wohl verzichten.«

Mit offensichtlichem Widerwillen gegen das Benehmen des SS-Mannes runzelte Rügemer erneut die Stirn und schob seinen Teller von sich weg. Ich war gerade dabei, den Nebentisch abzuräumen und ging schnell zu ihm hinüber.

»Sind Sie fertig, Herr Major?«, fragte ich.

»Danke schön, Irene.«

An diesem Abend saß er mit fünf weiteren Männern am Tisch, und als er seinen Teller beiseite geschoben hatte, schienen auch die anderen ihre Mahlzeit beendet zu haben. Vier der Männer standen auf, um sich an der Bar Getränke zu holen, und ließen Rokita und Rügemer allein zurück. Ich räumte den Tisch ab und stellte Teller aufeinander, auf denen sich die Essensreste türmten. Insgeheim verwünschte ich die Männer für diese Verschwendung.

»Also, was soll ich jetzt unternehmen?«, fragte der Major gereizt.

»Wegen einer Villa?«, fragte Rokita. Der Major schüttelte den Kopf und Rokita zuckte die Achseln. »Die Juden? Wegen Ihrer Fabrik brauchen Sie sich keine Sorgen zu machen. Wir finden Ersatzarbeiter.«

Der Major griff zu seinem Weinglas und starrte hinein, als wolle er sein Spiegelbild auf der roten Flüssigkeit betrachten. »Es wird Zeit kosten, wir werden in Verzug kommen.«

»Tut mir Leid, aber daran lässt sich nichts ändern, Major«, gab Rokita ohne eine Spur von Bedauern in der Stimme zurück. »Hören Sie, als Ihr Freund werde ich Ihnen etwas erzählen. Sie müssen wissen, der Führer will, dass ab sofort alle Juden ausgerottet werden. Wenn wir mit ihnen fertig sind, werden wir als nächstes die Polen und ihre erbärmliche katholische Kirche beseitigen. Wobei wir natürlich aus den arischen Typen, wie zum Beispiel Irene, gute Deutsche machen werden. Sie werden Ihre Arbeiter bekommen. Aber wir müssen dieses Land säubern, ein für alle Mal. Wir haben den Auftrag, bis Ende Juli alle Juden zu beseitigen.«

In meinem Kopf schrillten die Alarmglocken. Ich hob mein schwer beladenes Tablett hoch. Jedes einzelne von Rokitas Worten war wie der Schlag einer Axt auf mich niedergegangen und meine Beine zitterten dermaßen, dass ich befürchtete, sie würden mir ihren Dienst versagen. Hitler wollte die Juden »ausrotten« und dann den Rest meiner Landsleute umbringen. Tief im Inneren hatte ich es vielleicht die ganze Zeit schon geahnt, mich aber immer gescheut, der ganzen Wahrheit ins Auge zu sehen. Solange sie unter der Kontrolle der Nazis standen, gab es keine Hoffnung mehr für meine Freunde. Nicht einen Funken Hoffnung. Heiße Tränen liefen mir über die Wangen und vor meinem geistigen Auge verschwommen die Gesichter meiner Freunde aus der Waschküche – Ida, Lazar, Fanka und all die anderen. Sie waren verloren. Ihnen blieb nur noch ein einziger Monat.

Kurz bevor ich die Küche erreichte, verließen mich die Kräfte und das Tablett rutschte polternd zu Boden. Der Lärm war ohrenbetäubend und alle Köpfe wandten sich in meine Richtung. Durch einen Tränenschleier bemerkte ich, dass auch Rokita und der Major zu mir herübersahen.

»Ich – ich habe mir den Knöchel verstaucht«, stieß ich hervor.

Schulz kam aus der Küche geeilt, stieg vorsichtig über das zerbrochene Geschirr und ermahnte mich, mich nicht an den Scherben zu schneiden.

»Ich muss mich darum kümmern«, murmelte ich und begann die Scherben einzusammeln. Tränen tropften auf meine Hände. »Ich muss es schaffen.«

»Ich helfe Ihnen, Irene.«

Kläglich schaute ich Schulz ins Gesicht. Vielleicht dachte er ja, ich hätte das zerbrochene Geschirr gemeint. Aber ich glaube, dem war nicht so.

Am nächsten Tag ließ mich der Major in sein Büro rufen. Als ich eintrat, stand er am Fenster. Wahrscheinlich betrachtete er die Hakenkreuzflagge, die im Hof am Fahnenmast flatterte.

»Herr Major, Sie wollten mich sprechen?«

Er drehte sich nicht zu mir um.

»Ja, Irene. Ich habe Neuigkeiten für Sie. Ich habe beschlossen, in ein Haus in der Stadt zu ziehen, für das ich eine Haushälterin benötige. Ich kann mir niemanden vorstellen, der dazu besser geeignet wäre als Sie.«

Das war der nächste Schlag mit der Axt. Während ich auf seinen Hinterkopf starrte, durchfuhr mich plötzlich der zornige Wunsch, der alte Mann möge auf der Stelle tot umfallen.

Da ich ihm nicht antwortete, drehte sich Rügemer um. Seine Augen hinter den Brillengläsern hatten etwas Eulenhaftes. »Was sagen Sie dazu?«

Ich rang die Hände und konnte an nichts anderes denken als an meine Freunde in der Waschküche. Ich hatte keine Ahnung, wie ich ihnen weiterhelfen sollte, wenn ich den HKP verlassen musste. Der Major wartete immer noch auf eine Antwort.

»Oh, das ist sehr gut, Herr Major«, zwang ich mich zu sagen. »Ich freue mich, dass Sie mich für geeignet halten.«

Er lächelte mich mit einem merkwürdigen Gesichtsausdruck an, der eher einem missbilligenden Stirnrunzeln glich.

»Ich wünsche, dass Sie die Stelle annehmen«, sagte er störrisch.

»Ja, Herr Major.«

»An dem Haus muss viel getan werden und ich möchte, dass Sie die Arbeiten überwachen. Schulz wird für eine Weile ohne Sie zurechtkommen. Danach kehren Sie hierher zurück und arbeiten die neue Belegschaft ein. Wir werden ein paar Einheimische zugeteilt bekommen – Ukrainer, nehme ich an.«

Ich fühlte einen Stich in meinem Herzen. »Ist mit der alten Belegschaft etwas nicht in Ordnung? Arbeiten die Leute nicht zu Ihrer Zufriedenheit? Ich habe sie doch eigentlich gut eingewiesen –«

Er wandte seine Aufmerksamkeit einigen Papieren zu, die auf seinem Schreibtisch lagen. »Es hat nichts mit Ihnen zu tun, Irene. – Ach, übrigens, mein Magengeschwür macht mir in letzter Zeit Probleme. Meinen Sie, Sie könnten dafür sorgen, dass ich eine spezielle Diätkost bekomme?«

Sollte ich jetzt etwa bis zum Ende des Krieges einen deutschen Greis hätscheln und pflegen? Am liebsten hätte ich laut geschrien, geweint oder ihm ins Gesicht geschlagen. Aber ich war ein polnisches Mädchen in einer Fabrik, die den Nazis gehörte: Gefühle standen mir nicht zu. Also stand ich einfach nur verlegen vor ihm. Meine Gedanken kreisten einzig und allein darum, wie ich diese neue Aufgabe schnellstmöglich wieder loswerden und in den HKP zurückkehren konnte. Wie ich mich wieder um meine Freunde kümmern konnte. Ich hatte das Gefühl, als müsse ich an meiner Hilflosigkeit ersticken. »Natürlich, Herr Major.«

Major Rügemer schaute mich an und nickte. »Ich danke Ihnen. Für den Moment wäre das alles, Irene. Alles Weitere werden Sie von Schulz erfahren.«

Niedergeschlagen kehrte ich in die Küche zurück. Wie hatte ich mir nur einbilden können, ich sei stark genug, meinen Freunden zu helfen? Ich war nur ein junges Mädchen und stand allein gegen eine gigantische Macht, die mich nach Lust und Laune hin und her schicken, mit gutem Essen füttern oder in einer Fabrik schuften lassen konnte. Wilde, sinnlose Gedanken jagten einander in meinem Kopf, aber mir fiel beim besten Willen nichts ein, wie ich der Situation hätte entkommen können. Ich konnte einfach nichts tun.

An jenem Tag vermied ich es, die Waschküche zu betreten. Ich fühlte mich nicht in der Lage, meinen Freunden gegenüberzutreten und ihnen sagen zu müssen, wie nutzlos das Vertrauen war, das sie mir geschenkt hatten. Ich fühlte mich so entmutigt, dass ich kaum den Inhalt von Schulz' Worten mitbekam, als er mir nach dem Essen erzählte, dass wir jetzt das neue Haus besichtigen würden.

»Soweit ich verstanden habe, muss viel Arbeit hineingesteckt werden«, sagte er, während er seine Schürze abnahm und an den Haken hängte. »Im Moment wohnen dort noch zwei Familien. Ukrainer oder Litauer – ich weiß nicht genau, wo sie herkommen. Sie werden ihnen die Lage erklären müssen.«

Ich folgte ihm nach draußen, wo bereits ein Wagen auf uns wartete. Die Fahrt war nicht sehr lang, das Haus lag nur einige Häuserblocks weit entfernt und wir hätten gut in fünfzehn oder zwanzig Minuten zu Fuß hingehen können. Durch die Scheiben der Wagenfenster sah ich die Stadt vorübergleiten. Große Bäume warfen ihre Schatten auf die Straße vor uns. Wir bogen in eine Wohnstraße ein, dann hielt der Wagen vor einer großen, stuckverzierten Villa, die ein paar Meter abseits von der Straße lag. Das Haus stand mitten in einem großen Garten, der es von den Nachbargrundstücken abgrenzte. Auf der linke Seite führte eine Fahrspur zu einer baufälligen Garage.

»Hier wird es dem Major bestimmt besser gefallen«, sagte Schulz und zwängte sich aus dem Wagen. Er wischte sich mit einem Taschentuch den Schweiß von der Stirn und blinzelte gegen die Sonne, die sich in den Fensterscheiben der Villa spiegelte. »Los, gehen wir hinein.«

Wir klopften nicht an. Die äußere Glastür führte in einen kleinen Vorflur, der durch eine zweite Glastür von der Eingangshalle getrennt war. Schulz drückte die Klinke hinunter, rief ein warnendes »Hallo« und trat ein. Selbst Schulz, der ein so freundliches und väterliches Wesen hatte, strahlte in diesem

Moment jene Anspruchshaltung aus, die allen Deutschen damals zu Eigen war.

Wir hörten Stimmen und Schritte aus verschiedenen Ecken des Hauses. Einer nach dem anderen kamen die Bewohner der Villa in die Eingangshalle. Sobald alle versammelt waren, teilte ich ihnen die schlechten Nachrichten mit. Eine der Familien kam aus der Ukraine, die anderen waren Polen. Ich erklärte ihnen, dass ein deutscher Major das Haus in Besitz nehmen wolle und den Bewohnern großzügigerweise zwei Wochen Zeit gäbe, es zu räumen. Mir brach es beinahe das Herz, als ich die Blicke auffing, mit denen sie mich ansahen. Ich konnte mir lebhaft vorstellen, was sie von mir hielten – ein polnisches Mädchen, das für den Feind arbeitete. Aber ich hatte keine Wahl! hätte ich ihnen so gern gesagt. Ihr müsst das verstehen!

Keiner von ihnen wagte zu widersprechen. Das Haus war von seinem rechtmäßigen Besitzer, einem wohlhabenden jüdischen Architekten, verlassen worden, woraufhin die beiden Familien eingezogen waren. So gesehen war es einfach ein Zufall, dass die Deutschen es nicht bereits früher in Beschlag genommen hatten. Jetzt war das Unvermeidliche eingetreten: Die Familien mussten ausziehen.

Schulz und ich begannen unseren Rundgang durch das Haus. Schulz meinte, dass es dem Major sehr gut gefallen würde. Im Erdgeschoss befanden sich ein Speiseraum, ein Salon, in dem ein Flügel und ein Grammophon standen, und eine Bibliothek. Die meisten dieser Räume hatten Fenster, die zum Garten hinausgingen, und überdachte Terassen, an denen wilder Wein rankte. Oben gab es mehrere Schlafräume und Bäder. Die Küche war riesig und daneben befand sich ein kleines Zimmer, in dem ich wohnen würde. Als ich hinter Schulz die Treppe hinabstieg, die in den Keller führte, fühlte ich ein erstes Kribbeln der Aufregung in mir.

»Es ist alles so wohl durchdacht hier unten!«, staunte ich. »Eine Kochnische, ein Badezimmer und die vielen Vorratsräume … War dies die Unterkunft für die Dienstboten?« Ich betätigte den Lichtschalter und wir betraten einen Kellerraum, in dem der Heißwasserkessel stand. Ein riesiger Kohleofen, wegen der Sommermonate außer Betrieb, befand sich in einer düsteren Ecke. Daneben lag ein Berg Kohle. Mein Blick wanderte die Kohlenrutsche entlang nach oben. Während ich zurück in den Hauptkellerraum ging, schlug mein Herz immer schneller. Hier unten konnten ohne Probleme mehrere Menschen leben.

»Ich finde, dass dies ein geeignetes Haus ist. Was meinen Sie?«, fragte Schulz auf dem Rückweg zur Treppe.

Ich holte tief Atem und stieß ihn langsam wieder aus. »Es ist perfekt!«

Der Wettlauf

Nachmittags in der Waschküche beschrieb ich die Villa und ihre Kellerräume. Während ich sprach, nickte Lazar Haller immer wieder kurz mit dem Kopf.

»Ich glaube, ich weiß, welches Haus Sie meinen«, sagte er. »Ein jüdischer Architekt hat es gebaut. Es gab Gerüchte, dass er irgendwo ein Geheimversteck eingebaut hat.«

»Offensichtlich hat es niemandem etwas genutzt«, sagte Steiner zynisch.

Die anderen hielten mit ihrer Arbeit inne. Die Stille, die auf Steiners Bemerkung hin entstand, war so gewaltig, dass man die Seifenlauge im Waschzuber leise blubbern hörte. Draußen fuhr ein Lastwagen mit heulendem Motor über den Hof.

Clara Bauer presste ihre Handflächen gegeneinander. Ihre Wangen waren gerötet. »Vielleicht hat es Gott gewollt, dass er uns etwas nutzt. Meinen Sie denn, wir könnten uns dort verstecken?«

»Da bin ich sicher«, antwortete ich. »Wenn die Arbeiten beendet sind, werde ich Sie alle hineinschmuggeln. Ich denke, wir machen es am besten ein oder zwei Wochen, bevor das Haus fertig ist. So haben wir genug Zeit für die Planung.«

»Wir haben gebetet, dass so etwas passieren möge«, sagte Ida. »Gott hat unsere Gebete erhört.«

Wieder schwiegen wir für eine Weile. Vielleicht hatten alle die gleichen Gedanken wie ich – dass Gott schon so viele andere Menschen nicht erhört hatte. Aber dies war jetzt unsere Chance und ich zögerte nicht einen Moment lang, sie zu ergreifen.

In der Zwischenzeit durfte ich jedoch nicht außer Acht lassen, dass die Vorbereitungen für Rokitas schreckliches Vorhaben zügig voranschritten. Ich hinterließ hinter einem Schrein der Heiligen Jungfrau in der Stadt eine kurze Nachricht für Helen, dass sie zwei Tage später dort auf mich warten sollte. Wir hatten uns auf diese Art der Kommunikation geeinigt, weil wir beide den Telefonverbindungen nicht trauten. Als ich am Ende der Woche mit einem kleinen Sträußchen Gänseblumen bei dem Schrein ankam, war Helen bereits dort und hielt ihren Kopf wie im Gebet gesenkt.

»Wir müssen die Nachricht so schnell wie möglich verbreiten«, flüsterte ich, während ich mich hinkniete, um meine Blumen niederzulegen. »Die SS will das ganze Ghetto auslöschen und alle Menschen aus dem Arbeitslager bis zum Monatsende fortbringen.«

»Ich schätze, sie meinen, dass dies wegen der Russen nötig ist«, antwortete Helen und bekreuzigte sich, die Augen auf die Statue der Jungfrau geheftet. »Die Deutschen wollen vermeiden, dass die Juden befreit werden, wenn sie weiter vorrücken.«

Ich faltete meine Hände und schloss die Augen, als ob auch ich betete. »Wie können wir die Information verbreiten? Es wird gar nicht so einfach, sie in der ganzen Stadt zu streuen.«

»Ich könnte dir mein Fahrrad leihen, wenn dir das hilft.«

»Gut! Kannst du es morgen herbringen?«

»Ja. Ich werde die Menschen auf dem Land warnen, so gut es geht. Ich komme mit dem Fuhrwerk.«

Hinter uns hörten wir Schritte und Helen bekreuzigte sich noch einmal und ging dann fort. Wir hatten einander während der Unterhaltung nicht ein einziges Mal angeschaut. Ich blieb noch einige Minuten länger bei dem Schrein und kehrte dann zum HKP zurück.

Als ich gerade am Wachhäuschen vorbeikam und den Hof betreten wollte, kam mir ein Wagen entgegen, hinter dessen Scheiben ich Major Rügemer erkannte, der offenbar das Gelände verlassen wollte. Er winkte, als er mich sah, und ich blieb stehen und beobachtete, wie sein Wagen um die Ecke bog und aus meinem Blickfeld verschwand. Danach warf ich dem Wachposten einen flüchtigen Blick zu. Er grinste mich unverschämt an.

»Na, wie gefällt es Ihnen mit der alten deutschen Knackwurst?«, fragte er mich.

Als ich ihn verständnislos anschaute, zwinkerte er mir mit einem lüsternen Blick zu und machte eine obszöne Bewegung mit seinen Hüften. Ich wurde puterrot und während ich mich rasch davonmachte, verfolgte mich sein höhnisches Gelächter. Offensichtlich munkelte man, dass ich die Geliebte des Majors war. Eigentlich hätte ich es ahnen müssen und doch traten mir in diesem Moment die Tränen in die Augen, weil ich mich so erniedrigt fühlte. Ich bog um die Ecke des nächsten Gebäudes und lehnte mich gegen die Wand, um mich zu beruhigen. Die Sonne brannte heiß auf mein ohnehin erhitztes Gesicht. Am Fuß des Fahnenmastes spielte ein Spatzenpärchen im Schmutz, dass die Sandkörner nur so herumwirbelten. Ich schaute den Vögeln einen Augenblick lang bei ihrem Treiben zu und versuchte, meine Gedanken zu sammeln.

Wenn ich für die Geliebte des Majors gehalten wurde, würde es gar nicht weiter auffallen, wenn man mich in seinem Büro anträfe. Wenn man mich für die Geliebte des Majors hielt, gab es keinen Ort am HKP, der für mich tabu war. Ich stieß mich von der Wand ab und war drauf und dran, zu dem Wachposten zurückzugehen und ihm eine lange Nase zu machen. Mit der größtmöglichen Selbstverständlichkeit ging ich auf das Fabrikgebäude zu und betrat Rügemers Büro. Niemand war da. Seine letzte Sekretärin war ein oder zwei Wochen zuvor nach Berlin zurückgekehrt und bisher hatte man noch keine Nachfolgerin gefunden. Ich öffnete die rechte Schreibtischschublade. Darin lagen, genau wie ich es beim letzten Mal beobachtet hatte, von Rokita und Rügemer unterschriebene Passierscheine. Ich nahm ein paar davon an mich und stopfte sie in die Tasche meiner Schürze. Sie würden sich noch als nützlich erweisen, dessen war ich mir sicher.

Und so war es auch. Während der nächsten Tage fuhr ich mit Helens Fahrrad durch die ganze Stadt, und jedes Mal, wenn ich einen Mann oder eine Frau traf, die einen gelben Stern trugen, flüsterte ich ihnen kurz meine Warnung zu: Verstecken Sie sich, laufen Sie fort, die Liquidierung der Juden steht kurz bevor. Wenn ich von einer Wache angehalten wurde, zog ich einen meiner Passierscheine heraus, lächelte ihn freundlich an und fuhr mit meinem Fahrrad weiter durch die Sonne. Aus dem HKP zu entkommen, um »frische Luft zu schnappen«, stellte nie ein Problem dar. Schulz erlaubte es mir jedes Mal, aber er schaute mir nie direkt in die Augen, wenn er sagte, ich könne eine Stunde freinehmen. Manchmal war ich kurz davor, ihn bei den Armen zu fassen und ihn zu zwingen, mich anzusehen und zuzugeben, dass er wusste, was ich tat. Aber im letzten Moment schreckte ich doch davor zurück, genauso wie er. Er ließ mich gehen und erkundigte sich hinterher niemals, wie mein Ausflug gewesen war.

Fast täglich fuhr ich bei der Villa vorbei, um mir ein Bild von der Situation zu verschaffen. Den beiden Familien hatte man bis zum Monatsende Zeit gegeben, auszuziehen, aber ich versuchte, sie zu größerer Eile anzutreiben. Die Tatsache, dass Rokita sich jetzt immer öfter für eine längere Zeit nicht im HKP blicken ließ, ließ mich ahnen, dass die Zeit drängte. Immer wieder hatte ich das Bild vor Augen, wie ich ein Wettrennen gegen den Sturmbannführer lief. Ich musste die Bewohner des Hauses loswerden, die Maler hineinlassen und meine Freunde dort verstecken, bevor er das Ziel erreicht hatte.

Und dann kam der 15. Juli. Rokita tauchte überraschend beim Abendessen auf, plauderte und scherzte mit den anderen Offizieren und sprach an der Bar einen Toast auf den Führer, bevor er sich an Major Rügemers Tisch niederließ. Die Fenster des Speisesaals standen weit offen und ließen die sommerliche Abendluft herein. Jemand hatte das Grammophon angestellt und an einem der Tische stießen die Männer auf die Geburt eines kleinen Jungen an, den die Frau eines der Offiziere gerade in Düsseldorf zur Welt gebracht hatte. Der frisch gebackene Vater war bereits betrunken und hielt eine schwülstige Ansprache. Die anderen brüllten vor Lachen, schlugen ihm kameradschaftlich auf die Schulter und drängten ihn, noch mehr Wein zu trinken.

Rokita nahm seine Serviette aus dem Ring und nickte in Richtung der feiernden Tischrunde. »Bald werden wir alle einen Grund zum Feiern haben«, sagte er zum Major gewandt.

Ich hatte gerade ein Tablett auf dem Tisch abgesetzt und stellte einen Brotkorb, eine Schüssel Salat und eine Platte Spätzle ab. Der Major nahm sich eine Scheibe Brot und brach abwesend ein Stück davon ab. Als das Gelächter der Männer erneut anschwoll, zuckte er zusammen.

»Wie meinen Sie das?«, fragte er Rokita müde.

Rokita grinste. »Weil, mein lieber Herr Major, Ternopol am zweiundzwanzigsten dieses Monats judenrein sein wird. Ist das nicht großartig?«

Ich nahm mein Tablett und ging zurück zur Küche. Mein

Kopf fühlte sich leer an und alles begann vor meinen Augen zu verschwimmen. Ich stieß die Küchentür auf und ließ das leere Tablett auf einen Tisch fallen, bevor ich mich über das Spülbecken beugte. Ich befürchtete, mich übergeben zu müssen. Ich würgte, brachte aber nichts hervor außer dem bitteren Geschmack nach Galle.

Schulz drehte den Wasserhahn auf und benetzte mein Gesicht. »Irene? Was ist los?«

Ich konnte nicht sprechen. Ich hatte die merkwürdige Empfindung, als müsse ich mich aus meiner eigenen Haut herausschütteln, als sei mein Körper eine überflüssige Last, die nicht mit meinen Gefühlen zusammen existieren konnte. Obwohl ich es wollte, konnte ich mich nicht hinsetzen, ich blieb wie erstarrt stehen.

»Irene?«

Mit zitternden Händen wischte ich mir über den Mund und griff nach dem Handtuch, das er mir reichte. Einen Moment lang begegneten sich unsere Blicke, dann wandte er sich ab, ohne weiter nachzufragen.

»Gehen Sie ein bisschen an die frische Luft«, sagte er ruhig.

Ich stolperte zur Tür hinaus. Am Himmel waren die letzten blutroten Streifen der Sonne zu sehen. Ich starrte auf die Tür zur Waschküche auf der gegenüberliegenden Seite des Hofes. In diesem Moment erschien sie mir wie der Eingang zu einer düsteren Gruft.

Der nächste Morgen war der 16. Juli. Die Villa, die für meine Freunde die letzte Hoffnung darstellte, war noch nicht fertig. Nicht nur, dass die Räume noch nicht renoviert waren, sie waren noch nicht einmal geräumt worden. Während ich mich anzog, überlegte ich, ob ich ihnen erzählen sollte, was ich erfahren hatte. Dass uns nur noch sechs Tage blieben. Sie würden am Boden zerstört sein. Zu diesem Zeitpunkt waren in der Waschküche noch sechs Arbeitskräfte beschäftigt: Ida und

Lazar Haller, Clara und Thomas Bauer, Moses Steiner und Fanka Silberman. Sechs Menschen, sechs Tage Zeit. Eine Viertelstunde lang saß ich auf meine Bettkante, starrte auf einen Fleck hellen Sonnenlichts auf dem kahlen Fußboden und dachte darüber nach, was ich tun sollte. Schließlich entschied ich mich dafür, ehrlich zu sein. Vielleicht würden wir gemeinsam eine Lösung finden.

»Das schaffen wir nie«, sagte Steiner, nachdem ich ihnen erzählt hatte, was ich wusste.

Fanka unterdrückte einen Aufschrei, woraufhin Ida das Mädchen in die Arme schloss. »Psst, Steiner. Schäm dich, dass du gar keine Hoffnung mehr hast.«

»Es ist Zeit, zu fliehen«, sagte Thomas Bauer. »Lasst uns versuchen, in den Wald zu kommen.«

»Nein, wartet«, drängte ich. »Ich weiß nicht, ob ich euch hinbringen könnte, und anders ist es zu gefährlich. Lauft nicht weg. Wir können –« Während ich in der Waschküche hin und her ging, spürte ich ihre Blicke auf meinem Rücken. »Geht am einundzwanzigsten nicht ins Lager zurück. Bleibt hier. Ich werde euch über Nacht einschließen. Am nächsten Tag sollte die Villa leer sein, und irgendwie –«

»Irgendwie, Irene?«, drängte Lazar.

»Ja, irgendwie! Irgendwie schaffe ich euch dort hinein!«, versprach ich.

Clara warf ihrem Mann einen raschen Blick zu. Sie war kreidebleich im Gesicht. »Irene, sie werden dich schnappen. Sie werden uns alle schnappen. Wir haben keine Chance. Lass uns allein versuchen, zu entkommen. Dann bist wenigstens du nicht in Gefahr.«

Verzweifelt machte ich einen Schritt auf sie zu und ergriff ihre Arme.«Bitte! Bitte lauft nicht weg! Ich schaffe das!«

Steiner schüttelte den Kopf und wandte sich ab.

»Es liegt in Gottes Händen«, sagte Lazar. »Und in Irenes.« Er versuchte zu lächeln, um mich zu beruhigen. Mich! Ihr

Vertrauen beschämte mich. Wie konnte ich mir anmaßen, sie retten zu wollen?

Aber ich hatte es ihnen versprochen. Ich musste es schaffen.

Die folgenden fünf Tage waren ein einziger Albtraum. Jedes Mal, wenn ich die Waschküche betrat – und ich musste hingehen, musste trotz der drängenden Situation meine normale Tagesroutine erledigen –, sah ich in die fragenden Augen meiner Freunde und musste ihnen versichern, dass alles gut gehen würde. Und jedes Mal, wenn ich wieder ging, standen mir die Tränen in den Augen.

Der 21. Juli. Helen hatte mir die Nachricht hinterlassen, dass sie am Wachhäuschen auf mich warten wolle. Tatsächlich traf ich sie dort an und brachte sie gleich in mein kleines Zimmer, wo sie prompt zusammenbrach. Henry sollte noch am selben Abend Rokitas Haus verlassen und sich sofort in das Ghetto begeben.

»Was soll ich nur tun, Irene?«, stöhnte sie und raufte sich verzweifelt die Haare, während ihr die Tränen die Wangen hinunterliefen. »Ich kann ihn nirgendwo verstecken, auf dem Hof gibt es keinen geheimen Platz! Sie würden ihn sofort entdecken!«

Ich rutschte dichter an sie heran und sprach ihr direkt ins Ohr. Bei dem Gedanken, dass draußen auf dem Flur die deutschen Offiziere hin und her gingen, bekam ich eine Gänsehaut. »Helen, versuche ruhig zu bleiben. Ich habe ein Haus. Morgen Abend wird Henry dorthin gehen können. Er muss sich nur für heute Nacht und morgen tagsüber versteckt halten. Wenn es dunkel geworden ist, soll er durch die Kohlenrutsche in den Keller kommen. Kannst du ihm das irgendwie mitteilen?«

Sie wandte sich zu mir um und starrte mich verständnislos an. »Was? Wie hast du –«

»Hast du mich verstanden?«, zischte ich.

Sie nickte langsam. »Ja.«

Ich flüsterte ihr die Adresse zu und zog sie von der Bettkante hoch. »Geh jetzt. Sag ihm Bescheid.«

Sie rannte beinahe den Flur hinunter. Ich schaute ihr nach und bereitete mich innerlich darauf vor, einen weiteren Tag lang vorzugeben, dass alles in Ordnung war.

Später am Nachmittag fuhr ich bei jedem Geräusch zusammen. Ich stopfte ein paar schmutzige Handtücher in einen Wäschekorb und überquerte den Hof. Jüdische Arbeiter aus der Fabrik wurden in Lastwagen verladen, um ins Arbeitslager zurückzukehren. Ein Laster war bereits durch das Tor gefahren, man hörte, wie der Fahrer den nächsten Gang einlegte, als er auf die Straße einbog. Ich ging in die Waschküche.

Meine sechs Freunde sahen mich erwartungsvoll an. Lazar stand neben der provisorischen Wand aus Regalen.

»Jetzt«, sagte ich.

Ohne ein Wort zu verlieren, trat Thomas neben Lazar und sie begannen, die beiden Regale wegzuschieben, die die geheime Öffnung versperrten. Ida schob Fanka vor sich hinein und zwängte sich dann selbst hinterher. Als Nächste folgte Clara, dann Steiner und Thomas. Wir hörten, wie draußen weitere Lastwagen vorfuhren. Lazar sah mich noch einmal an, duckte sich dann und kroch in die Öffnung zwischen den beiden Regalen. Während ich sie wieder zurückschob und einige Kisten und Flaschen möglichst unauffällig darauf verteilte, hörte ich von draußen Stimmen und Rufe. Bei einem flüchtigen Blick würde man nichts Ungewöhnliches bemerken, aber einer gründlichen Durchsuchung würde das Versteck nie und nimmer standhalten. Im Moment konnte ich aber nicht mehr tun. Meine Hände zitterten ein wenig, als ich die Waschküchentür von außen abschloss. Ich sah, wie die armen Menschen in die Lastwagen kletterten.

Abermals fuhren zwei Wagen vom Hof. Ich versuchte zu beten, aber in meinem Kopf fanden die Worte nicht in der richtigen Reihenfolge zueinander. Ich wollte »Heiliger Vater« sagen, aber es gelang mir nicht. Ich hatte das Gefühl, dass Er weit weggegangen sei und Seinen Namen mitgenommen haben musste.

Ein plötzlich aufblitzender Lichtstrahl blendete mich. Ich schaute hoch und sah, wie sich ein Fenster in dem Teil des Fabrikgebäudes, in dem die Sekretärinnen untergebracht waren, nach außen öffnete. Eine Frau lehnte sich über das Fensterbrett. Sie beobachtete, wie die Lastwagen abfuhren, und tippte die Asche von ihrer Zigarette ab. Irgendetwas brachte sie zum Lachen – vielleicht hatte eine andere Frau in dem Zimmer einen Scherz gemacht. Dann drehte sie sich wieder vom Fenster weg. Sie nahm nicht die Spur Anteil an dem, was vor ihren Augen vor sich ging. Wenn ich in diesem Moment im Besitz einer Waffe gewesen wäre, hätte ich sie, ohne zu zögern, erschossen.

Ich eilte zum Speisesaal, um die Tische für das Abendessen vorzubereiten. Schulz stand hinter der Bar und einige der Offiziere saßen mit ihren Getränken an einem Tisch weiter hinten.

»Oh, Irene«, sagte Schulz, als er mich sah. »Ich habe vergessen, Ihnen Bescheid zu sagen. Heute Abend brauchen wir kein Abendessen zu servieren. In der Stadt wird ein Konzert gegeben und anschließend findet eine kleine Feier statt. Sie werden fast alle dorthin gehen.«

Ich stand da und starrte das riesige Porträt von Hitler an der Wand gegenüber an. »Oh, das wusste ich nicht.«

Eine der Sekretärinnen trat ein, es war die Frau, die ich eben noch oben am Fenster beobachtet hatte.

»Herr Schulz, eine Flasche Wein und ein paar Gläser bitte, ich möchte sie mit hinaufnehmen, damit wir etwas zu trinken haben, während wir uns fertig machen«, sagte sie. Mich würdigte sie keines Blickes.

»Natürlich, Fräulein.«

Während Schulz mit dem Korkenzieher hantierte, kam einer der jüngeren Offiziere herbeigeschlendert. »Na, macht ihr euch ein bisschen fein für die SS-Jungs?«

Sie antwortete mit einem koketten Augenaufschlag: »Oh, erwarten wir die SS heute noch?«

»Sie kommen morgen, um nach Juden zu suchen. In den letzten Tagen sind so viele verschwunden – vielleicht versteckt sich ja einer in diesem Moment unter Ihrem Bett! Soll ich rasch mitkommen und nachsehen?«

Sie schnaubte verächtlich und nahm Schulz die Weinflasche aus der Hand. »Nein, vielen Dank. Wenn ich einen erwische, werde ich ihm hiermit eins überziehen«, sagte sie und ging davon.

Der Offizier lachte und Schulz gluckste leise in sich hinein. »Vielleicht hätte sie nichts dagegen gehabt, wenn Sie bei der SS wären«, bemerkte er.

Ein Soldat steckte seinen Kopf durch die Tür. »Herr Schulz, sind Ihre Arbeiter schon weg? Wir beladen gerade den letzten Transport.«

Bevor Schulz etwas antworten konnte, machte ich einen Schritt nach vorn. »Sie sind schon früher abgeholt worden. Ich habe die Waschküche bereits abgeschlossen.«

Der Soldat ließ seinen Blick zwischen Schulz und mir hin und her wandern. »Tatsächlich?«

Ich nickte mühsam. »Ja. Möchten Sie sich vergewissern?«

»Ja, ich schaue selbst nach – dann kann ich wenigstens sicher sein«, erwiderte der Soldat zögernd.

Ich zwang mich abermals, zu nicken, automatisch wie eine Marionette. »Hier entlang.«

Schulz kam mit. Ich brachte es nicht fertig, ihn anzuschauen. Wir verließen das Hotel und überquerten den Lagerhof. In der Hoffnung, meine Freunde dadurch zu alarmieren, verfiel ich in ein munteres, fast hysterisches Geplauder.

»Wir müssen uns über die Seife beschweren, die sie uns aus

Berlin geschickt haben, Herr Schulz. Sie ist wirklich völlig untauglich. Haben Sie eine Ahnung, woraus sie hergestellt wird? Die Weißwäsche ist gar nicht richtig sauber zu bekommen. Als ich noch klein war, breitete meine Mutter die Bettlaken immer auf der Wiese in der Sonne auf, um sie zu bleichen. Sie dufteten dann einfach wunderbar! Hier ist der Boden natürlich zu schmutzig –« Ich klapperte laut mit dem Schlüsselbund, bevor ich den Schlüssel in die Waschküchentür steckte. »So, da wären wir!«

Ich stieß die Tür auf und betätigte den Lichtschalter. Mein Herz hämmerte wie wild. Schulz begleitete den Soldaten hinein. Der Mann ging ein paar Schritte hin und her und drehte sich dann um. Der Raum war nicht sehr groß und außer der Regalwand gab es keine Stauräume. Er zuckte die Achseln und trat wieder hinaus. Ich steckte den Schlüssel ins Schlüsselloch und schloss sorgfältig ab.

»Wie ich Ihnen sagte, sie sind bereits weg«, bemerkte ich.

Der Soldat zuckte abermals die Achseln und ging dann auf die Lastwagen zu, die in einer Reihe auf dem Hof standen. Schulz machte sich, ohne ein Wort zu verlieren, auf den Weg in die Küche.

Gegen sechs Uhr abends hatten die meisten Offiziere und ihre Sekretärinnen aufgeregt plaudernd und lachend das Gelände verlassen. Selbst Schulz wollte das Konzert hören und war schon gegangen. Nur zwei der Offiziere waren zurückgeblieben, da sie wegen einer Grippe das Bett hüten mussten. In dem von der Sommersonne aufgeheizten Hotel herrschte eine beinahe unnatürliche Stille. Bald schon, ich wusste nicht genau, wann, sollten die SS-Männer eintreffen. Bis dahin musste ich ein neues Versteck für sechs Menschen gefunden haben.

Um mich irgendwie zu beschäftigen, betrat ich Major Rügemers Wohnräume. Ich hatte dort schon oft sauber gemacht, wenn er vor den Mahlzeiten hinunterging, um einen Aperitif zu nehmen. Wenn er gebadet hatte, mussten die benutzten

Handtücher gegen frische ausgetauscht werden. Ich öffnete die Badezimmertür.

Durch die Milchglasscheibe des Fensters fiel gedämpftes Licht herein, das ein bizarres Lichtspiel auf die gegenüberliegende Wand warf, weil ein Ast vor dem Fenster schaukelte. Ich stand einen Moment lang gedankenverloren da und träumte mich an einen Ort, an dem es keine Angst gab, kein absurdes Wettrennen gegen die SS, nur die glitzernde Reflexion des Sonnenlichts auf einer Wasseroberfläche. Durch ein geöffnetes Flurfenster hörte ich das Gurren einer Taube.

In diesem Augenblick fiel mein Blick auf ein Gitter hoch oben an der Wand über der Toilette. Es war mir bisher noch nie aufgefallen, aber die tanzenden Sonnenflecken lenkten meine Augen unwillkürlich dorthin. Ich legte meinen Kopf auf die Seite und versuchte, die Größe des Gitters abzuschätzen. Es musste ungefähr einen Quadratmeter groß sein.

Neugierig geworden, stellte ich mich auf den Toilettendeckel, zwängte meine Finger durch die Stäbe und zog an dem Gitter. Ich spürte einen Widerstand, aber nach einer Weile gab es nach und ließ sich herausziehen. Ich stellte mich auf die Zehenspitzen, hielt mich an einer Leiste fest und versuchte, in das Loch in der Wand zu spähen. Dahinter begann ein Schacht, vielleicht ein Belüftungsschacht, der sich in der Dunkelheit verlor. Ich angelte einen losen Knopf, den ich kürzlich vom Boden der Waschküche aufgelesen hatte, aus meiner Schürzentasche und warf ihn in die Öffnung. Es klang, als ob er erst einige Meter weit entfernt liegen blieb. Der Schacht schien groß genug für sechs Menschen zu sein. Er musste groß genug sein. Ich würde kein besseres Versteck als das Badezimmer des befehlshabenden Offiziers finden.

In diesem Moment verfluchte ich das spätsommerliche Sonnenlicht, das noch immer auf die dem Fenster gegenüberliegende Badezimmerwand fiel. Ich würde bis zum Einbruch der Dunkelheit warten müssen und konnte nur hoffen, dass es mir gelang, meine Freunde in dem Schacht zu verstecken, bevor die Deutschen von ihrer Feier zurückkamen und die Suchtrupps eintrafen.

Die »Aktion«

Am frühen Abend brachte ich den beiden kranken Offizieren heißen Tee. Ich machte unnötig viel Aufhebens um sie und drängte sie, ihre Medizin mit reichlich Schnaps einzunehmen, den ich vorsorglich aus der Bar mit nach oben genommen hatte. Um halb zehn gehörte das Hotel mir allein.

Trotzdem huschte ich auf dem Weg zur Waschküche beim Überqueren des Hofes von einem Schatten zum nächsten. Am Himmel stand ein fahler Mond und die ganze Anlage wirkte dunkel und still. Der diensthabende Soldat am Haupttor stand mit dem Rücken zum Wachhäuschen und blickte auf die Straße. Mucksmäuschenstill schloss ich die Waschküchentür auf und schlüpfte hinein. Ich schaltete kein Licht ein.

An den Regalen machte ich kurz das verabredete Kratzzeichen und berichtete dann flüsternd von dem Belüftungsschacht. Lazar und Thomas boten an, ihn zu inspizieren. In der Dunkelheit sah ich nur ihre Schatten, die sich unter den Regalen hervorzwängten. An der Tür schauten wir kurz nach, ob die Luft rein war, und huschten dann die dreißig Meter zum Hintereingang des Hotels hinüber. Als wir in der Eingangshalle standen, stellten wir fest, dass auf der gegenüberliegenden Seite neben der Außentür zwei Lampen brannten. Einige der Feiernden würden sicher durch diese Tür zurückkehren. Ich blickte mich nach Thomas und Lazar um, wies auf das Treppenhaus und bedeutete ihnen, mir in den dritten Stock zu folgen.

Das Gitter aus der Wand zu nehmen war eine Sache von

Sekunden. Dann schob Lazar Thomas durch die Öffnung. Der Schacht ächzte unter Thomas Gewicht, der auf Knien und Ellenbogen vorwärtsrobbte.

»Ist es groß genug für alle?«, fragte Lazar ungeduldig.

In Kauerstellung drehte Thomas sich um und steckte seinen Kopf aus der Öffnung. »Ja, so gerade eben. Ich denke, er wird unser Gewicht tragen.«

»Ich gehe die anderen holen«, flüsterte ich.

Es erschien mir sicherer, sie einzeln über den Hof zu bringen. Wenn ich ein Geräusch von der Straße vernahm oder der Wind einen Ast gegen ein Fenster schlug, hämmerte mein Herz bis zum Hals. Als Ida auf der letzten Treppenstufe stolperte, fing ich sie auf und wir rannten die letzten Meter zu Rügemers Badezimmer.

»Geh noch einmal auf die Toilette«, warnte ihr Mann sie. »Wir werden uns auf eine lange Zeit hier drinnen einrichten müssen.«

Ich eilte zurück, um als Letzten Steiner zu holen. Die sechs probierten aus, wie sie sich am besten in dem Schacht verteilten. Wenn bestimmte Stellen belastet wurden, knarrte er bedenklich. Ich holte Decken und Kissen aus meinem Zimmer, um die Geräusche zu dämpfen. Als Letztes brachte ich meinen Freunden etwas zu essen und ein paar Flaschen Wasser – genug, um sie den nächsten Tag überstehen zu lassen.

»Es kann gut sein, dass der Major ziemlich betrunken ist, wenn er zurückkommt, außerdem hört er sowieso nicht mehr gut«, sagte ich, angestrengt in die dunkle Öffnung spähend. »Versucht aber trotzdem, wach zu bleiben – ihr könntet sonst zu viel Lärm machen.«

»Keine Sorge, hier drin kann man nicht einschlafen«, versuchte Fanka zu scherzen.

Es war bereits Mitternacht, als ich das Gitter wieder vor der Öffnung anbrachte und auf Zehenspitzen nach unten schlich. Ich war nass geschwitzt und meine Arme und Beine zitterten von der nervlichen Anspannung, aber es galt, noch eine letzte Aufgabe zu erledigen. Ich kehrte in die Waschküche zurück und versuchte, die Nische hinter den Regalen mehr wie einen Einbauschrank und weniger wie ein Versteck aussehen zu lassen: Ich stopfte Besen, leere Eimer und eine Kiste mit Ersatzteilen für die Bügelmaschine hinein. Ich glaube, es wirkte nicht sehr überzeugend, aber immerhin gab es keinerlei Hinweise mehr, dass sich hier jemand versteckt gehalten hatte. Gegen ein Uhr taumelte ich endlich völlig erschöpft in mein Zimmer zurück und fiel sofort in mein Bett.

Aber ich konnte meine Augen nicht schließen. Während ich so dalag und in die Dunkelheit starrte, wurde ich von schrecklichen Visionen und Phantasien heimgesucht – Bilder von den entsetzlichen Dingen, die ich in den letzten Jahren erlebt hatte, Befürchtungen, was meinen Freunden zustoßen könnte. Es mochte bereits eine Stunde vergangen sein und ich war bereits schweißgebadet, als ich hörte, wie die ersten Leute von der Feier zurückkehrten.

Auf Zehenspitzen schlich ich zur Tür und lauschte. Männerstimmen, Frauenstimmen – alle waren offensichtlich angetrunken und stolperten mit unterdrücktem Gekicher über die Flure. Es klang, als kehrten Jugendliche von einer Feier heim, bei der die ersten heimlichen Küsse ausgetauscht worden waren. Der Lärm dauerte eine ganze Weile an, und gerade als ich den Eindruck hatte, dass alle zur Ruhe gekommen waren, ging es von vorn los – jemand stieß fluchend an einen Gegenstand, eine Tür knallte, irgendwo wurde mit gedämpfter Lautstärke eine Liedzeile geträllert. Dann wurden die Abstände zwischen den Ruhestörungen länger. Endlich schlief das Hotel.

Zuletzt schlief auch ich ein.

Ich wurde von Gewehrschüssen und Explosionen geweckt. Ich fuhr in meinem Bett hoch und blickte mich verwirrt um. Als ich zum Fenster trat und den dunklen Vorhang beiseite schob, hörte ich erneut das dumpfe Krachen einer Explosion. Rokitas Männer leisteten offensichtlich ganze Arbeit, in Ternopol wurde die letzte »Aktion« durchgeführt. Ich brach in Tränen aus und sie tropften auf mein Kleid, als ich mir die Schürze umband.

Schulz war schon in der Küche. Meine Augen waren vor Schreck geweitet und ich zitterte am ganzen Körper, als ich zu ihm trat. Er reichte mir eine Tasse Kaffee und legte seinen Arm um meine Schulter. »Irene, die Ausschreitungen werden bald vorbei sein. Sie müssen sich zusammenreißen.«

Durch das Fenster konnten wir beobachten, wie hinter dem Dach des Fabrikgebäudes Rauch in den Himmel stieg, dort, wo sich das Ghetto befand. Die Tür hinter uns öffnete sich und der Major trat ein. Er wirkte blass und war offensichtlich krank.

»Schulz, geben Sie mir etwas gegen meinen Kater«, sagte er und tastete nach dem nächsten Stuhl. Er setzte sich und bei jedem Knall einer Explosion oder eines Schusses zuckten seine Schultern. »Sinnloser, sinnloser Krieg«, murmelte er vor sich hin.

Im Speisesaal trafen nach und nach die Offiziere und Sekretärinnen ein. Kaum jemand sprach, und wenn, dann klang es mürrisch und gereizt. Die gesamte deutsche Belegschaft des HKP hatte einen Kater und war schlechter Stimmung. Hinter dem Hotel wurden Menschen umgebracht, aber die Offiziere und Sekretärinnen kannten kein anderes Thema als die Kopfschmerzen, die der Krach ihnen verursachte, und dass die Arbeit heute schon schwer genug fallen würde und man auf die Sprengungen durch die SS gut verzichten könne. Und mir blieb nichts anderes übrig, als diesen Leuten das Frühstück zu servieren, während ich die ganze Zeit darüber nachdachte, dass meine Freunde dieselben furchtbaren Geräusche hören mussten und sich dabei um ihre Verwandten und Freunde sorgten, die nicht hatten entkommen können.

Irgendwann war dann endlich auch der letzte Nachzügler zu seinem Arbeitsplatz aufgebrochen. Ich wartete verzweifelt auf eine Gelegenheit, die Wohnräume des Majors betreten und nach meinen Freunden sehen zu können. Kaum hatte der letzte die Tür hinter sich geschlossen, rannte ich nach oben. Die Badezimmertür stand weit offen und ich stürzte in den Raum und schloss die Tür hinter mir. Als ich gerade ansetzte, etwas zu sagen, öffnete sich die Tür hinter mir erneut.

Ich fuhr herum. Ein junger SS-Mann stand da, mit der Türklinke in der Hand. Er wurde rot vor Verlegenheit darüber, dass er mit mir ausgerechnet in einem Badezimmer zusammenstieß.

»Entschuldigen Sie, Fräulein. Tut mir Leid«, stammelte er.

Vor Schreck war mir eiskalt geworden. »Was tun Sie hier?«

»Ich – wir haben Anweisung –« Es gelang ihm schneller, sich zusammenzureißen, als mir. »Was tun *Sie* hier?«

»Ich bin Major Rügemers Haushälterin und mache hier gerade sauber. Sie befinden sich im Badezimmer des Majors. Würden Sie mich bitte entschuldigen?«

»Natürlich, Fräulein.«

Mit einem betretenen Gesichtsausdruck drehte er sich um und verließ das Bad. Offensichtlich erwartete er nicht, dass sich dort irgendwelche Juden versteckt hielten. Aber wenn er sich nur eine Sekunde Zeit genommen hätte, sich umzuschauen, hätte er die vergitterte Öffnung entdecken können. Und dann hätte er die Kontur von Ida Hallers Körper erkannt, die mit gekreuzten Beinen hinter dem Gitter saß.

Ich schloss die Tür und drehte den Schlüssel herum, bevor ich zitternd Luft holte.

»Irene!«, flüsterte Ida. »Wir müssen uns stellen. Es ist zu gefährlich für dich.«

»Nein! Wartet noch ab. Ich werde euch kurz hinauslassen, wenn die SS wieder weg ist. Unternehmt nichts, bevor ich wieder da bin!«

Mit zitternden Händen schloss ich die Badezimmertür wieder auf und schlüpfte hinaus. Ich wollte nicht mit ihnen über ihre Rettung diskutieren. Ich ging zurück an meine Arbeit, während die SS-Leute den HKP durchsuchten. Die ganze Zeit über war ich mir ihrer Anwesenheit bewusst. Ich kam mir vor wie ein Kaninchen, das genau weiß, dass der Fuchs in der Nähe ist. Jedes Mal, wenn mir einer von ihnen im Hotel begegnete, kribbelte meine Haut vor Aufregung. Am späten Vormittag waren sie schließlich mit der ganzen Anlage fertig und fuhren in ihren Lastwagen fort. Den ganzen Tag lang war die laue Sommerluft erfüllt von dem Dröhnen der Gewehrsalven und Explosionen in Ternopol und der näheren Umgebung.

Sobald die SS-Leute das Gelände verlassen hatten, schlich ich nach oben, um meinen Freunden die Gelegenheit zu geben, sich die Beine zu vertreten und die Toilette zu benutzen. Dann drängte ich sie, wieder in den Schacht zu klettern, und ignorierte ihre Bitten, ich möge doch nicht mein Leben in Gefahr bringen, um ihres zu retten. Ich sagte ihnen, dass ich von ihren Vorschlägen nichts hören wolle, brachte das Gitter wieder vor der Öffnung an und ließ sie allein.

Nach dem Mittagessen ging ich zu Fuß zur Villa. Als ich ankam, waren die Bewohner gerade im Aufbruch. Sie verfluchten mich leise und nannten mich eine deutsche Hure. Ich stand an der Seite und ließ sie an mir vorbeigehen, ohne auf ihre Beschimpfungen zu achten. In diesem Moment war mir das Leben meiner jüdischen Freunde wichtiger als meine verletzten Gefühle. Ich betete leise vor mich hin: Sie sollten sich beeilen, um die nächste Straßenecke verschwinden und nie wieder zurückkehren.

Und dann gehörte das Haus endlich *mir*. Der Major nahm wahrscheinlich an, es sei sein Haus, aber ich war da anderer Meinung. Es war mein Haus, mein Heiligtum, meine Waffe. Ich tanzte durch die Eingangshalle, drehte mich immer wieder im Kreis herum und nahm die Türrahmen genauso in Besitz wie den Kerzenleuchter auf dem Treppenabsatz und die Tür zur Kellertreppe.

Ich öffnete die Kellertür und ging nach unten. Ich nahm mir viel Zeit, alles genau zu inspizieren. Da die Räume einst für die Dienstboten vorgesehen waren, waren sie mit allem ausgestattet, was man zum Leben brauchte – zwei Schlafräume, eine Kochnische, ein Badezimmer, Schränke. Die Fenster waren ganz oben in die Wände eingelassen und befanden sich von draußen gesehen auf Höhe des Erdbodens. Wegen der Verdunklung waren sie komplett mit Pappe verkleidet, sodass man von außen nichts erkennen konnte, selbst wenn man versuchte, hineinzuspähen. Andererseits würde auch kein Licht nach draußen dringen können. Als ich den Heizkeller betrat und die Kohlenrutsche öffnete, konnte ich mich vor Begeisterung kaum beherrschen. Ich klopfte den Kohlenstaub von meinen Händen und malte mir aus, wie meine Freunde nacheinander heruntergerutscht kämen wie vergnügt spielende Kinder. Ich stellte mir sogar vor, wie ich sie, sozusagen als stolze Mutter, einen nach dem anderen auffangen und sicher auf dem Boden absetzen würde, während vom blauen Himmel die Sonne herunterschien.

Dann riss ich mich von meinen Tagträumen los und stellte mich dem nächsten drängenden Problem, das es zu lösen galt: Wie sollte ich sie aus dem Badezimmer und dann aus dem HKP hinausschleusen?

Ich würde einen Schlüssel brauchen. Der Eingang des Hotels zur Straße hin war nicht bewacht und konnte auch von dem Wachhäuschen am Haupttor aus nicht eingesehen werden. Aber nachts war diese Tür immer abgeschlossen, ich vermutete, aus Angst vor Sabotageakten oder tätlichen Angriffen durch die Einheimischen. Vielleicht sollten auch einfach nur keine unerwünschten nächtlichen Rendezvous im Hotel stattfinden. Während ich mit den Vorbereitungen für das Abendessen beschäftigt war, überlegte ich unablässig, wie ich an den Schlüsselbund des Majors herankommen konnte. Ich dachte mir eine Geschichte nach der anderen aus, was ich ihm erzählen sollte, warum ich ihn brauchte, und verwarf sie wieder. Schließlich beschloss ich, die Schlüssel einfach zu stehlen.

Auch abends noch litten alle Bewohner des Hotels unter den Folgen der Feier vom Vortag. Im Speisesaal war es während der Mahlzeit ungewöhnlich still. Das allgemeine Gemurmel wurde nur selten von einem unterdrückten Gelächter unterbrochen. Es schien, als ob alle versuchten, jedes Geräusch zu vermeiden, und viele Offiziere und Sekretärinnen entschuldigten sich früher als sonst. Nur wenige spielten noch eine Partie Billard oder nahmen nach dem Essen ein Getränk an der Bar.

Ich ging zum Tisch des Majors, an dem er allein vor einem Glas Wein saß und auf sein Abendessen starrte, das er gar nicht angerührt hatte.

»Darf ich Ihnen noch irgendetwas bringen, Herr Major?«

Er schaute zu mir hoch. Weil sich das Licht in seinen dicken Brillengläsern spiegelte, konnte ich seine Augen nicht erkennen. Er schien mich mit einem ausdruckslosen Blick anzusehen.

»Ich glaube, ich möchte vor dem Schlafengehen gern noch ein Glas warme Milch trinken, Irene. Ich möchte etwas einnehmen, das mir beim Einschlafen hilft. Heute war ein grauenhafter Tag.«

Während ich begann, das Geschirr von seinem Tisch abzuräumen, versuchte ich, die Aufregung in meiner Stimme zu verbergen. »Oh, es tut mir Leid, das zu hören, Herr Major. Ich werde Ihnen gern etwas Milch auf Ihr Zimmer bringen.«

Er rückte mit seinem Stuhl nach hinten. »Gut. Und morgen werde ich einige Männer in die Villa schicken, die dort anstreichen sollen. Wenn Sie bitte dabeibleiben und ihre Arbeit überwachen würden …«

»Natürlich.«

Ich zog ihn geradezu von seinem Stuhl hoch auf die Beine und schob ihn aus dem Speisesaal – ich konnte es kaum noch erwarten, ihn wie betäubt im Bett liegend zu sehen. Am Fuß der Treppe ließ ich ihn allein und rannte zurück in die Küche, um seine Milch heiß zu machen, und fünf Minuten später klopfte ich bereits an seine Tür.

Major Rügemer nahm das Glas von dem kleinen Tablett und legte eine winzige, weiße Pille auf seine Zunge. Während er sie mit der Milch hinunterspülte, warf ich einen raschen Blick auf seinen Toilettentisch. Dort lagen seine Schlüssel.

Er gab mir das leere Glas zurück. »Vielen Dank, Irene. Gute Nacht.«

»Schlafen Sie gut, Herr Major«, sagte ich und ging hinaus.

»Hmm? Was sagten Sie?«

Ich lächelte und wiederholte mit lauter Stimme: »Gute Nacht, Herr Major!«

Ich ließ die Tür leicht angelehnt und eilte die Treppen hinunter in mein Zimmer. Vor mir lag die zweite Nacht, in der ich Wache halten und abwarten musste, bis das ganze Hotel schlief. Ich wagte nicht, mich hinzulegen, und setzte mich deshalb auf die Bettkante. Obwohl meine Nerven zum Zerreißen angespannt waren, fühlte ich mich so erschöpft, als hätte ich den ganzen Tag Steine geschleppt. So saß ich da, hielt durch meine geöffnete Zimmertür den Flur im Auge und lauschte auf die immer seltener werdenden Geräusche. Endlich blieb es still. Ich schlüpfte aus meinen Schuhen und schlich auf Zehenspitzen nach oben in den dritten Stock.

Vor der Tür zum Schlafraum des Majors blieb ich stehen und lauschte. Ich hörte ihn schwer atmend schnarchen. Plötzlich schoss mir die Erinnerung daran durch den Kopf, wie ich mich gefühlt hatte, wenn ich während meiner Schulzeit hinter dem Bühnenvorhang auf meinen Auftritt wartete und in der nächsten Sekunde in das helle Licht hinaustreten musste.

Jetzt spürte ich das gleiche Flattern im Magen und dieses Kribbeln zwischen den Schulterblättern. Ich straffte meinen Rücken, holte tief Atem und betrat das Zimmer.

Aus dem Flur fiel ein Lichtstrahl quer durch das Zimmer auf den Toilettentisch. Ich blickte flüchtig zu dem Bett hinüber, das in einer dunklen Ecke stand. Der Major schnarchte immer noch. Ich umschloss den dicken Schlüsselbund mit meiner ganzen Hand, um jedes Geräusch zu vermeiden, verließ das Schlafzimmer wieder und schloss die Tür hinter mir ab. Ich weiß nicht mehr, was ich mir vorstellte, was passieren würde, wenn der Major aufwachte und sein Zimmer verlassen wollte. Mit Sicherheit hätte es einen Riesenaufstand gegeben. Aber ich wollte ihn auf gar keinen Fall in sein Badezimmer lassen, bevor ich meine Freunde hinausgebracht hatte.

Sie waren völlig steif, verkrampft und übermüdet. Einer nach dem anderen ließen sie sich aus der Öffnung zum Belüftungsschacht herunter und rieben sich die schmerzenden Glieder. Fanka kreiste mit den Armen, um ihren Blutkreislauf in Schwung zu bringen, und Steiners Rücken knackte hörbar, als er sich durchstreckte.

»Wir müssen uns beeilen«, sagte ich, öffnete die Tür und spähte hinaus. Ich winkte sie hinter mir her und wir schlichen im Gänsemarsch die Treppen hinunter, so schnell es ihr körperlicher Zustand erlaubte. Dann standen sie um mich herum und beobachteten ängstlich meine Versuche, den richtigen Schlüssel zu finden. Schließlich bekam ich die Vordertür auf und wir traten hinaus in die kühle Nachtluft.

»Ihr kennt die Adresse«, flüsterte ich. »Ihr kommt durch die Kohlenrutsche an der linken Seite des Hauses hinein, wartet im Keller auf mich. Ich werde morgen ganz früh kommen. Nun geht! Bleibt immer im Schatten, Gott schütze euch!«

Einen Moment später waren sie in der Dunkelheit verschwunden. Ich schloss die Tür wieder ab, brachte den Schlüsselbund zurück in Rügemers Schlafzimmer und warf mich dann auf mein Bett. Ich sagte mir immer wieder, dass sie es schaffen würden, und erlaubte mir nicht, an eine andere Möglichkeit zu denken.

Bevor ich einschlief, fühlte ich noch eine Welle des Triumphes in mir aufsteigen: Rokita glaubte, dass Ternopol in dieser Nacht »judenrein« wäre, dass er mit seinen »Aktionen« die Juden dieser Stadt ein für alle Mal »ausgerottet« hätte. Aber auch ich hatte eine Aktion unternommen. Es gab mindestens noch sechs Juden in der Stadt. Solange ich dafür sorgen konnte, würde Ternopol niemals »judenrein« werden.

Die Villa

Sobald ich am nächsten Morgen mit dem Abräumen der Frühstückstische fertig war, eilte ich zur Villa. Ich lief so schnell, dass mir der Schweiß ausbrach und ich Seitenstechen bekam. Ich schloss die Haustür auf und trat ein. Angstvoll lauschte ich, ob irgendwelche Maler schon mit ihren Leitern gegen die Möbel polterten, aber im Haus war es ganz still. Ich war früh genug gekommen, vorausgesetzt, meine Freunde warteten tatsächlich im Keller auf mich. In der Luft lag ein Geruch nach Kohl und Kartoffeln.

In angstvoller Erwartung öffnete ich die Kellertür und stürzte mit klappernden Absätzen die Treppe hinunter. »Hallo! Ich bin's, Irene!«, rief ich.

Der erste Raum war leer. Ich gab mir Mühe, ruhig zu bleiben, und öffnete die Tür zum Heizungskeller, betete, dass ich meine sechs Freunde und Henry Weinbaum dort finden würde. Die Tür knarrte und ich rief erneut in die Dunkelheit:

»Ich bin's, Irene!«

Der Seufzer der Erleichterung war geradezu hörbar. Eine

nach der anderen lösten sich die Figuren aus den Schatten: Ida, Lazar, Clara, Thomas, Fanka, Moses Steiner und ein hübscher junger Mann – Henry Weinbaum, wie ich annahm. Während sie mir alle stumm die Hände schüttelten, wurde ich plötzlich von meinen Gefühlen überwältigt. Sie waren alle da, sie lebten und waren in Sicherheit! Zu meiner Überraschung waren noch drei fremde Gesichter dabei, die mich mit einer sonderbaren Mischung aus Verlegenheit und Trotz ansahen.

»Ich bin Joseph Weiss«, stellte sich der Älteste von ihnen vor. »Und das sind Miriam Wilner und Alex Rosen. Henry hat uns Bescheid gesagt.«

Einen Moment lang fand ich keine Worte. Jetzt waren es zehn Menschen, deren Schicksal in meinen Händen lag. Aber wir hatten keine Zeit, uns ausführlich vorzustellen. Jeden Moment konnten die Soldaten eintreffen, um mit den Malerarbeiten anzufangen.

»Los, beeilt euch!«, sagte ich. »Ihr müsst auf dem Dachboden bleiben, bis alles fertig angestrichen ist. Ich werde, so oft es geht, nach euch sehen. Ich brauche wohl nicht extra zu erwähnen, dass ihr absolut kein Geräusch machen dürft.«

Alle nickten grimmig. Dann begaben wir uns auf den Weg nach oben. Der Dachboden war modrig, vor dem Dachfenster sah man die Staubkörner herumwirbeln und es roch nach Mäusekot. »Zieht die Schuhe aus«, sagte ich. »Lauft nicht herum, wenn es nicht unbedingt sein muss.«

In dem Moment, als ich die Dachbodentür absperrte, hörte ich draußen auf der Straße bereits die Wagen eintreffen.

Ich eilte die Stufen hinunter, schloss rasch die Kellertür und lief dann zur Eingangstür, um die Soldaten hereinzulassen.

»Hier entlang«, sagte ich und machte einen Schritt zur Seite, damit die Männer mit ihren Eimern und Pinseln das Haus betreten konnten. Bei der Gelegenheit warf ich einen flüchtigen Blick auf die Straße und stellte fest, dass der Major gerade aus seinem Wagen stieg.

»Guten Tag, Irene!«, rief er überschwänglich.

Ich nickte kurz. »Herr Major.«

»Das ist wundervoll«, sagte er beim Eintreten und rieb seine Handflächen gegeneinander. »Ich denke, dass ich in einer Woche umziehen werde, wenn alle Malerarbeiten und Reparaturen erledigt sind. Ich fände es aber gut, wenn Sie schon sofort hier blieben, sodass Sie die Arbeiten besser überwachen können. Machen Sie sich keine Sorgen wegen Ihrer Arbeit im Hotel – wenn Sie die Mahlzeiten servieren, wird Schulz mit dem Rest schon ohne Sie zurechtkommen.«

Während er sprach, ging Rügemer in der Eingangshalle hin und her, schaute kurz in alle Räume und nickte immer wieder anerkennend. Seine Schritte hallten in dem leeren Haus und er murmelte Sätze wie »Ja, ja, ausgezeichnet« vor sich hin. Der nächste Lastwagen mit Soldaten traf ein. Rügemer führte die Männer in den Garten, der ebenfalls von Grund auf in Ordnung gebracht werden sollte. Ich stand hinter dem Esszimmerfenster und beobachtete, wie der Major draußen mit den Männern hin und her ging und erklärte, welche Sträucher und Bäume gerodet und wo neue angepflanzt werden sollten. Hinter mir hörte ich, wie die Maler bereits die ersten Möbel zur Seite schoben und sich dabei scherzend über das Wetter und den säuerlichen Geruch, den die vorherigen Bewohner hinterlassen hatten, ausließen. Einmal schnappte ich auf, dass einer von ihnen sagte: »... die Freundin des Majors«.

Ich biss die Zähne zusammen und bereitete mich auf die wichtigste Aufgabe des Tages vor – die Arbeiter vom Dachboden fernzuhalten.

In den folgenden Tagen, während im Haus und ringsum die Soldaten herumschwirrten und anstrichen, reparierten und pflanzten, war ich damit beschäftigt, heimlich Lebensmittel auf den Dachboden zu schmuggeln. Ich brachte Obst und Käse, kalten Tee, Brot und Nüsse hinauf. Ich nahm auch zwei

Eimer mit, die als Toilette dienen sollten. Unter dem Dach war es wegen der Sommerhitze unerträglich stickig, aber wir ließen die Fenster dennoch geschlossen. Die Flüchtlinge hatten schon weitaus unbequemere Situationen aushalten müssen. So saßen sie ohne zu murren in der stickigen Luft, sprachen nicht und warteten einfach ab. Abends, wenn ich vom Hotel zurückkehrte und die Handwerker das Haus verlassen hatten, konnte ich meine Freunde für ein paar Minuten aus ihrem Gefängnis befreien. Sie gingen dann nacheinander ins Badezimmer, wuschen sich die verschwitzten Gesichter mit kaltem Wasser und liefen ein wenig umher, um ihre schmerzenden Glieder zu bewegen. Wir machten allerdings nie das Licht an und verhielten uns, auch wenn wir allein im Haus waren, mucksmäuschenstill.

Die Dienstbotenzimmer im Keller waren schon bald fertig, dafür hatte ich gesorgt. Ich hatte den Handwerkern erzählt, der Major lege Wert darauf, dass die Arbeiten von unten nach oben durchgeführt werden, und hatte sie gebeten, im Keller anzufangen. Als es endlich so weit war, wartete ich bis zum Einbruch der Dunkelheit und führte meine Freunde dann triumphierend in ihr neues Versteck, wo es nach frischer Farbe und Sägemehl und nicht nach alten Kochdünsten roch.

Jener Abend war insofern ein Einschnitt, als für uns alle eine Art Alltagsleben begann. Einige der Männer hatten ein intelligentes Warnsystem ausgeklügelt: Sie hatten auf dem Fußboden gleich hinter der Eingangstür der Villa einen Schalter angebracht, der unter einem zerschlissenen Vorleger versteckt war. Er war über einen Draht mit einer Lampe im Keller verbunden, die an und ausging, wenn ich auf den Schalter trat. Ich hielt die Eingangstür stets abgeschlossen, sodass ich genug Zeit hatte, die Menschen im Keller nach einem bestimmten System zu warnen, wenn jemand klopfte und ich zum Öffnen ging. Ging das Licht einmal an und wieder aus, sollten sie auf weitere Informationen warten. Zweimal an und aus hieß Vorsicht, und schnelles Flackern bedeutete größte Gefahr, sofort verstecken. Dann entdeckten wir das Versteck, von dem wir gerüchteweise gehört hatten: Ein Tunnel führte von der Wand hinter dem Ofen in einen Bunker, der unter dem Gartenpavillon lag. Wenn es oben gefährlich wurde, krochen die Menschen im Keller in den Bunker und blieben dort, bis ich Entwarnung gab. Wir achteten darauf, dass in den Kellerräumen keinerlei Spuren der heimlichen Bewohner zu sehen waren. Als die Männer erst einmal alle Ratten getötet hatten, die in dem Bunker unter dem Pavillon im Garten gelebt hatten, ließ es sich halbwegs gut dort aushalten.

Essen gab es im Überfluss: Schulz sorgte dafür, dass in der Küche der Villa stets so viele Lebensmittel vorrätig waren, dass man ein gigantisches Fest hätte geben können, und ich fragte mich einmal mehr, ob er nicht doch eine Ahnung von dem hatte, was ich tat. Wann immer ich wollte, konnte ich zum Warenhaus gehen und besorgen, was ich brauchte: Zigaretten, Wodka, Zucker, Reinigungsmittel – alles, was der Major vielleicht benötigen könnte, um sich in der Villa wohl zu fühlen. Die Soldaten, die das Warenhaus betrieben, hatten keine Ahnung, dass ich die Hälfte der Sachen, die ich kaufte, sofort in den Keller brachte, und ich band es ihnen natürlich auch nicht auf die Nase!

In den Kellerräumen blieb es trotz der sommerlichen Hitze angenehm kühl; es gab ein Badezimmer und Zeitungen, die ich hinunterbrachte, wenn der Major sie ausgelesen hatte. Alles in allem entwickelten sich die Kellerräume im Laufe der Zeit zu einem recht luxuriösen Versteck.

Und doch wäre es an dem Tag, als der Major einzog, beinahe aufgeflogen.

»Der Keller ist doch fertig, nicht wahr?«, fragte er beim Eintreten.

An meinen Armen stellten sich sämtliche Haare auf. »Haben Sie irgendetwas damit vor, Major?«, fragte ich, mit Mühe das Zittern in meiner Stimme verbergend.

Er begann, seine Jacke aufzuknöpfen. »Ich denke, er ist hervorragend für meinen Burschen geeignet.«

Ich spürte, wie mir sämtliches Blut aus dem Gesicht wich. Major Rügemer sah mich überrascht an. »Was ist mit Ihnen?«

Ich brauchte gar nicht so zu tun, als müsse ich weinen, die Tränen kamen von allein. »Bitte, lassen Sie ihn nicht da unten wohnen«, bat ich. Mein Gehirn suchte fieberhaft nach einer plausiblen Erklärung. »Ich habe Ihnen das bisher nie erzählt, aber als der Krieg ausbrach, wurde ich von russischen Soldaten gefangen genommen und – und wurde –« Die Worte blieben mir im Hals stecken.

Der Major sah mich stirnrunzelnd an. »Was wurden Sie?«

»Sie überfielen mich, so wie Männer Frauen eben überfallen können.« Ich bemerkte, dass er errötete, und beeilte mich, in vertraulichem Ton hinzuzufügen: »Ich könnte es nicht ertragen, wenn ein junger Mann in diesem Haus lebt. Das würde schreckliche Erinnerungen in mir wachrufen. Bitte, verstehen Sie mich.«

Major Rügemer zog ein Taschentuch heraus und schneuzte sich laut die Nase. Er schüttelte ärgerlich den Kopf. »Der Krieg bringt die schlechtesten, die allerschlechtesten Seiten der Menschen ans Tageslicht! Es ist sonderbar«, fuhr er fort, »ich habe mich schon immer gefragt, warum Sie keinen Freund haben, wo Sie doch solch ein hübsches Mädchen sind. Ich habe nie gesehen, dass Sie so wie die anderen Mädchen mit den Offizieren geflirtet hätten.«

»Ich werde die Arbeit auch allein schaffen«, lenkte ich mit gepresster Stimme vom Thema ab. »Sie werden nichts entbehren müssen.«

Er legte mir die Hand auf die Schulter. »Natürlich, Irene. Mir würde nicht im Traum einfallen, Ihnen Kummer zu bereiten.«

Ich strahlte ihn an. Innerlich schüttelte es mich bei dem Gedanken, dass ich bekommen hatte, was ich wollte, weil ich die Tatsache ins Spiel gebracht hatte, dass ich eine schwache Frau war. Und doch war mir klar, dass dies die einzige Macht war, die ich besaß, und ich wäre dumm gewesen, sie nicht zu nutzen. Weil er sich immer schon von meinem hübschen Gesicht angezogen gefühlt hatte, ließ der Major mich gewähren.

Schon bald hatten sich alle Bewohner der Villa an den neuen Tagesablauf gewöhnt. Major Rügemer brach jeden Morgen um halb neun zur Fabrik auf. Ich stand um halb acht auf und bereitete das Frühstück vor, das er im Esszimmer einnahm. Häufig forderte er mich auf, eine Tasse Kaffee mit ihm zu trinken und ihm Gesellschaft zu leisten. Dann plauderten wir über dies und das – über die Meisen, die neben dem Pavillon nisteten, über das Klavier im Salon, auf dem das hohe C klemmte, oder darüber, welche Beilage am besten zu Schweinebraten passte. Manchmal, wenn er Gäste einladen wollte, planten wir die Menüfolge oder die Getränke, die ich vor und nach dem Essen reichen sollte. Er rührte meistens die ganze Zeit gedankenverloren in seinem Kaffee und das Klingeln seines Löffels untermalte unsere Gespräche.

Wenn er das Haus verlassen hatte, schloss ich die Vordertür ab und ließ den Schlüssel stecken, damit der Major nicht von außen hätte aufschließen können, wenn er einmal unerwartet zurückgekommen wäre. Das war der Zeitpunkt, an dem meine Freunde im Keller ihren Tag beginnen konnten. Während ich oben das Haus sauber machte, duschten sie, kochten Kaffee oder lauschten den Kriegsnachrichten der BBC im Radio. Beim Zeitunglesen rauchten sie Zigaretten und verglichen die offiziell von den Nazis in Berlin gestreuten Nachrichten mit dem, was die BBC berichtete. Jeden Abend lief ich zum Hotel und half beim Servieren des Abendessens, aber ich achtete darauf, auf jeden Fall vor dem Major nach Hause zu gehen.

Wenn er dann später am Abend zurückkehrte und an der

Vordertür klingelte (ich hatte ihm erklärt, dass ich die Tür stets abgeschlossen hielt, weil mir das sicherer erschien), begrüßte ich ihn in einem Haus, das durch nichts verriet, dass sich im Keller noch einige Bewohner mehr aufhielten. Die Absurdität und Ironie dieser Situation brachten mich manchmal beinahe zum Lachen. Unter anderen Umständen hätte es als eine witzige Posse durchgehen können: oben ein fast tauber, ständig schniefender alter Mann, der keine Ahnung hatte, was direkt unter seinen Füßen vor sich ging, und unten die »blinden Passagiere«, die sich reichlich aus der Speisekammer des Greises bedienten. Sie kamen mir vor wie Mäuse, die in einem Käsegeschäft leben, das von einer Katze bewacht wird. Unter den gegebenen Umständen blieb mir zwar das Lachen im Halse stecken, doch hin und wieder brachte ich immerhin ein grimmiges Lächeln zustande. Letztendlich handelte es sich doch um ein Kapitalverbrechen.

So hatte also für uns alle ein neues Leben begonnen. Sobald ich konnte, nahm ich Kontakt zu Helen auf, und wir warteten beide aufgeregt auf die erste Gelegenheit, dass sie ihren Henry besuchen konnte. Erst einen Monat nach meinem Umzug in die Villa war es endlich so weit: Der Major kündigte an, dass er am nächsten Tag etwas in L'vov erledigen müsse. Ich war begeistert, denn das bedeutete, dass er vom frühen Morgen bis spätabends unterwegs sein würde. Das war die Gelegenheit, auf die wir gewartet hatten: Helen konnte ihren Ehemann besuchen und ich würde nach Janówka fahren und nach meinen anderen Freunden sehen.

Am Abend rief ich Helen auf dem Bauernhof an. Wir hatten mittlerweile einen Code verabredet, mit dem wir uns am Telefon unterhalten konnten.

»Können Sie uns morgen Vormittag bitte ein paar Eier liefern?«, fragte ich. »Ein halbes Dutzend wäre wunderbar.«

»Sechs?«, wiederholte Helen. »Ja, das geht in Ordnung, ich komme vorbei.«

Und am nächsten Morgen um sechs Uhr, als der Major bereits auf dem Weg nach L'vov war, fuhr Helen mit der *dorożka* vor. Sie trug einen derben Kittel und ein Kopftuch. Ich schloss auf, um sie hereinzulassen, dann tauschten wir wieselflink unsere Kleider. Als ich das Kopftuch unter meinem Kinn festgeknotet hatte, zeigte ich ihr den Weg in den Keller und schloss die Kellertür hinter ihr wieder zu. Es tat mir Leid, dass ich nicht an ihrem Wiedersehen teilhaben konnte, aber ich hatte es eilig, mich auf den Weg zu machen. Als ich Henrys gedämpften Freudenschrei noch durch die Tür hören konnte, musste ich lächeln, und das Lächeln blieb auf meinem Gesicht, als ich die Vordertür hinter mir abschloss und auf den Kutschbock kletterte.

Ich hatte Lebensmittel mitgenommen und etwas Verbandmaterial und Medikamente. Ich zog das Kopftuch tief in die Stirn und lauschte dem Klappern der Pferdehufe auf dem Asphalt. So früh am Morgen waren erst wenige Menschen unterwegs. Eine alte Frau fegte die Straße mit einem abgenutzten Strohbesen, ein Mann schob eine Schubkarre mit Bauschutt, ein anderer trug eine Leiter. Schon bald hatte ich die Stadt hinter mir gelassen und fuhr durch grüne Felder und Blumenwiesen. Hin und wieder flog eine Schwalbe dicht über den nickenden Kopf meines Pferdes hinweg und versuchte, eine Fliege zu erhaschen. Diesmal fuhr ich nicht auf direktem Weg nach Janówka, und als die Kirchturmspitze von Pater Josephs kleiner Kirche auftauchte, war die Zeit zu knapp, als dass ich ihn hätte besuchen können. Ich sagte mir, dass ich mir den Besuch bei ihm gewissermaßen als Belohnung für den Heimweg aufheben wollte, falls ich dann genug Zeit hätte, und fuhr weiter in Richtung Wald.

Wie immer schien sich dort die Stille zwischen den Bäumen wie ein Schleier über mich zu legen. Das Hufgeklapper klang durch die dicke Schicht Kiefernnadeln gedämpft. Ich lenkte das Pferd über den schattigen Waldweg, schaute mich ständig nach rechts und links um und drang immer tiefer in den Wald ein. Auf der einen Seite lag ein riesiger Baum, den der Wind umgeknickt hatte und dessen trockene Wurzeln in die Höhe ragten. Auf der anderen Seite drangen ein paar Sonnenstrahlen schräg durch die dicken Äste und brachten die gelben Blümchen, die dort den Boden bedeckten, zum Leuchten.

Das Pferd scheute, als plötzlich zwei bärtige Männer hinter einem Dickicht aus Brombeersträuchern auftauchten. Sie kamen auf mich zu. Mein Herz machten einen Sprung, als ich sie erkannte: Abram Klinger und Hermann Morris.

»Irene!«, riefen sie.

Ich kletterte vom Kutschbock der *dorożka* und umarmte die beiden. »Woher in aller Welt habt ihr gewusst, dass ich heute kommen würde?«, fragte ich und trat einen Schritt zurück, um sie besser betrachten zu können. Sie sahen wild und gefährlich aus – eben wie Männer, die im Wald leben.

»Wir wechseln uns damit ab, diese Straße im Auge zu behalten«, erklärte Abram mir. »Es war trotzdem Zufall, dass wir dich gesehen haben.«

»Manchmal ist es Pech für andere Leute, dass wir *sie* sehen«, ergänzte Hermann.

Abram nahm die Zügel des Pferdes und führte es von der Straße weg zwischen die Bäume. Während es auf dem Waldboden zwischen dem getrockneten Laub nach etwas frischem Grün suchte, luden wir die Kisten von der Ladefläche ab. Abram und Hermann untersuchten die Mitbringsel.

»Oh, Eier, das ist gut«, sagte Abram und strich mit einem schmutzigen Finger vorsichtig über die Schale. Dann hielt er ein Papierpäckchen hoch, das weißes Pulver enthielt. »Ist das ein Schmerzmittel?«

»Ja. Ich dachte, ihr könntet es vielleicht gebrauchen«, sagte ich.

»O ja, sicher. Miriam ist ein bisschen erkältet, das wird ihr helfen.«

»Geht es euch sonst gut?«, fragte ich und schaute ängstlich vom einen zum anderen.

»Im Großen und Ganzen ja – abgesehen von Miriams Erkältung«, antwortete Abram. »Zum Glück ist Sommer, wir finden reichlich Beeren und Pilze und stellen Hasenfallen auf. Hin und wieder fangen wir einen Fisch im Bach.«

Die Erinnerung an jene Tage, die ich mit der polnischen Armee im Wald verbracht hatte, schossen mir durch den Kopf und mir schauderte. Sie mochten zwar das Beste aus ihrer misslichen Lage gemacht haben, doch ich konnte mir ausmalen, wie hart das Leben, das sie führten, in Wirklichkeit war. Und auch wenn die Wälder jetzt genug Nahrung boten, schon bald würde der Herbst beginnen und ihm folgte der Winter dicht auf den Fersen.

Wir tauschten Neuigkeiten aus. Sie waren verblüfft, als sie hörten, dass ich ihre Freunde im Keller von Major Rügemers Haus versteckt hielt. Ich versuchte, die zuweilen absurde Situation darzustellen, und wir erlaubten uns ein paar Witze auf Kosten des Majors. Sie drängten mich, ihr tief im Wald verstecktes Lager zu besichtigen, aber ich machte mir Sorgen, weil es schon spät war.

»Grüßt eure Frauen von mir«, sagte ich, während ich das Pferd mit dem Fuhrwerk zurück zur Straße führte. »Ich bete für euch. Ich komme wieder, sobald ich kann.«

Sie küssten mich zum Abschied auf die Wange und versprachen, jeden Tag nach mir Ausschau zu halten. Ich kletterte auf den Kutschbock und nahm die Zügel. Als ich hochschaute, waren meine Freunde bereits wieder im Dunkel des Waldes verschwunden.

Die Heimfahrt verlief ohne Zwischenfälle. An der Kirche im Dorf hielt ich kurz an, aber Pater Joseph war nicht da. Man sagte mir, er spende einem Bauern die letzten Sakramente, der sich mit seiner Axt verletzt und dadurch eine Blutvergiftung zugezogen hatte und jetzt im Sterben lag. Im dunstigen Licht des Nachmittags erreichte ich Ternopol und fuhr sofort zur Villa.

Vor der Tür hielt ich für einen Moment in Gedanken versunken inne. Helen war mit ihrem Mann im Haus, die Hallers und die Bauers hatten einander, selbst die Morris', die als Flüchtlinge im Wald lebten, waren dort im Kreise ihrer Familie und Freunde.

Noch nie hatte ich mich so einsam gefühlt wie in diesem Moment. Eine Welle des Selbstmitleids überrollte mich und mein Herz schmerzte vor Sehnsucht nach meinen Eltern und meinen Schwestern. Ich hatte ihnen Briefe geschrieben, aber nie erfahren, ob sie sie auch erreicht hatten. Eine Antwort gab es nie, jedenfalls war keine bei mir angekommen. Ich versuchte, Bilder aus glücklichen Tagen im Kreise meiner Familie und Freunde heraufzubeschwören – wie wir ein Theaterstück einstudierten oder kicherten, wenn wir die Zeilen eines Liedes nicht mehr ganz zusammenbekamen. Dann sah ich plötzlich mich selbst, betrachtete mich von oben, wie ich ganz allein auf dem Kutschbock einer *dorożka* saß, und mir schien, als ob sich die Ladefläche hinter mir ins Unendliche dehnte und darauf dicht gedrängt Menschen standen, verängstigte Menschen, die sich auf mich verließen und die ich sicher nach Hause bringen sollte. Ich konnte die Zügel nicht aus der Hand legen. Und niemand war da, der sie für mich hätte halten können, nicht einmal für einen kurzen Moment.

Das Försterhaus

Und so ging der Sommer dahin. Unser Alltag verlief immer gleich, außer wenn der Major hin und wieder Gäste zum Essen empfing und meine Freunde höchst unbequeme Abende in dem Bunker unter dem Gartenpavillon verbringen mussten. Eines Abends gab Rügemer eine größere Gesellschaft und ich beobachtete mit Sorge, dass Rokita mit einem jungen Mädchen in den Pavillon schlenderte: Ida war erkältet und ich hatte Angst, dass der SS-Mann ihr Husten hören könnte. Hastig richtete ich ein paar Häppchen auf einer Servierplatte an und trug sie quer durch den Garten, während ich so laut, dass meine Freunde es hören konnten, rief: »Sturmbannführer Rokita? Wünschen Sie noch etwas zu essen?« Leise fluchend kam er mit verrutschtem Oberhemd aus dem Pavillon und schickte mich ärgerlich fort. Während ich zum Haus zurückging, musste ich lächeln. Am Tag danach machten sich meine Freunde über die Essensreste her und lachten herzhaft bei der Erinnerung an die Geräusche, die sie von dem Techtelmechtel unmittelbar über ihren Köpfen mitbekommen hatten.

Trotz des ständigen Kommens und Gehens von SS-Männern und Offizieren der Wehrmacht in der Villa des Majors fühlte ich mich dort sicher. Vielleicht zu sicher. Eines Tages Ende August schreckte ich hoch, als an der Vordertür laut geklopft wurde. Hastig schaute ich mich in der Küche nach Anzeichen um, die darauf hätten schließen lassen, dass dieses Haus mehr als nur zwei Bewohner hatte. Fanka hatte gerade einen Kuchen mit Zuckerguss verziert und bei dem Klopfen alles aus der Hand fallen lassen, um die Kellertreppe hinunterzurennen. Das Klopfen wurde nachdrücklicher.

Ich drehte den Wasserhahn im Badezimmer auf, machte mein Haar nass und wickelte hastig ein Handtuch darum. Dann stellte ich den Kuchen und den Zuckerguss in den Schrank und vergewisserte mich, dass es keine weiteren verräterischen Spuren mehr gab. Als ich endlich zur Vordertür gelangte, erkannte ich das Adler- und Totenkopfzeichen eines SS-Helms hinter der Scheibe. Ich trat schnell auf den Signalknopf unter dem Teppich und ließ mir mit dem Aufschließen der Tür reichlich Zeit.

»Was ist los mit Ihnen? Sind Sie taub?«, fragte der SS-Mann wütend. Hinter ihm stand ein weiterer SS-Offizier.

»Es tut mir Leid, ich war gerade beim Haarewaschen und habe Sie nicht klopfen hören«, antwortete ich, während ich immer noch unauffällig auf den Signalknopf trat. »Was kann ich für Sie tun?«, fragte ich dann.

Die Männer traten wortlos ein und schauten sich gebieterisch in der Eingangshalle um.

»Wem gehört dieses Haus?«, fragte der eine.

»Major Rügemer. Ich bin seine Haushälterin«, antwortete ich, so ruhig ich konnte. Ich presste die Knie gegeneinander, um das Zittern meiner Beine zu unterdrücken.

Die Offiziere wechselten einen bestürzten Blick und verließen das Haus so schnell wieder, wie sie eingetreten waren. Einer stieg in einen Wagen und fuhr los, der andere blieb vor dem Haus stehen. Ich schloss die Tür ab und rannte in den Keller hinunter. Zigarettenrauch hing in der Luft und auf dem Boden lagen achtlos verstreut Zeitungen herum. Ich räumte, so gut es ging, auf und verspritzte Parfüm, um die verräterischen Gerüche zu überdecken. Als ich mir sicher war, dass keine Spuren mehr die Anwesenheit meiner Freunden verrieten, eilte ich wieder nach oben.

Kurz darauf hörte ich, wie auf der Straße erneut Autotüren zugeschlagen wurden. Ich spähte durch ein Fenster und entdeckte Major Rügemer, der mit einem wütenden Gesichtsausdruck auf die Vordertür zustürmte. Die beiden SS-Männer folgten ihm auf den Fersen. Ich ließ sie eintreten und trat mit unbeteiligtem Gesichtsausdruck beseite.

»Die Idee«, schnaubte Rügemer gerade aufgebracht, »dass sich in *meinem* Haus Juden versteckt halten, ist absolut lachhaft!«

Die Offiziere sahen betreten zu Boden. »Wie ich schon sagte, offensichtlich sind wir falsch informiert worden, Herr Major. Bitte verzeihen Sie das Missverständnis.«

»O nein!« Major Rügemer breitete auffordernd die Arme aus. »Machen Sie schon! Durchsuchen Sie das Haus. Dies ist meine Haushälterin, eine vertrauenswürdige Angestellte. Sie wird Ihnen alles zeigen, was Sie sehen wollen.«

Widerwillig warfen die Offiziere einen Blick in den Salon und die Küche. »Was ist da drin?«, fragte einer mit einer Stimme, der man anhörte, dass er sich unbehaglich fühlte, und zeigte auf die Kellertür.

Ich versuchte, ihre unangenehme Situation auszunutzen. Die beiden machten nämlich einen nervösen Eindruck, der mich zweifeln ließ, dass sie richtig hinsahen. »Unten sind einige Dienstbotenzimmer«, sagte ich hochmütig. »Wollen Sie sie sehen?«

»Ich denke, wir sollten tatsächlich …«

Ich kämpfte gegen eine Welle der Übelkeit, als ich die Tür aufschloss und den Lichtschalter betätigte. »Wir nutzen sie eigentlich kaum«, sagte ich mit lauter Stimme. Mit schweren Schritten folgten sie mir die Treppe hinunter. »Eigentlich dienen sie nur als Lagerräume.«

Die SS-Männer blieben am Fuß der Treppe stehen und blickten sich flüchtig um. »Nun, hier gibt's nichts zu sehen«, bestätigte der eine und wandte sich zum Gehen.

Als wir in die Eingangshalle zurückkamen, hörte ich die Stimme des Majors. Er telefonierte lautstark mit Rokita. Die beiden Offiziere, die mittlerweile einen regelrecht verstörten Eindruck machten, salutierten kurz in Rügemers Richtung und eilten dann aus dem Haus.

Als ich die Tür hinter ihnen geschlossen hatte, überkam mich ein plötzliches Schwächegefühl. Ein Gedanke durchzuckte mich hell wie ein Lichtstrahl und ich ließ mich gegen die Wand sinken. Jemand hatte die SS informiert, dass in diesem Haus Juden lebten. Jemand wusste es, oder ahnte es zumindest. Mir schwindelte und ich fühlte mich plötzlich krank. Ich konnte nur beten, dass mir die Anwesenheit des Majors

Sicherheit gab. Die SS würde es sich hoffentlich gut überlegen, bevor sie erneut einem solchen Tipp nachgehen würde.

Derjenige, der den Hinweis gegeben hatte, würde jetzt sicherlich den Zorn der SS zu spüren bekommen. Ich hatte keine Ahnung, wer etwas über mich erzählt haben konnte, aber er oder sie bereute es mittlerweile vielleicht zutiefst. Ich versuchte, kein Mitleid für wen auch immer aufkommen zu lassen, schließlich hatte diese Person versucht, meine Freunde in den sicheren Tod zu treiben. Aber ich konnte mir nicht helfen, ich empfand einen Stich, als sei ich mitschuldig. Ich trug die Verantwortung. Ich trug für so vieles die Verantwortung.

War ich zu nachlässig gewesen? Manchmal halfen mir Ida, Clara und Fanka bei der Hausarbeit, besonders, wenn der Major am Vorabend einen Empfang gegeben hatte. Wir achteten dann stets darauf, dass die Vorhänge zugezogen blieben, aber irgendjemand musste uns beobachtet haben. Ich versuchte zu beten. Ich betete, dass meine Mutter mir helfen möge.

Aber Mamusia war so weit weg! Ich hatte Angst, dass sie mir nie wieder würde helfen können.

Bei einem unserer kurzen Treffen hatte Helen mir von einem Förster aus den Wäldern von Janówka erzählt, der unserer Sache womöglich zugetan war. Man munkelte, dass er früher bei der polnischen Armee gewesen und jetzt ein Widerständler sei. Wenn das stimmte, war er jemand, den ich kennen lernen sollte. Für den Fall der Fälle musste ich einen Notplan vorbereiten. Bei der nächsten sich bietenden Gelegenheit suchte ich den Mann auf.

Seine Hütte lag einige Kilometer von der Hauptstraße entfernt. Ich hatte das Fahrrad genommen und als ich das kleine Holzhaus zwischen den Bäumen auftauchen sah, stieg ich ab und schob das Rad die letzten Meter. Ein großer, schlaksiger Mann saß auf dem Dach und reparierte den Schornstein.

»Dzień dobry!«, rief ich.

Er wischte sich mit dem Handrücken den Schweiß von der Stirn. *»Dzień dobry«*, antwortete er und starrte zu mir herunter.

»Ich bin auf der Suche nach Pilzen. Ich arbeite in der Stadt und habe einen Tag frei, deshalb hatte ich die Idee, in den Wald zu fahren.«

Er nickte und machte mit seinem Arm eine Geste, als wolle er mich im Wald willkommen heißen. »Wissen Sie, welche essbar sind?«

Lächelnd lehnte ich mein Fahrrad gegen einen Baumstamm. »Als ich noch jung war, habe ich oft nach Pilzen gesucht.«

»Als Sie noch jung waren?« Er lachte auf. »Sie meinen, letzte Woche?«

»Ich habe das Gefühl, dass es Jahrhunderte her ist«, antwortete ich, ebenfalls lachend.

Der Förster stieg die Leiter herab, die er an das Haus gelehnt hatte, und kam auf mich zu. Sein Haar war aschblond und er trug einen Schnurrbart, auf dem er beim Sprechen herumkaute. Er hatte Augen, die Janina »treue Hunde-Augen« genannt hätte.

»Sie haben Recht«, sagte er. »Die letzten Jahre sind ziemlich lang gewesen.«

Während unserer Unterhaltung waren zwei kleine Köpfe am Fenster der Hütte aufgetaucht. Ich lächelte und winkte den Kindern zu. Mir wurde plötzlich bewusst, dass ich mich seit Monaten nicht mehr mit Kindern unterhalten hatte, und ich bekam Lust, mit ihnen zu spielen.

»Meine Bärenjungen«, sagte der Förster, als er sie bemerkte. »Kommen Sie, lernen Sie meine Familie kennen. Aber ich sollte mich vielleicht erst einmal selbst vorstellen. Zygmunt Pasiewski.«

»Irena Gutowna.«

Er führte mich in die Hütte, wo seine Frau gerade den Tisch deckte. Als wäre es das Natürlichste von der Welt, dass ein junges Mädchen einfach so hereinspaziert kam, lud mich Pani Pasiewska ein, mit ihnen zu essen. Und schon bald ließ ich mir frisches Brot, Käse, eingelegte Pilze und Blaubeeren aus einer großen Schüssel schmecken. Die Kinder plapperten über einen großen Frosch, den sie am Morgen gefangen hatten. Er war ihnen aus dem Korb entwischt, als sie ihn auf den Boden gesetzt hatten, um ein Eulennest aus der Nähe anzuschauen. Pasiewski und seine Frau forderten mich auf, etwas von mir zu erzählen.

Um seine Ansichten in Erfahrung zu bringen, begann ich, von der Zeit zu erzählen, als ich mit dem Rest einer Einheit der geschlagenen polnischen Armee in den Wäldern gelebt hatte, jenen schrecklichen ersten Monaten nach der deutschen Invasion. Wir unterhielten uns auf Polnisch und durch den vertrauten Klang meiner Muttersprache wurde ich dermaßen vom Heimweh überwältigt, dass ich nicht weitersprechen konnte und für einen Moment meinen Kopf wegdrehen musste.

Pasiewski stellte sein Teeglas krachend auf den Tisch zurück. »Mein Gott, ich kenne Sie, Irena! Ich war auch in dieser Einheit. Ich war mit in dem Dorf, als Sie gefangen genommen wurden. Wir haben noch versucht herauszufinden, wohin man Sie gebracht hat, aber Sie waren verschwunden.«

Ich starrte ihn an. »*Sie* waren das!« Ich hielt den Atem an. »Ich habe Sie nicht wieder erkannt!«

Er langte über den Tisch und nahm meine Hände in seine. »Wie klein doch die Welt ist. Ich bin so froh, dass Sie leben. Ich hätte nicht gedacht, dass ich Sie jemals wiedersehen würde.«

Bei diesen Worten konnte ich mich nicht mehr beherrschen. Ich ließ den Kopf sinken und begann zu weinen. Es waren so viele Soldaten in der Gruppe gewesen und ich war die ganze Zeit über dermaßen benommen vor Angst gewesen, dass ich keinen von ihnen richtig wahrgenommen hatte. Ich konnte mich nicht an Pasiewski erinnern, aber dieser Mann stellte eine Verbindung zu meiner Vergangenheit dar, selbst wenn es ein schrecklicher Teil meine Vergangenheit war. Ich war zutiefst gerührt.

Jetzt wusste ich also, dass er damals ein Partisan gewesen war – aber was war er jetzt? Bevor ich mir seiner Gesinnung sicher sein konnte, wagte ich weder, ihm von meinen Freunden zu erzählen, die in den Wäldern lebten, noch von jenen, die ich in Ternopol versteckt hielt. Aber für den Moment war es einfach ein gutes Gefühl, Freunde zu haben. Wir sprachen über Polen, über Orte, die wir besucht hatten, als wir jünger waren, Lieder, die wir gesungen, und Speisen, die wir gegessen hatten – kurzum, über alles, worüber man gefahrlos sprechen konnte. Als ich am späten Nachmittag die Hütte verließ – ohne einen einzigen Pilz gepflückt zu haben! –, war ich glücklich. Seit ich mich Anfang des Jahres von Janina hatte verabschieden müssen, war ich nicht mehr so glücklich gewesen.

Ich versprach, wiederzukommen. Ich wollte so oft wiederkommen, wie es mir möglich war. Und vielleicht, so sagte ich mir, würde Pasiewski zu gegebener Zeit mein Verbündeter bei der gefährlichen Aufgabe werden, die ich zu bewältigen hatte.

Der Sommer ging in den Herbst über und ich besuchte die Pasiewskis, wann immer es mir möglich war. Ich erzählte Major Rügemer, dass ich einen Cousin wiedergefunden hätte, der als Förster arbeitete, wodurch es mir leichter wurde, an meinen freien Tagen nach Janówka zu fahren. Ich brachte jedes Mal Schokolade für die Kinder, Wodka für Zygmunt und eine bestimmte weiße Mehlsorte für seine Frau mit. Obwohl wir mittlerweile gute Freunde waren, blieb zwischen uns immer ein Rest Zurückhaltung: Wenn so viel auf dem Spiel stand, war es schwer, jemandem zu vertrauen, wie sehr man es vielleicht auch gewünscht hätte. Natürlich sprachen wir auch über den Krieg. Damals war er wichtigstes Thema in jedem Gespräch. Pasiewski hatte erfahren, dass die Russen langsam nach

Westen vorrückten und das dies die Deutschen beunruhigte. Je besser ich Zygmunt kennenlernte, desto sicherer wurde ich mir, dass er mit anderen Widerstandskämpfern im Wald zusammenarbeitete, aber ich sprach ihn niemals darauf an. Wir achteten gegenseitig unsere Geheimnisse. Er fragte auch nie, warum ich manchmal mit einem leeren Fuhrwerk vorbeikam – leer, nachdem ich meine Mitbringsel bei den Flüchtlingen abgeladen hatte. Und ich fragte nicht, wo er gewesen war, wenn ich bei einem Besuch in der Hütte Pani Pasiewska und die Kinder allein angetroffen hatte. Wir standen uns nahe, aber nicht nah genug, um einander die Leben anderer Menschen anzuvertrauen.

Eines Tages Ende Oktober, als ich gerade auf dem Heimweg von Pasiewskis Hütte war, hörte ich Abram Klinger pfeifen. Er wartete hinter einem Baum versteckt auf mich. Wie immer freute ich mich sehr, ihn zu sehen, und folgte ihm ungefähr einen Kilometer weit durch den Wald bis zu dem Lager, wo er und die anderen lebten.

Es handelte sich um einen einfachen Unterstand: Sie hatten ein tiefes Loch in den Boden gegraben und mit Zweigen und ein paar rohen Brettern, die sie von den nahe gelegenen Bauernhöfen gestohlen hatten, abgedeckt.

»Wir brauchen ein besseres Dach«, erklärte Hermann Morris und stieß mit seiner Schuhspitze gegen das Provisorium. »Der Winter steht vor der Tür …«

Als wolle er seine Worte unterstreichen, fuhr plötzlich ein kühler Wind durch die Zweige über unseren Köpfen. »Die Russen rücken immer weiter vor«, sagte ich. »Vielleicht ist der Krieg noch vor dem Winter zu Ende.«

Die Frauen schüttelten sich. »Die Russen! Wir beten zu Gott, dass sie nicht noch schlimmer sind.«

»Ich bringe euch, so viel ich kann«, versprach ich. »Und so bald ich kann.«

Auf dem Weg zurück nach Ternopol dachte ich über die

Worte der Frauen nach. Ich erinnerte mich noch an die Hilfsbereitschaft von Miriam Meyer, damals in Svetlana. Aber ich konnte mich ebenso gut daran erinnern, wie grausam Dr. Ksydzof und die russischen Soldaten gewesen waren. Ich hasste beide, die Russen und die Deutschen, und wünschte, sie würden uns unser Land endlich zurückgeben.

Aber schließlich war ich immer noch für die Menschen verantwortlich, die sich in meiner Obhut befanden. Ich konnte nicht einfach dasitzen und meinem verlorenen Heimatland nachweinen, während ihre Leben in Gefahr waren. Das wurde mir klar, als ich bei meiner Rückkehr in die Villa an jenem Nachmittag von Lazar Haller erfuhr, dass Ida schwanger war.

Die aufkommende Dunkelheit

Wir waren niedergeschlagen. Was eigentlich eine frohe Neuigkeit hätte sein sollen, war in diesem Moment eine Tragödie. Clara, blass im Gesicht, nahm mich beiseite und sprach mit leiser Stimme auf mich ein.

»Wir haben beschlossen – wir alle haben beschlossen, auch Ida und Lazar – dass diese Schwangerschaft beendet werden muss. Du musst uns –«

»Nein!« Ich wich zurück und blickte quer durch den Raum zu Ida und Lazar hinüber. »Nein, daran dürft ihr nicht denken. Lasst es nicht zu, dass sie noch ein weiteres Leben wegnehmen!«

Ich sah, dass Ida geweint hatte, aber auch sie schüttelte jetzt nachdrücklich den Kopf. »Irene, die Vorstellung, hier ein Baby zu haben, ist völlig abwegig. Das Risiko ist viel zu groß.«

Ich wich noch ein Stück zurück. »Nein, lasst mich nachdenken. Der Krieg wird bald zu Ende sein – sie sagen, dass die

Russen bald hier sein werden. Ihr habt die Berichte doch gehört.«

Im Keller herrschte Schweigen. Lazar streichelte die Hand seiner Frau; sein Kinn zitterte. Die anderen schauten zu Boden oder auf den Tisch oder auf die Schatten in den Ecken. Im Nebenraum hörte man den Ofen bullern.

»Bitte, wartet noch ein bisschen ab«, bat ich. »Tu es nicht Ida, bitte.«

Ida seufzte tief. Es schien, als ob alle aufgehört hätten zu atmen. »Ich kann das nicht allein entscheiden. Wir sind jetzt alle eine Familie und müssen gemeinsam darüber nachdenken.«

Lazar schaute sich um, blickte reihum seinen Freunden in die Gesichter. Einer nach dem anderen nickte. Einen Moment lang dachte ich, Lazar selbst würde dagegen stimmen: Er war ihr Anführer und muss Qualen ausgestanden haben bei der Entscheidung zwischen der Sicherheit seiner Freunde und dem Leben seines Kindes.

»Also gut, warten wir noch ab«, stimmte Lazar schließlich zu. »Wir wollen Gott vertrauen.« Niedergeschlagen und völlig erschöpft ging ich zurück nach oben. Es wurde schon Abend. Ich stand an der Vordertür und schaute durch den Vorhang nach draußen, wo die ersten Schneeflocken durch die aufkommende Dunkelheit trieben.

Am nächsten Morgen kam Schulz zur Villa, beladen mit einigen Rollen Teerpappe. »Für die Fenster«, erklärte er, während er sie auf den Boden der Eingangshalle plumpsen ließ. »Die Russen rücken vor und wir müssen sorgfältiger mit der Verdunklung sein, für den Fall, dass es zu Bombenangriffen kommt. Kommen Sie, lassen Sie uns die Fenster abdichten.«

Einige der Fenster waren mit dunklen Vorhängen ausgestattet gewesen, aber in den Zeiten, als die Deutschen weit auf russisches Gebiet vorgedrungen waren, waren die meisten wieder entfernt worden. Jetzt rückte die Front wieder näher und die Gefahr durch russische Bomber musste ernst genommen werden. Es dauerte drei Stunden, bis wir die dicke, ölige Pappe auf den Fensterrahmen festgenagelt hatten. Als wir endlich fertig waren, hatte sich die Villa völlig verändert. Durch die abgedichteten Fenster wirkten die Räume hässlich und dunkel.

Eine Rolle Teerpappe war übrig geblieben. Wir hatten zuletzt das Küchenfenster abgedunkelt, und während Schulz und ich unsere Hände von den klebrigen Rückständen befreiten, warf ich einen Blick auf die letzte der schweren Rollen. Die Teerpappe würde sich hervorragend als Dach für den Unterstand im Wald eignen: Sie war wasserdicht und würde Schnee und Regen abhalten.

»Schulz«, sagte ich beiläufig, »wo soll ich die letzte Rolle hinbringen?«

Er blickte flüchtig über seine Schulter und nahm ein Handtuch vom Haken, um sich die Hände abzutrocknen. »Oh, die kann ich wieder mit zurück in die Fabrik nehmen.«

»Ich fragte mich gerade, ob ich sie wohl behalten kann«, sagte ich. »Wissen Sie, ich habe einen Cousin, der in einem Haus im Wald lebt. Ich bin sicher, er könnte die Teerpappe gut gebrauchen. Es ist ja nur eine Rolle ...«

Schulz zuckte mit den Achseln. »Es ist mir egal. Sicher, bringen Sie sie nur Ihrem Cousin.«

»Danke schön, Herr Schulz.«

Es klopfte an der Tür. Als ich öffnete, sah ich Major Rügemer auf der obersten Stufe stehen. Er grinste wie ein Lausbube. »Sehen Sie, was ich habe!« Neben dem Bordstein parkte ein Pferdeschlitten.

»Wo haben Sie den denn aufgegabelt?«, fragte ich lachend.

»Als Major genießt man eben einige Privilegien«, sagte er. »Kommen Sie, wir wollen Ihren Cousin besuchen.«

Wie so oft reflektierten seine Brillengläser das Licht, sodass ich seine Augen dahinter nicht erkennen konnte. Ich wusste nicht, was er bezweckte: Wollte er mich testen, um herauszufinden, ob mein Cousin wirklich existierte? Mir blieb keine Zeit, Pasiewski zu warnen, aber ich konnte auch nicht ablehnen, mitzukommen.

»Ich hole noch schnell meinen Mantel«, sagte ich. »Schulz sagte übrigens, ich könne meinem Cousin diese letzte Rolle Teerpappe bringen.«

»Kommen Sie, kommen Sie. Beeilen Sie sich«, sagte der Major ungeduldig. »Wenn wir zu lange warten, ist der ganze Schnee wieder weg!«

Es war eine schöne Fahrt über das verschneite Land, aber ich konnte sie natürlich nicht genießen. In Gedanken malte ich mir aus, was passieren würde, wenn uns einer meiner Freunde aus dem Wald begegnen oder bei der Försterhütte etwas schief gehen würde. Aber glücklicherweise war Zygmunt erfahren genug, beim Anblick einer Naziuniform ruhig zu bleiben, insbesondere, als er mich erblickte. Er hatte gerade auf einer Lichtung Holz gehackt, aber als sich der Schlitten mit klingelnden Glöckchen näherte, schulterte er die Axt und blickte uns entgegen.

»Cousin!«, rief ich aus, noch bevor der Schlitten anhielt. »Der erste Schnee! Ist es nicht wunderbar?«

»Wirklich traumhaft, Cousine«, antwortete er ohne Zögern. Er kam durch den Schnee zu uns herübergestapft und zog seine Handschuhe aus, um uns zu begrüßen. Seine Hände dampften in der eisigen Luft.

»Cousin, das ist Major Rügemer, mein Arbeitgeber«, sagte ich auf Deutsch. »Zygmunt Pasiewski.«

»Heil Hitler«, sagte Zygmunt ohne eine Spur von Ironie. Er sprach Deutsch mit einem harten Akzent. »Willkommen.«

»Ein hübsches Haus«, sagte der Major höflich.

»Kommen Sie herein. Ich möchte Ihnen meine Frau vorstellen.«

Ich folgte ihnen nervös und dankte Zygmunt im Stillen, dass er meinen Wink verstanden hatte. Pani Pasiewska begrüßte den Major mit einem schüchternen Lächeln. Obwohl sie nur Polnisch sprach, bot sie ihm Tee und Kuchen an. Während sie Rügemer bedeutete, auf dem besten Stuhl Platz zu nehmen, ging ich zur Tür zurück.

»Ich helfe meinem Cousin schnell, den Schlitten abzuladen«, sagte ich.

Sobald wir draußen waren, flüsterte ich Zygmunt zu: »Frag bitte nicht, warum, aber ich möchte, dass du diese Teerpappe für mich aufhebst. Bitte vertraue mir.«

Zygmunt schaute mich für einen langen Augenblick an. Dann lächelte er und nickte. »Natürlich, Irena. Ich verstehe.«

»*Dziękuję* – Danke schön«, flüsterte ich, als er die schwere Rolle schulterte, um sie in die Scheune zu bringen.

Wir blieben ungefähr eine Stunde, während der Pani Pasiewska kaum einen Moment ruhig sitzen blieb. Ihre Gastfreundschaft gebot ihr, ihrem wichtigen Gast von allem das Beste anzubieten. Obwohl der Major bat, sie möge sich keine Umstände machen, bestand sie darauf, ihre besten Tassen aus dem Schrank zu holen und eine weiße Tischdecke aufzulegen, die vermutlich seit ihrer Hochzeit nicht mehr benutzt worden war. Die Kinder hielten sich die ganze Zeit hinter der Treppe versteckt und starrten eingeschüchtert auf die Furcht erregende Uniform des Majors. Pasiewski und der Major sprachen über Landarbeit, über das Wetter und über die Aufgaben eines Försters. Pani Pasiewska nahm eine Wildschweinwurst aus dem Kamin, die dort zum Räuchern hing, und schnitt dicke Scheiben für uns ab. Sie war köstlich, aber vor lauter Nervosität konnte ich sie gar nicht richtig genießen. Als der Major sich endlich zum Aufbruch erhob, sprang auch ich erleichtert von meinem Stuhl hoch.

»Ich komme wieder, so bald ich kann«, sagte ich. »Vielen, vielen Dank.«

Auf der Rückfahrt schwärmte der Major von den einfachen Freuden des Landlebens und schwelgte in Erinnerungen an

Wanderungen, die er in seiner Jugend in den deutschen Alpen und im Schwarzwald unternommen hatte. Ich antwortete nur das Notwendigste, da ich in Gedanken bereits der Frage nachhing, was ich Pasiewski sagten sollte, wenn ich wegen der Teerpappe zurückkam.

In den nächsten Tagen wurde das Wetter wieder milder. Der Schnee schmolz und bedeckte die Straßen mit bräunlichem Matsch, sodass ich weder den Schlitten noch das Fahrrad benutzen konnte. Aber im November kamen die nächsten heftigen Schneefälle und ich machte mich wieder auf den Weg in den Wald. Ich traf Zygmunt in der Scheune an, wo er seiner einzigen Kuh, die wiederkäuend in ihrer Box döste, frisches Heu brachte. Die Scheune war erfüllt von dem starken, süßlichen Geruch, den das Tier verströmte, und dem Duft des Heus.

»Also, du wolltest mir etwas erzählen?«, sagte Pasiewski und kaute auf dem Ende seines Schnurrbartes herum.

»Zygmunt«, setzte ich an. »Ich brauche die Pappe für – für ein paar Leute, die im Wald leben.«

Er stieß seine Mistgabel in einen Strohballen. »Irena, hast du wirklich geglaubt, dass ich das nicht längst erraten hätte?«

Ich schluckte.

»Also, weißt du, es gibt viele Leute, die sich in den Wäldern von Janówka verstecken, und du bist nicht die Einzige, die diesen armen Seelen hilft. Ich habe mich schon gefragt, wann du es mir endlich erzählen würdest.«

Vor Erleichterung ließ ich mich auf einen Strohballen plumpsen. »Das Gleiche könnte ich von dir sagen!«, erwiderte ich schließlich.

Er grinste. »Nun ja, jetzt sind wir ja schließlich verwandt. Wir müssen einander vertrauen. Ich bringe dir die Teerpappe, dann solltest du dich auf den Weg machen.«

Ich ging hinaus zum Schlitten. Aus den Nüstern des Pferdes kamen bei jedem Ausatmen dicke Dampfwolken. In seiner Mähne hingen überall kleine Eisklümpchen.

»Danke, Zygmunt.«

»Du kannst auf mich zählen, Irena. Vergiss das nicht.«

»Alles Gute, Cousin.«

Die Schlittenkufen hinterließen eine tiefe, kreisförmige Spur im Schnee, als ich das Pferd wenden und dann antraben ließ. Der Wind traf mein Gesicht wie Ohrfeigen. Er drang durch sämtliche Knopflöcher meines Mantels und schon bald war ich völlig durchgefroren. Der Schnee dämpfte das Geräusch der Pferdehufe und entlockte den Schlittenkufen ein zischendes Geräusch, wenn sie den Schnee zwischen den Fahrspuren durchschnitten. Als ich endlich in der Nähe des Lagers angekommen war, ließ ich das Pferd neben der Straße anhalten. Ich warf die Zügel über einen herabhängenden Ast und zerrte die Rolle Teerpappe von der Ladefläche. Abseits von der Straße lag der Schnee so hoch, dass er von oben in meine Winterstiefel eindrang. Nach ein paar Minuten hörte ich einen Warnpfiff und sah schon bald ein vertrautes Gesicht auftauchen.

»Irene, vielen Dank, dass du gekommen bist«, sagte Abram, als er mir die schwere Rolle abnahm.

»Das ist für euer Dach«, erklärte ich, während ich hinter ihm herstapfte. »Wie geht es euch bei dem Schnee?«

»Miriam ist sehr krank«, sagte Abram. »Hermann ist außer sich vor Sorge.« Ich spürte einen Stich im Herzen.

»Was hat sie denn?«

Er zuckte trotz der schweren Last mit den Schultern. »Ich weiß es nicht, aber Hermann meint, es könnte eine Lungenentzündung sein.«

Ich beschleunigte meine Schritte. Als wir bei dem Unterstand ankamen, ging ich sofort zu Miriam, die offensichtlich hohes Fieber hatte und ständig husten musste. Hermann Morris kauerte neben seiner Frau und hielt ihre Hand. Er schaute mich betroffen an.

»Irene …«

Miriams Schultern bebten, als sie von dem nächsten Hustenanfall geschüttelt wurde. In dem Erdloch war es bitter kalt. Selbst mit meiner geringen Erfahrung als Krankenschwester war mir sofort klar, dass sie in einem äußerst schlechten, vielleicht sogar lebensbedrohlichen Zustand war. Ich blinzelte durch die Öffnung nach draußen, wo das Tageslicht allmählich schon verblasste. Es begann schon wieder zu schneien.

»Wickelt sie in eine Decke. Ich nehme sie mit«, sagte ich.

Miriam öffnete ihre Augen und versuchte mich anzusehen. »Irene?«

»Ich nehme dich mit ins Warme, Miriam. Du wirst wieder gesund.«

»Hermann?«, fragte sie schwach.

»Komm, meine Süße«, sagte er und begann, sie hochzuziehen. »Abram, wickle die Decke fester um sie.«

Hermann stolperte mit seiner Frau auf den Armen aus dem Versteck. Schneeflocken setzten sich auf Miriams Wimpern, aber sie war zu schwach, um sie wegzuwischen. Ohne zu sprechen, gingen wir zurück zu Straße, wo das Pferd stampfend in der Kälte wartete. Hermann legte seine Frau auf die Ladefläche, zog die Decke über sie und stopfte sie fest. Er wirkte wie betäubt, als erwarte er nicht, sie jemals wiederzusehen.

»Kann sie zur Not ein Stück gehen?«, fragte ich, während ich auf den Schlitten kletterte. »Ich kann sie nicht allein tragen.«

»Sie wird es schaffen.« Hermann trat einen Schritt zurück und versuchte, die Tränen aus seinen Augen wegzublinzeln.

Ich musste mich darauf verlassen, dass sie es schaffen würde. Der Schneefall wurde heftiger und bald würde es völlig dunkel sein. Ich gab dem Pferd ein Zeichen, aber es brauchte nicht weiter angetrieben werden, um sich auf den Weg zurück in die Stadt zu machen. Ich betete ununterbrochen, betete, dass Miriam überleben würde, betete, dass der Major noch nicht zu Hause war, wenn ich zurückkehrte, betete, dass es mir gelingen würde, die kranke Frau in den Keller zu schmuggeln, betete, dass der Krieg bald zu Ende war, damit das Leid dieser Leute auch endlich ein Ende hätte. Der Schnee wirbelte unterwegs in dicken Wolken von den Schlittenkufen hoch und löste sich in der Dunkelheit neben dem Straßenrand auf.

Die Strafe, wenn man einem Juden hilft

Ich hatte Glück. Es gelang mir, Miriam zu den anderen in den Keller zu bringen. Ich schleifte sie durch den Garten zum Hintereingang, dann stolperten wir die Kellertreppe hinunter, wo unsere überraschten Freunde uns mit offenen Armen empfingen. In den darauf folgenden Tagen wurde das Wetter immer schlechter und der Gedanke an die Leute im Wald ließ mich jedes Mal erschauern. Überall im besetzten Polen – in ganz Europa, besser gesagt auf der ganzen Welt, nämlich überall dort, wo der Krieg wie ein Buschfeuer über Dutzende Länder hinwegfegte – lebten Menschen wie gejagte Tiere im Wald, in den Bergen oder in unwegsamen Sumpfgebieten. Es war mittlerweile Ende November 1943 und die Deutschen terrorisierten die Menschen in den besetzten Länder in immer noch zunehmender Härte. Kein Tag verging, an dem wir nicht neue Schreckensmeldungen von Verhaftungen, Hinrichtungen, Deportationen, Massakern und Invasionen hörten; im Namen des Dritten Reichs wurden die schlimmsten Verbrechen begangen, die Menschen einander antun können.

Auch in Ternopol kam es zu grausamen Gewalttaten. Sie wurden häufig in der Öffentlichkeit durchgeführt, mit dem Ziel, die Menschen abzuschrecken, ihnen vorzuführen, was auch ihnen widerfahren konnte, wenn sie nicht aufpassten. Ein eisiger Frost hatte das Land fest im Griff und an den Seiten der Straßen lagen mannshohe Schneewehen. Als ich eines Samstagnachmittags, beladen mit Seife und Toilettenpapier, vom Warenhaus nach Hause ging, entschied ich mich für den kürzesten Weg, den ich sonst selten nahm. Er führte mich über einen Platz, auf dem ein Galgen stand, und normalerweise mied ich ihn, um mir diesen Anblick zu ersparen. Doch an jenem Tag blies ein unbarmherziger Wind und ich sehnte mich danach, so schnell wie möglich in die Villa zurückzukehren, um mir die Hände an einer Tasse heißem Tee zu wärmen. Als ich an dem Platz ankam, drängte sich dort bereits eine große Menschenmenge. SS-Männer in schwarzen Mänteln befahlen den Leuten, stehen zu bleiben und sich nicht von der Stelle zu rühren, bevor sie die Erlaubnis dazu gaben. Ich reckte meinen Hals, um über die Köpfe der Leute, die in Mützen und Schals eingemummelt waren, hinwegzusehen.

Die Menschen standen dicht gedrängt um den Galgen herum. Jemand schob mich von hinten und zwischen fremden Armen und Schultern und Paketen mit Brotrationen und Feuerholz stolperte ich vorwärts. Wir sahen, wie ein polnisches Ehepaar, das seine zwei kleinen Kinder auf dem Arm trug, gezwungen wurde, auf die Plattform unterhalb des Galgens zu klettern. Hinter ihnen stand ein weiteres Ehepaar mit einem Kleinkind. Die drei wurden mit Gewehrläufen in Schach gehalten. Selbst aus der großen Entfernung konnte ich die gelben Sterne erkennen, die an ihren Mänteln angebracht waren. An dem Galgen hingen sieben Schlingen.

Dann wurden die Verbrechen verkündet, die den beiden Familien vorgeworfen wurden. Die Juden waren Feinde des Deutschen Reichs und die polnische Familie war verhaftet worden, weil sie ihnen Unterschlupf gewährt hatte. Die Juden mussten sterben, weil Hitler es verlangte. Die Strafe für Polen, die einem Juden geholfen hatten, war ebenso niederträchtig: Auch darauf stand die Todesstrafe. Keine Gerichtsverhandlung. Keine Gnade.

Die Hinrichtung dauerte nur einen Moment. Einen kurzen Moment. Eben noch hatten diese Menschen gelebt. Jetzt waren sie tot. Es schien unfassbar, dass es nur eine Kleinigkeit war, sieben Leben auszulöschen, und doch war es so. Wir Zuschauer standen wie betäubt da, sahen wie die Körper hin und her pendelten, sahen die kleinen Füßchen der Kinder, die in der Luft baumelten. Ich hatte das grausame Röcheln gehört, mit dem sie erstickten. Jetzt war es ganz still.

Wenn nicht die anderen Menschen so dicht um mich herum gestanden hätten, wäre ich sicher zusammengebrochen. In diesem Augenblick brüllten die SS-Männer ihre Kommandos, damit der Platz geräumt wurde. Bewegung kam in die Menge und ich stolperte irgendwie inmitten der anderen Menschen weiter. Ich weiß nicht mehr, wie ich den Weg zur Villa hinter mich gebracht habe. Meine Glieder waren erstarrt von der Kälte und der Brutalität, die ich als unfreiwillige Zeugin hatte mit ansehen müssen. Benommen schloss ich die Eingangstür auf und ließ den Schüssel mit zitternden Händen in meine Tasche zurückgleiten.

Wie gewöhnlich öffnete ich als Erstes die Kellertür, ging dann aber, unfähig, etwas zu sagen, in die Küche. Es dauerte nicht lange, bis Fanka und Clara auftauchten und mich dabei ertappten, wie ich gedankenverloren meine Einkäufe anstarrte.

»Irene! Was ist los? Ist etwas passiert?«, fragte Clara, die die Situation mit einem Blick erfasst hatte.

»Mir – mir geht es nicht gut«, flüsterte ich. Ich verkrampfte meine Arme in dem Versuch, mein Zittern zu verbergen.

Fanka ergriff meine Hände und begann sie zu reiben. »Du bist ja ganz durchgefroren«, schalt sie mich. »Was hast du nur gemacht?«

Wie durch dichten Nebel drang vom Flur her ein Geräusch an meine Ohren, und bevor ich noch etwas sagen konnte, wurde die Küchentür schwungvoll geöffnet und der Major trat ein.

Es gibt diese speziellen Augenblicke, bevor eine Katastrophe hereinbricht – jener Moment, bevor das herunterfallende Kristallglas auf dem Boden in Scherben zerspringt, der Kotflügel eines Autos den blindlings über die Straße rennenden Hund erwischt oder die Hand des Betrunkenen die seidige Kinderwange erwischt – Augenblicke, in denen die Zeit stehen zu bleiben scheint und jedes Geräusch verstummt.

Und dann bricht die Welt zusammen.

Clara und Fanka und ich standen wie versteinert vor dem Major und er wiederum starrte uns völlig verblüfft an. Dann begannen seine Gesichtszüge zu zittern, aber ohne ein Wort zu verlieren, machte er auf dem Absatz kehrt und ging wieder hinaus. Die Küchentür schwang in ihren Angeln vor und zurück. Dann hörten wir, wie auf der anderen Seite der Eingangshalle die Tür zur Bibliothek heftig zugeschlagen wurde.

»Großer Gott«, flüsterte Fanka.

Ich schoss durch die Küchentür und rannte den Flur entlang geradewegs in die Bibliothek.

»Herr Major!«, stieß ich hervor.

Er lief mit großen Schritten in dem Raum auf und ab und wirbelte herum, als er mich hörte. »Irene! Was, in Gottes Namen, haben Sie mir angetan?«, rief er.

»Es sind unschuldige Menschen!« Vor Panik verhaspelte ich mich beim Sprechen und begann zu weinen. »Sie haben nichts getan! Wie hätte ich bloß dastehen und mit ansehen können, wie sie umgebracht werden? Was hätte ich denn anderes tun sollen? Ich habe doch kein eigenes Zuhause, wo ich sie hätte verstecken können, sonst hätte ich sie doch niemals hierher gebracht! Liefern Sie sie nicht aus, ich flehe Sie an! Besudeln Sie Ihre Hände nicht mit dem Blut Unschuldiger – ich weiß, dass Sie ein guter Mensch sind! Dieser Krieg wird bald –«

»Genug«, unterbrach er mich. Sein Gesicht war rot vor Wut – und Angst. »Wie konnten Sie mich nur so täuschen, Irene? Ich habe Ihnen vertraut. Ich habe Ihnen ein Zuhause gegeben,

Sie unter meinen Schutz gestellt. Ich bin ein deutscher Offizier. Sie haben mich ruiniert!«

»Strafen Sie mich, Herr Major. Ich nehme die ganze Schuld auf mich – aber lassen Sie sie laufen!« Schluchzend warf ich mich vor seinen Füßen auf den Boden. »Ich flehe Sie an! Im Namen des Heiligen Vaters.«

Er schaute zur Seite, sein Kinn zitterte. »Lassen Sie mich nachdenken. Ich brauche Zeit zum Nachdenken.«

Ich griff nach seiner Hand und küsste sie, aber er entriss sie mir mit einem Ruck und verließ eilig das Zimmer. Als ich die Eingangstür zuschlagen hörte, sank ich auf dem Boden zusammen und brach erneut in heftiges Schluchzen aus. »Mamusia! Tatuś!«, würgte ich hervor. »Gott, hilf mir!«

Aber ich musste mich zusammenreißen und zusehen, dass ich auf die Beine kam. Meine Freunde im Keller mussten zu Tode erschrocken sein. Blind vor Tränen öffnete ich ungeschickt die Kellertür und lief die Treppe hinunter. Sie standen da, mit Gesichtern, die vor Angst aschfahl geworden waren. Alle hatten ihre Mäntel angezogen – sogar Miriam stand in ihren Schal eingewickelt da, bereit zu fliehen.

»Ihr könnt unmöglich das Haus verlassen«, sagte ich. »Rokitas Männer werden euch schnappen, sobald ihr am Tageslicht seid.« Ich begann, sie in Richtung Heizungskeller zu drängen, schob ihre versteinerten Körper vor mir her.

»Aber Irene – das ist Wahnsinn«, sagte Lazar.

»Geht in den Bunker und wartet auf mich – der Major wird nicht sofort handeln. Er weiß nichts von diesem Ort. Wartet drei Tage auf mich. Wenn ich dann nicht zurück bin, flieht durch die Kohlenschütte, wenn es dunkel ist, und versucht, nach Janówka zu kommen.«

Als wäre nichts geschehen, musste ich an jenem Abend zur Arbeit zum HKP gehen. Während ich in der eisigen Luft die Straßen entlangrannte, dachte ich die ganze Zeit darüber nach, ob ich wohl gerade dabei war, meinem sicheren Tod in die

Arme zu laufen. Wilde Fluchtgedanken schossen mir kreuz und quer durch den Kopf, wie Vögel, die in einem Netz zappeln, und nur ein schwacher Hoffnungsschimmer, dass der Major Gnade walten lassen könnte, hielt mich davon ab, auf der Stelle in den Wald zu fliehen.

Der Major saß während des Essens allein am Tisch. Er trank mehr als gewöhnlich und vermied es unter allen Umständen, mich anzuschauen. Einmal kam einer der anderen Offizier zu ihm und sprach ihn an, aber Major Rügemer bedeutete ihm mit einer Handbewegung, dass er sich nicht unterhalten wolle. Nachdem ich zunächst so heftig geweint hatte, fühlte ich mich jetzt ganz ruhig. Resigniert konnte ich nur noch abwarten, was passieren würde. Als ich mit meiner Arbeit fertig war, ging ich sofort zur Villa zurück. Dort setzte ich mich in die Bibliothek, faltete die Hände und legte sie in den Schoß. Ein eisiger Wind fuhr um das Haus und die wegen der Verdunklung geschlossenen Fensterläden bewegten sich im Luftzug. Die Heizkörper zischten und klapperten.

Endlich kam der Major nach Hause. Als ich ihn an der Vordertür hörte, stand ich auf. Seine Schritte schlurften ungleichmäßig über den Fliesenboden der Eingangshalle. Offensichtlich war er sehr betrunken. Dann öffnete er die Tür zur Bibliothek und kam herein. Eine ganze Zeit lang blieb er leicht schwankend stehen und schaute mich an, ohne ein Wort zu sagen.

»Möchten Sie einen Kaffee, Herr Major?«, fragte ich.

Er starrte mich immer noch an. »Nein.«

Mein Unbehagen wuchs. Ich machte einen Schritt auf die Tür zu, aber er verstellte mir den Weg. »Herr Major –«

Er kam auf mich zugeschwankt und griff nach meinen Armen, um mich an sich zu ziehen. »Ich werde Ihr gottverdammtes Geheimnis nicht verraten, Irene.«

Sein Atem roch nach Wodka und Tabak. In meinem Kopf drehte sich alles. Aus der faltigen Haut unter seinem Kinn sprossen graue Bartstoppeln hervor und eine kleine Verletzung verriet, wo er sich beim Rasieren geschnitten hatte. Ich wusste, was jetzt kommen würde, aber ich konnte es nicht glauben. Ich konnte es einfach nicht glauben! Seine Hände fanden die Knöpfe meiner Bluse und meinen Namen murmelnd begann er, mich auf Mund und Hals zu küssen. Ich versuchte ihn von mir wegzuschieben, aber er hielt mich fest.

»Ich will Sie schon so lange, Irene. Denken Sie, ich behalte Ihr Geheimnis für mich, ohne eine Gegenleistung zu erwarten?«

In diesem Augenblick überrollte mich ein Gefühl der Panik. »Major Rügemer, bitte –«

»Ich möchte, dass Sie mich auch wollen, Irene. Das ist mein Preis.«

Tränen rannen mir über die Wangen. Ich war verloren. Er nahm meine Hand und führte mich die Treppe hinauf.

Eine Mischung aus Scham und Demütigung überkam mich, als ich am nächsten Morgen die Augen öffnete und feststellte, dass ich in seinem Bett lag. Unwillkürlich krümmte ich mich zusammen und zerknüllte aufstöhnend eine Ecke des Betttuchs in meinen Fäusten. Die Badezimmertür öffnete sich. Der Major kam herein, er knöpfte gerade sein Hemd zu.

Er stellte sich neben das Bett und schaute zu mir herunter. Ein unsicheres Lächeln zeigte sich auf seinem Gesicht. »Sag mir, dass es gar nicht so schlimm war«, bat er mit leiser Stimme.

Ich konnte nicht antworten. Als er sich auf die Bettkante setzte und seine Hand auf meine Hüfte legte, kostete es mich einige Mühe, nicht hastig von ihm wegzurücken.

»Ich werde dich beschützen, Irene. Ich liebe dich. Du musst das doch längst gewusst haben. Ich könnte es nicht zulassen, dass dir irgendjemand etwas antut.«

Ich zwang mich zu nicken.

»Und deine Freundinnen sind hier sicher. Ich werde diese

Frauen nicht ausliefern, obwohl ich dadurch mein eigenes Leben in Gefahr bringe. Das verstehst du doch, nicht wahr?«

Wieder rang ich mir ein Nicken ab und er stand schwerfällig auf und verließ den Raum. Einige Augenblicke später hörte ich, wie die Eingangstür ins Schloss fiel. Ich sprang auf, griff nach meinen Kleidern und rannte barfuß nach unten. In meinem eigenen Badezimmer ließ ich heißes Wasser in die Wanne laufen. Als ich vor Wasserdampf beinahe nichts mehr sehen konnte, setzte ich mich auf den Wannenrand und presste die Handballen gegen meine geschlossenen Augen, bis ich das Gefühl hatte, Sternchen zu sehen. Ich ließ die Wanne randvoll laufen und glitt in das Wasser. Es war so heiß, dass mir die Tränen kamen. Sie tropften in die Wanne, während ich meinen Körper gründlich abbürstete. Das, was in jener Nacht passiert war, war schlimmer als eine Vergewaltigung gewesen.

Ich wusste, dass ich allein mit meiner Scham fertig werden musste. Niemals würde ich meinen Freunden erzählen können, was ich für ihre Sicherheit bezahlt hatte. Ihr Ehrgefühl würde es ihnen verbieten, mir diesen Handel zu erlauben.

Während ich mich anzog, fragte ich mich, wie das Ehrgefühl des Majors es zulassen konnte, dass *er* sich auf einen solchen Handel einließ. Ich hatte immer das Gefühl gehabt, dass unter der Uniform ein anständiger Mann steckte. Nie hatte ich beobachtet, dass er etwas Unüberlegtes tat, gewalttätig wurde oder jemanden ohne Grund tadelte. Aber offensichtlich hatte ich zu lange darauf gebaut, dass er sich von mir angezogen fühlte, hatte ihn zu lange ausgenutzt. Dass er jetzt sozusagen mit mir abrechnete, hätte mich eigentlich nicht überraschen dürfen.

Als ich schließlich in den Keller hinabstieg und meine Freunde aus dem Bunker unter dem Gartenpavillon zurückrief, hatte ich mich so weit wieder gefangen, dass es mir gelang, ihnen eine glaubwürdige Geschichte aufzutischen. Während sie mit den Füßen aufstampften, um sich zu wärmen, erklärte ich ihnen, dass der Major Mitleid mit ihnen hätte und sicher wäre, dass der Krieg ohnehin bald zu Ende ginge. Er hatte nur Franka und Clara zu Gesicht bekommen und keine Ahnung, wie viele Menschen tatsächlich im Keller waren. Rührt euch nicht vom Fleck. Bleibt ruhig. Ich regele das schon.

Es war schwer zu sagen, ob sie mir glaubten, aber sie hatten gar keine andere Wahl. Weil sie mir vertrauten, wussten sie, dass sie in Sicherheit waren, aber gerade das war ihnen rätselhaft. Um ihren Fragen aus dem Weg zu gehen, lief ich, so bald ich konnte, wieder hinauf. Ich zog meinen Mantel an, wickelte einen warmen Schal um Kopf und Schultern und verließ das Haus.

Ich sehnte mich danach, Pater Joseph mein Herz auszuschütten, aber an diesem Tag konnte ich unmöglich zu dem kleinen Dorf am Waldrand gelangen. Stattdessen suchte ich eine Kirche in der Nähe der Chopinstraße auf, wo ein Priester die erste Messe in diesem Advent lesen sollte. Vor dem Beichtstuhl standen bereits mehrere Leute an. Während ich wartete, betete ich ein tonloses Vaterunser. Endlich war ich an der Reihe und schloss die geschnitzte Holztür hinter mir. Hinter dem Gitter erkannte ich schemenhaft das Profil des Beichtvaters.

Nachdem mir die ersten Sünden flüsternd über die Lippen gekommen waren – Lebensmittel stehlen, lügen, meinen Feinden den Tod wünschen – und der Priester zu murmeln begann: *»Te absolvo«*, unterbrach ich ihn.

»Vater, da gibt es noch etwas anderes«, sagte ich und als er nickte, holte ich tief Atem. »Vater, um das Leben meiner jüdischen Freunde zu beschützen, bin ich die Geliebte eines deutschen Offiziers geworden.«

»Mein Kind, das ist eine Todsünde«, sagte er ohne Zögern.

Ich runzelte missbilligend die Stirn und ging mit dem Kopf näher an das Gitter heran. »Aber, Vater, wenn ich es nicht getan hätte, hätten elf Menschen ihr Leben verloren!«

»Durch dein Verhalten verlierst du deine unsterbliche Seele. Sie sind Juden.«

Ich hatte das Gefühl, als ginge ein Ruck durch meinen Körper, so, als sei soeben irgendein Hebel umgelegt worden. Ich wich von dem Gitter zurück und wurde mir plötzlich der Kälte bewusst, die von dem steinernen Fußboden aufstieg. Der murmelnde Gesang der Messe, die vor dem Altar gelesen wurde, drang durch den Beichtstuhl wie das stetige Summen einer Fliege an mein Ohr. Gelegentlich hörte man ein trockenes Husten oder das Scharren von Füßen aus Richtung der Gläubigen und ich nahm einen strengen Geruch nach nasser Wolle und ungewaschenen Körpern wahr.

Ich lenkte meinen Blick wieder auf das Profil des Beichtvaters hinter dem Gitter. »Vater, ich kann ihre Leben nicht einfach wegwerfen. Nicht einmal meiner eigenen Seele zuliebe.«

»Dann kann ich dir nicht die Absolution erteilen.«

Mit der Schulter stieß ich die Tür des Beichtstuhls auf und ging eilig durch das Seitenschiff der Kirche davon, damit der Priester mir nicht folgen konnte. In diesem Augenblick war mir, als legte ich meine Seele in Gottes Hand. So oft hatte mir Gott schon das Leben gerettet und ich war fest davon überzeugt, dass er einen Grund dafür hatte. Plötzlich war ich mir sicher, den Grund zu kennen: Ich sollte das Leben meiner Freunde retten. Der Preis, den ich dafür zahlen musste, war nichts im Vergleich dazu. Der Priester hatte mir zwar seinen Trost verwehrt, aber ich hatte den Segen Gottes. Nie zuvor war ich mir einer Sache so sicher gewesen.

Und so begann in der Weihnachtszeit für mich eine der merkwürdigsten Episoden des ganzen Krieges. Major Rügemer, der jetzt, da er mich »besaß«, so sanft wie ein Lamm war, sagte mir eines Abends beim Heimkehren, er sähe keinen Grund, warum »diese Frauen« im Keller eingesperrt leben sollten.

»Immerhin weiß ich, dass sie da sind, also können sie es ebenso gut etwas bequemer haben«, erklärte er, während er den Schnee von seinen Stiefeln abklopfte. »Sag ihnen, dass sie heraufkommen können. Es macht mir nichts aus.«

Ich schaute ihn überrascht an, was er mit einem freundlichen Lächeln quittierte. »Es ist Weihnachtszeit. Wir sollten es uns alle ein wenig gemütlich machen.«

»Aber –«

»Keiner wird es mitbekommen«, unterbrach mich der Major und zeigte auf die verdunkelten Fenster. »Wir sind hier absolut sicher.«

»Wunderbar«, sagte ich etwas benommen. Ich ging zur Kellertür und öffnete sie. »Clara! Fanka!«

Die beiden kamen unten an die Treppe. »Ist er weg?«, fragte Fanka.

Ich blickte über meine Schulter zurück. Der Major war in die Bibliothek gegangen. »Er sagt, ihr könnt jederzeit heraufkommen und es euch gemütlich machen, wenn er keinen Besuch hat.«

Lazar und einige der anderen Männer kamen neugierig herbei. »Meint er das ernst?«, fragte Thomas flüsternd.

Ich konnte mir ein Lachen nicht verkneifen. »Absolut ernst. Kommt, ihr beiden. Er möchte euch kennen lernen. Er ist wirklich sehr nett.«

Fanka und Clara kamen die Treppe herauf. Sie wirkten leicht besorgt, aber auch ein bisschen aufgeregt. Wir waren beinahe in ausgelassener Stimmung, als wir die Eingangshalle durchquerten und an die Tür zur Bibliothek klopften.

»Kommt«, ertönte es auf Deutsch.

Fanka sah blass aus, aber sie versuchte tapfer, zu lächeln. »Und du bist dir in ihm wirklich sicher?«

»Absolut. Los, lasst uns hineingehen.«

Ich führte die beiden in die Bibliothek und stellte sie dem Major vor. »Herr Major, das sind Clara und Fanka.«

»Guten Abend«, sagte er.

Clara, eine Deutsche, grüßte freundlich zurück, aber Fanka schaute mich fragend an. Normalerweise unterhielten wir uns in einer Mischung aus Polnisch und Jiddisch und Letzteres hat zum Teil große Ähnlichkeit mit dem Deutschen. Aber jetzt hatte Fanka offensichtlich Angst, das Falsche zu sagen.

»Er sagte *Guten Abend*«, übersetzte ich, »genauso, wie es sich anhörte.«

Sie lächelte und deutete einen Knicks an. *»Dobry wieczór«*, antwortete sie auf Polnisch.

»Ich habe nichts dagegen, wenn dir die beiden bei der Hausarbeit helfen«, fuhr der Major fort. »Es würde mich nicht wundern, wenn sie das die ganze Zeit schon gemacht haben.«

Ich hob meine Hände und zuckte mit den Schultern. Er lachte.

»Kommen Sie, kommen Sie! Wir wollen freundlich zueinander sein. Ich beiße nicht, das verspreche ich Ihnen.«

Clara schaute mich an und schüttelte vor Verblüffung den Kopf. »Jetzt wird mir vieles klar«, flüsterte sie.

Später am Abend, als ich den Mädchen vom oberen Ende der Kellertreppe aus gute Nacht sagte, wurden sie von den Männern umringt und mit Fragen bestürmt: Ihr habt wirklich Klavier gespielt und gesungen? Und gelacht? Hat eine von euch mit dem Major getanzt? Fankas und Claras Stimmen gingen in denen der anderen unter und als ich die Tür schloss, fühlte ich mich zum ersten Mal seit Monaten wirklich sicher.

Aber ich war froh, dass sie den Ausdruck auf meinem Gesicht nicht sehen konnten, als ich die Treppe hinauf in die zweite Etage ging. Ich ging zu Bett – aber nicht in meinem eigenen Schlafzimmer, sondern in dem von Major Rügemer.

In den Wald

Das Wetter wurde immer schlechter. Nachts, wenn ich den Wind im Schornstein heulen hörte, zog sich mein Herz bei dem Gedanken an meine Freunde im Wald zusammen. Wann immer ich den Schlitten ausleihen konnte und einen Tag frei bekam, brachte ich ihnen Nachschub. Eines Tages gelang es mir, Hermann Morris mit zurück zu schmuggeln, damit er seine Frau wiedersehen konnte, der es mittlerweile erheblich besser ging. Jetzt befanden sich zwölf Menschen in meiner Obhut und manchmal kam ich mir vor wir eine Henne, die zwölf Küken unter ihren Flügeln versteckt hält.

Zu meiner großen Freude erhielt ich eines Tages Post von Janina, die immer noch bei Tante Helen lebte. Es war das erste Mal, das mich ein Brief in der Villa erreichte, und ich staunte nicht schlecht darüber, aber ich war dankbar für die Neuigkeiten. Janina wollte bald zu unseren Eltern und Schwestern fahren und übermittelte deren Grüße und Gebete. Ich las den Brief so oft, bis ich ihn auswendig konnte, aber ich erfreute mich jedes Mal aufs Neue an der vertrauten Handschrift meiner Schwester. Ich fuhr die Worte mit dem Zeigefinger nach und versuchte mir dabei vorzustellen, wie sie sie geschrieben hatte. Mein Herz quoll über vor widerstreitenden Gefühlen: die ständige Furcht, die nicht nachlassende Scham über mein Verhältnis mit dem Major, die Erleichterung, dass meine Freunde durch mein Abkommen mit dem Major in Sicherheit waren, die Sehnsucht nach meiner Familie – manchmal wurde mir schwindlig bei dem Versuch, all diese Gefühle, die um die Vorherrschaft in meinem Herzen rangen, zu beherrschen.

Das Jahr 1944 begann und mit ihm rückte der Kriegsschauplatz an der russischen Front immer näher. In manchen Nächten, wenn die Stadt unter der eisigen Kälte wie erstarrt lag, drang aus Richtung Osten schwach das Geräusch der explodierenden Granaten zu uns herüber. Die Menschen begannen, Ternopol zu verlassen. Jeden Abend diskutierten die Offiziere im Speisesaal darüber, ob die Fabrik geschlossen werden würde oder nicht. Jedermann wartete auf Neuigkeiten aus Berlin. Es gab Gerüchte, dass Hitler mittlerweile unzuverlässig agiere, geradezu paranoid und hysterisch. Während sie über solche Gerüchte spekulierten, vermieden es die Offiziere, zu dem Bild des »Führers« an der Wand hochzublicken.

Auch Major Rügemer wirkte immer öfter beunruhigt und geistesabwesend. Zu meiner Erleichterung war er häufig zu müde, um mich darum zu bitten, sein Bett mit ihm zu teilen. Als wir an einem Februarmorgen beim Frühstück saßen, stellte er plötzlich abrupt seine Kaffeetasse zurück auf den Tisch und nahm meine Hand.

»Irene, ich habe schlechte Nachrichten für dich.«

»Was ist passiert?«

»Es gibt Anweisungen aus Berlin. Dort ist ein Gerücht angekommen, dass ich eine polnische Freundin habe. Ich muss mich von dir trennen.«

»Aber was ist mit –« Unwillkürlich schaute ich zur Tür.

»Du musst sie loswerden! Irene, ich kann dich beschützen, aber auch für mich gibt es Grenzen!«, sagte er ärgerlich. »Ich mag deine Freundinnen ja auch sehr gern, aber du musst mich verstehen – sie müssen weg.«

»Natürlich«, sagte ich. Mir kam es gar nicht in den Sinn, mich zu fragen, was aus mir selbst werden würde. Mein einziger Gedanke galt der Frage, wie ich zwölf Menschen aus dem Haus schmuggeln sollte, wenn das ganze Land im Zustand höchster Alarmbereitschaft war.

»Ich muss heute nach L'vov und werde für ein paar Tage fort bleiben«, fuhr der Major fort und stand auf. »Ich möchte, dass sie weg sind, wenn ich wiederkomme.«

»Ja, Herr Major.«

»So oder so müssen wir alle Ternopol sehr bald verlassen. Du musst das begreifen. Die Russen …«

Er nahm seinen Aktenkoffer und verließ das Haus. Während ich die Küche saubermachte, dachte ich darüber nach, welche Möglichkeiten mir blieben. Schließlich ging ich in den Keller, um von den Neuigkeiten zu berichten.

»Irene kommt!«, rief Wilner, als er mich auf der Treppe erblickte.

»Guten Morgen, Irene«, begrüßte mich Ida. Sie versuchte es sich auf einem Stuhl bequem zu machen und legte die Hände auf ihren Bauch. Das Baby wuchs und sie war bereits etwas schwerfällig geworden.

»Ich möchte, dass ihr mir gut zuhört«, begann ich und wartete, bis die anderen nach und nach ihre Bücher und Handarbeiten beiseite gelegt hatten und schließlich alle um mich herumstanden. Ich schaute in ihre Gesichter und erkannte den besorgten Ausdruck darin.

»Die Russen werden bald hier sein. Ihr müsst die Granatwerfer auch schon gehört haben«, sagte ich. »Ihr könnt nicht länger hier bleiben. Ich schlage vor, dass ich den Schlitten besorge und zunächst die Männer in den Wald bringe. Hermann und Miriam werden euch bestätigen, dass der Unterschlupf dort nicht besonders groß ist. Er muss um Einiges vergrößert werden, bevor ihr alle dort Platz findet. Wir werden Schaufeln und Spitzhacken mitnehmen und so viel Baumaterial, wie wir ergattern können. Sobald der Unterstand dann groß genug ist, werde ich die Frauen ebenfalls hinbringen. Glaubt ihr, der Plan könnte funktionieren?«, beendete ich meinen Vortrag und schaute Lazar fragend an.

Auch die anderen sahen Lazar an. Er war derjenige, den sie fragten, wenn es um einen Rat ging. Uns allen entfuhr ein Seufzer der Erleichterung, als Lazar nickte. »Das macht Sinn. Und je eher wir anfangen, desto besser. Wann kannst du den Schlitten bekommen?«

»Ich kümmere mich sofort darum«, sagte ich und machte mich auf den Weg zur Treppe. »Ich würde gern in der Dämmerung losfahren. Haltet euch heute Nachmittag bereit. Henry, du hast eine ähnliche Figur wie der Major. Ich möchte, dass du seinen Hut und Mantel anziehst und mit mir fährst.«

An jenem Abend leuchtete der Himmel im Osten rot wie bei einem Sonnenuntergang und am Horizont erkannte man die Blitze des Granatfeuers. Als ich von dem Schlitten, den ich auf die Auffahrt neben der Villa gelenkt hatte, abstieg, konnte ich spüren, wie der schneebedeckte Boden unter meinen Füßen ganz leicht vibrierte. Ich rannte die Stufen zur Vordertür hinauf.

Henry Weinbaum stand in der Eingangshalle und begutachtete seine Erscheinung im Spiegel.

Ich salutierte. »Herr Major.«

»Fräulein.« Er schlug die Hacken zusammen und deutete eine Verbeugung an. In Rügemers Kleidung hätte man ihn auf den ersten Blick für den Major halten können.

Gemeinsam luden wir Schaufeln und andere Gartengeräte sowie sämtliche Bauholzreste, die wir im Schuppen fanden, auf die Ladefläche des Schlittens. Zur Tarnung legten wir einige Transportdecken darüber. Dann holten wir nacheinander Lazar, Thomas und Hermann aus dem Keller und versteckten auch sie unter den Decken. Henry nahm die Zügel und das Pferd machte einen Satz nach vorn. Der festgetretene Schnee wurde in großen Klumpen nach hinten geschleudert.

Jetzt, da die Russen so nah standen, war die deutsche Armee in stetiger Alarmbereitschaft. Auf dem Weg nach Janówka mussten wir an zwei Patrouillen vorbei, doch obwohl bereits Ausgangssperre herrschte, wurden wir nicht angehalten. Offensichtlich verfehlte Henrys Uniformmantel, dessen Silhouette sich trotz der Dämmerung noch klar gegen die verschneite Landschaft abhob, nicht seine Wirkung. Ein Soldat salutierte sogar, als wir an ihm vorbeifuhren! Anscheinend hatte er nicht ansatzweise den Verdacht, dass dieser »Offizier« im Begriff war, Juden in den Wald zu bringen. Endlich, das Donnern der Explosionen an der Front nahm abermals zu, erreichten wir den Wald. Als es wegen der dichter werdenden Bäume plötzlich dunkler wurde, spähte Hermann unter seiner Decke hervor. Auf seinen Wink hin hielten wir an. Die drei Männer sprangen von der Ladefläche des Schlittens hinunter und nahmen die Geräte und das Baumaterial mit.

Wir schauten ihnen noch eine Weile lang nach, wie sie sich mit ihrer sperrigen Last unter den Armen einen Weg durch die Bäume suchten, dann verloren wir sie aus den Augen. Wir ließen das Pferd wenden und kehrten nach Ternopol zurück. Bei der zweiten Tour versteckten sich Wilner, Steiner, Rosen und Weiss unter dem Stapel Decken, den die Männer mit in den Wald nehmen sollten, während Henry und ich die zehn Kilometer nach Janówka fuhren. Als wir angekommen waren, schlüpfte Henry aus dem Mantel des Majors und legte den Hut auf den Sitz.

»Gott sei mit dir«, sagte Henry. Er folgte den anderen in den Wald, dann blieb er noch einmal stehen, drehte sich zu mir um und winkte mir kurz zu.

Ich winkte zurück und dann war auch er verschwunden. Auf der einsamen Rückfahrt nach Ternopol war ich stets auf der Hut vor eventuellen Patrouillen. Einmal mehr hatte ich das Gefühl, dass Gott auf mich aufpasste und dafür sorgte, dass ich sicher zur Villa zurückkehrte.

Eine Woche später, als der Major viel in der Fabrik zu tun hatte (und davon ausging, dass in seinem Haus keine Fremden mehr waren), fuhr ich noch einmal in den Wald, um mir ein Bild davon zu verschaffen, wie die Bauarbeiten an dem Unterstand voranschritten. Die Männer hatten hart gearbeitet, den gefrorenen Boden aufgehackt und eine Höhle gegraben, wobei sie etliche dicke Baumwurzeln zerhacken mussten. Seit ich sie zuletzt gesehen hatte, war die Höhle mit einem klapprigen Blechöfchen ausgestattet worden, aus dessen leckem Rohr der Rauch in die Luft stieg. Der neue Unterstand war beinahe fertig, aber trotz der Wärme, die der Ofen verströmte, war es drinnen nass und ungemütlich. Ich mochte mir nicht ausmalen, Ida hierher bringen zu müssen. Sie hatte für die Geburt ihres Babys einen besseren Ort verdient als ein Loch im Boden!

Auf dem Rückweg hielt ich bei den Pasiewskis an.

»Hilf mir, Zygmunt«, bat ich. »Ich muss eine schwangere Frau aus dem Haus schaffen. In ihrem Zustand kann sie unmöglich draußen im Wald leben.«

Von fern hörten wir die Einschläge der Granaten. Zygmunt zog seinen Stuhl näher an mich heran und sprach mit leiser Stimme, damit seine Kinder, die in der Nähe des großen Ofens spielten, ihn nicht hörten. »Hier in der Hütte gibt es ein Versteck zwischen den Wänden. Da wäre Platz genug für sie und eine zweite Frau, die ihr helfen kann, wenn sie möchte.«

Mein Herz machte einen Sprung. Ich legte meine Hand auf seinen Arm. »Ich danke dir. Wann kann ich sie bringen?«

»Jederzeit. Und was ist mit dir selbst?«, fuhr er fort. Er nickte in Richtung Osten. »Werden sich die Deutschen nicht zurückziehen?«

Ich kaute auf meiner Unterlippe. »Ich weiß nicht – ich hatte noch gar keine Zeit, darüber nachzudenken. Aber ich muss auf jeden Fall irgendwohin gehen. Der Major hat den Befehl erhalten, mich loszuwerden.«

»Du kannst hier bleiben«, sagte Zygmunt.

»Aber –«

»Wir sind deine Familie, erinnerst du dich?«, unterbrach er mich. »Du musst bei uns bleiben.«

Ich wollte etwas sagen, aber ein dicker Kloß in meinem Hals hinderte mich daran. Trotz der furchtbaren Dinge, die ich in den letzten Jahren miterlebt hatte, waren mir in diesem schrecklichen Krieg immer wieder anständige und tapfere Menschen begegnet.

»Ich komme in ein oder zwei Tagen zurück. Wir müssen abwarten, was passiert«, sagte ich schließlich.

Der 6. März 1944 wurde als Datum festgelegt, an dem sich die deutsche Besatzung aus Ternopol zurückziehen würde; eine Nachhut sollte zurückbleiben und gegen die Rote Armee kämpfen. Die Russen waren immer weiter vorgerückt und das Dröhnen und Donnern der ständigen Bombardements ließen uns Tag und Nacht nicht mehr zur Ruhe kommen. Am Fünften des Monats, als der Major damit beschäftigt war, die Demontage der Fabrik zu überwachen, bereitete ich mich darauf vor, die Frauen aus dem Haus zu evakuieren.

»Helen bringt das Fuhrwerk des Bauern vorbei«, sagte ich. »Wir werden aussehen wie alle anderen Menschen, die vor den Russen fliehen. Packt ein, was ihr wollt, Besteck, Decken, Küchengerätschaften, alles, was ihr im Wald gebrauchen könntet.«

Clara, Ida, Fanka und Miriam mussten kein zweites Mal aufgefordert werden. Systematischer, als Plünderer vorgegangen wären, aber weniger behutsam als beim Verpacken des eigenen Hausstands für einen Umzug packten wir alles ein, was zu transportieren war und eventuell nützlich sein konnte. Als Helen schließlich mit der *dorożka* vorfuhr, begannen wir sofort, die Lebensmittel und Haushaltswaren aufzuladen – ganze Säcke voller Mehl, Leinen, Messer und Federbetten. Die Frauen hüllten sich in Schals und Kopftücher ein. Von Kopf bis Fuß als einfache Landsleute getarnt, schlossen wir uns dem Pulk Fuhrwerke und Lastwagen an, die bereits in Richtung Westen flohen – nach L'vov, Drogobych, Przemyśl, irgendwohin, wo die Russen nicht waren.

Niemand hielt uns an – wir unterschieden uns in nichts von den anderen Zivilisten, die die Stadt verließen. Wir sahen eine alte Frau, die ihre Kuh, die nur noch aus Haut und Knochen zu bestehen schien, mit einem spitzen Stock vor sich her trieb. Ein einarmiger Mann schleppte einen prall gefüllten Sack über der Schulter. Ein Priester hielt ein Dutzend Waisenkinder zur Eile an, auf die Ladefläche eines Lastwagens zu klettern. Autos hupten, Pferde wieherten, Männer und Frauen riefen durcheinander und schimpften, als der Verkehr vor einer Brücke ins Stocken geriet. Mir fiel auf, wie sehr diese Szenerie der Flucht aus Radom 1939 glich – und wie sehr sie sich gleichzeitig davon unterschied. Diesmal flohen die verängstigten Einwohner in die andere Richtung und verließen ihre Stadt zusammen mit den Deutschen. Natürlich waren überall auch Soldaten, aber sie waren zu sehr damit beschäftigt, den Rückzug der Armee zu bewerkstelligen, als dass sie sich um die Zivilbevölkerung hätten kümmern können. In den Gesichtern der Menschen stand keine Panik geschrieben, sondern eher der Unmut über die lästigen Umstände. Nachdem sie die langen Kriegsjahre bis dahin überstanden hatten, wollten sie nun nicht noch dieses Chaos erleben. Sie wollten ihre Ruhe haben und das Bisschen, was ihnen geblieben war, retten. Wir fuhren inmitten des Konvois verbitterter Flüchtlinge, bis endlich rechts die Straße nach Janówka abging.

Im Wald angekommen, ließen wir zunächst Clara und Miriam absteigen. Miriam kannte die richtige Stelle und machte sich mit Clara auf den Weg zwischen den Bäumen hindurch zum Versteck. Dann fuhren wir die letzten Kilometer weiter bis zu Zygmunt Pasiewskis Hütte. Fanka half Ida beim Absteigen, während Helen und ich die Lebensmittel und die Ausrüstung von der *dorożka* abluden und im Schuppen verstauten.

»Ich komme zurück und schaue nach euch, sobald ich kann«, sagte Helen und küsste mich zum Abschied auf die Wange. »Lass mich die *dorożka* und das Pferd nehmen – wir könnten sie brauchen. Ich gehe nicht aus Janówka fort, solange Henry hier ist.«

Sie kletterte auf den Kutschbock. Ohne ein weiteres Wort zu verlieren, schlug sie mit den Zügeln leicht auf den Rücken des Pferdes und fuhr davon.

Ich ahnte, dass ich Helen niemals wiedersehen würde. Einen Moment lang stand ich allein auf der Lichtung vor Pasiewskis Hütte. Allein. In einiger Entfernung hörte man dumpf das Donnern der Artillerie, aber hier draußen war es still. Ich spürte einen kalten Wind, er schien die Stille noch zu verstärken. Am Himmel flogen Krähen nach Westen. Mein Blick folgte ihnen, bis sie hinter den Baumkronen verschwunden waren.

Leicht benommen ging ich schließlich ins Haus. Ich hatte keine Vorstellung, wohin mich der Krieg als Nächstes führen würde. Aber eines war klar: Die Deutschen befanden sich auf dem Rückzug. Der feste Griff, mit dem sie diesen Teil Polens so lange umklammert hatten, war gelöst und meine Freunde waren frei. Ich hatte sie lebend hierher gebracht.

»Du bist wie Moses«, hörte ich Zygmunt sagen.

»Nein, nein.« Ich starrte auf meine Hände. Sie waren kalt und ich begann, sie langsam gegeneinander zu reiben, als hätte ich sie noch nie zuvor gesehen. Hätte ich nicht glücklich sein müssen? Seltsamerweise fühlte ich mich niedergeschlagen, weil ich meine große Aufgabe jetzt zu Ende gebracht hatte. Ich wusste, dass Moses sich den Israelis in Kanaan nicht angeschlossen hatte. Gott brachte Moses zum Gebirge Pisga und ließ ihn auf das Gelobte Land schauen; aber dann starb Moses, weil Gott es so bestimmt hatte. Wenn ich war wie Moses, würde ich in Zukunft nicht in dem befreiten Polen wohnen.

Was hatte Gott für mich bestimmt?

Eine Woche darauf kam Major Rügemer zu der Hütte. Rokita saß auf der Fahrerseite im Wagen.

»*Matka Boska!* – Mutter Gottes!«, entfuhr es Zygmunt, der aus dem Fenster schaute, weil er das Motorengeräusch gehört hatte. »Neben deinem Major sitzt ein SS-Offizier.«

Ich legte das Brot weg, das ich gerade geschnitten hatte, und stellte mich neben Zygmunt ans Fenster. Der Major kam mit großen Schritten über den mit Schneematsch bedeckten Hof auf die Hütte zugelaufen und rückte den Schirm seiner Mütze gerade.

Ich warf mir ein Tuch über die Schultern und ging zu ihm hinaus. Aus Richtung Ternopol hörte man das Donnern von Explosionen. Die Bombardements waren jeden Tag heftiger geworden.

»Herr Major!«

»Hol deine Sachen, Irene. Wir brechen auf.«

»Rücken die Russen weiter vor?«, fragte ich. Ich konnte sehen, wie Rokita im Wagen ungeduldig mit den Fingern auf das Lenkrad trommelte. Hinter mir öffnete sich die Tür und Zygmunt kam heraus, eine beeindruckende und zugleich beruhigende Erscheinung.

Major Rügemer nickte ihm kurz zu. »Unsere Panzereinheiten werden in Kürze eine Gegenoffensive starten«, sagte er zu mir. »Wir fahren einstweilen nach Kielce. Beeile dich, Irene. Du kommst mit mir.«

Ich wandte mich ab, um die Tränen zu verbergen, die mir in die Augen schossen. Ich hätte ablehnen können, mit ihm zu fahren – aber Kielce lag in der Nähe von Radom. In der Nähe von Kraków. Näher bei meiner Familie. Eilig ging ich hinein, um meine Habseligkeiten packen.

Zygmunt ließ den Major draußen stehen, folgte mir in die Hütte und schloss die Tür hinter sich. »Irena, hör mir zu«, sagte er hastig. »Lauf weg von ihm, wenn ihr nach Kielce kommt. Erkundige dich bei irgendjemandem, wie du zur Owocowa-Straße kommst. Schlag dich zum Haus meines Schwagers, Marek Ridel, durch und frage dann nach Mercedes-Benz.«

»Was?« Verwirrt wischte ich mir mit dem Handrücken die Tränen vom Gesicht.

»Du kannst dich den Partisanen anschließen – sie brauchen Leute wie dich.«

Meine Hand erstarrte mitten in der Bewegung.

»Den Partisanen?« In diesem Augenblick wurde mir klar, dass es das war, worauf ich gewartet hatte – ich würde mich den Partisanen anschließen und damit auf der Seite der Außenseiter, der Geächteten bleiben. Ich hatte so lange das Leben einer Widerstandskämpferin geführt, dass ich mir gar nicht vorstellen konnte, irgendetwas anderes zu tun. Ich würde weiterkämpfen. Das war mein Leben. Das war das Leben, das ich führen wollte, gegen die Feinde Polens kämpfend. *Die Rache ist mein, sagte der Herr*, aber ich hatte noch etliche Rechnungen mit den Deutschen und den Sowjets zu begleichen.

»Mercedes-Benz«, wiederholte ich. »Marek Ridel, Owocowa-Straße. Gott segne dich, Zygmunt. Pass gut auf meine Freunde auf. *Do widzenia* – Auf Wiedersehen.«

Zehn Minuten später saß ich bereits unter einer Decke versteckt hinten im Wagen des Majors und fuhr in Richtung Westen, weg von der vorrückenden Roten Armee mit ihrer alles zerstörenden Artillerie.

Zwei Tage lang holperte unser Konvoi aus Autos und Lastwagen quer durch die Ukraine nach Westen. Major Rügemer und Rokita bestanden darauf, dass ich mich versteckt halten sollte, sie wollten unangenehme Fragen vermeiden, für den Fall, dass wir mit einer Patrouille konfrontiert wurden. Wahrscheinlich war es gesetzeswidrig, polnische Zivilisten mitzunehmen, und ich staunte, dass der Major wegen mir so viel aufs Spiel setzte und Rokita ihn deckte. So kauerte ich mich während der ganzen Fahrt unter der Decke zusammen, die unangenehm nach einer Mischung aus Mottenpulver und Schweiß roch. Die Straßen trugen die Narben der langen Kriegsjahre. Sie waren voller Schlaglöcher, sodass ich ordentlich durchgerüttelt wurde. Immer wieder stieß ich mir den Kopf und biss mir dabei selbst auf die Zunge. Ansonsten bekam ich von der Fahrt überhaupt nichts mit, ich hätte es nicht einmal bemerkt, wenn wir denselben Straßenabschnitt immer wieder hin und zurück gefahren wären. Hinzu kam, dass ich durch die Fahrgeräusche und den röhrenden Motor nicht verstehen konnte, worüber der Major und Rügemer sich unterhielten. Aber es interessierte mich sowieso nicht, worüber sie sprachen, ich machte meine eigenen Pläne.

In Gedanken spielte ich die verschiedenen Möglichkeiten durch, wie ich ihnen entkommen konnte, wenn wir erst einmal in Kielce waren. Ich hatte sie schon so oft überlistet und getäuscht und zweifelte nicht einen Moment lang daran, dass es mir gelingen würde, ihnen zu entwischen. Zum ersten Mal seit Jahren war ich nur für meine eigene Sicherheit verantwortlich und in Gedanken befand ich mich bereits bei den Partisanen in Kielce.

Am späten Nachmittag des zweiten Tages verließ uns Rokita, um sich wieder seiner SS-Einheit anzuschließen, und der Major übernahm das Steuer. Als der Wagen endlich anhielt und der Major mich aufforderte, auszusteigen, knurrte mein Magen vernehmlich.

Ich schob die Decke weg, setzte mich auf und glättete mein Haar, das wegen der statischen Aufladung in alle Richtungen vom Kopf abstand. Es war dunkel. Ich spähte durch das Fenster, während der Major die Fahrertür öffnete. Wir parkten vor einem Hotel. »Ist das Kielce?«

»Ja. Komm, Irene, ich werde dir ein Zimmer besorgen.«

Mühsam kletterte ich aus dem Wagen und streckte meine schmerzenden Glieder. Ich fühlte mich von der langen Fahrt in der unbequemen Position völlig zerschlagen und hatte das Gefühl, jeden einzelnen Knochen zu spüren. Der Eingang des Hotels war rechts und links durch zwei Lampen schwach beleuchtet. Ich stolperte hinein. Der Major sprach mit dem Mann am Empfang, der mich misstrauisch musterte, während er einen großen Messingschlüssel über den Tresen schob. Major Rügemer nahm den Schlüssel und ging voraus die Treppe hinauf. Das Treppenhaus war eng und roch unangenehm nach einer Mischung aus Bier, kaltem Zigarettenrauch und Urin.

»Ich muss mich bei meinen Vorgesetzten melden, aber morgen früh komme ich dich holen«, sagte der Major, während er die Tür zu dem Zimmer aufschloss. »Versuch dich ein wenig auszuruhen.«

Ich zwängte mich an ihm vorbei in den kleinen Raum. Offensichtlich wollte er mich hier allein lassen. Ich konnte mein Glück kaum fassen.

»Ist das in Ordnung?«, fragte er.

»Wunderbar. Vielen Dank«, flüsterte ich. Ich drehte mich zu ihm um und schaute ihn an. Er wirkte erschöpft. Die Anspannung der letzten Zeit stand auch ihm ins Gesicht geschrieben und eines seiner Augenlider zuckte vor Müdigkeit. Trotz allem empfand ich eine gewisse Dankbarkeit für ihn; immerhin hatte er mir dabei geholfen, etlichen Menschen das Leben zu retten. Ich spürte, dass ich bereit war, ihm zu verzeihen, was er mir angetan hatte. Ich legte meine Hand auf seinen Arm und küsste ihn auf die Wange. »Vielen Dank«, wiederholte ich.

Er lächelte matt. »Dann gute Nacht.«

»Auf Wiedersehen.«

Er blieb noch einen Moment lang an der Tür stehen und schaute mich an. Dann war er fort.

DRITTER TEIL

Wo kann ich zur Ruhe kommen?

Kämpfen

Erschöpft von der Flucht aus Ternopol fiel ich sofort in einen bleiernen Schlaf. Als ich am nächsten Morgen aufwachte, stand ich gleich auf, wusch mich, zog mich an und verließ das Zimmer. Ich wollte keine Zeit verlieren. Draußen schien eine blasse Sonne, aber am Straßenrand, der noch im Schatten lag, häuften sich schmutzige Schneereste. Ich zog meinen Mantel enger um mich und lief den matschigen Bürgersteig hinunter. Auf der anderen Seite entdeckte ich eine alte Frau, die einen zerbeulten Ölkanister trug. Ich überquerte die Straße und sprach sie an.

»Kennen Sie die Owocowa-Straße?«, fragte ich. »Wie komme ich da hin?«

Sie setzte den Kanister ab und blinzelte gegen das fahle Sonnenlicht. »Folgen Sie dieser Straße, bis Sie an einen Platz kommen. Wenn Sie sich dort links halten, laufen Sie genau auf eine Kirche zu. Irgendwo in der Ecke ist die Owocowa-Straße, am besten fragen Sie dort noch einmal jemanden.«

»*Dziękuję* – Danke schön.«

Während ich eilig bis zu dem Platz lief, hielt ich den Kopf gesenkt. Deutsche Militärfahrzeuge rasten an mir vorbei und spritzten Schneematsch und Schlamm bis auf den Bürgersteig. Ich hatte keine Papiere bei mir, die ich hätte vorzeigen können. Wenn sie mich anhielten, würde ich mich irgendwie herausreden müssen. Aber nachdem ich mich noch einige weitere Male nach dem Weg erkundigt hatte, stand ich schließlich tatsächlich in der Owocowa-Straße. Ein kleiner Junge, der gerade damit beschäftigt war, Steinchen in eine Wasserpfütze zu werfen, zeigte mir, wo Ridel wohnte. Ich ordnete noch einmal rasch mein Kleid und meinen Mantel, straffte meine Schultern und atmete tief durch. Dann klopfte ich. Die Tür öffnete sich einen Spalt weit.

Eine Frau mittleren Alters mit Zygmunts Augen und blonden Zöpfen, die sie rund um den Kopf festgesteckt hatte, spähte heraus. »Ja?«

»Pani Ridela? Ich bin hier wegen des Mercedes-Benz«, sagte ich.

Sie zuckte zusammen und ich befürchtete schon, einen Fehler begangen zu haben. Ich wurde blutrot. »Ich komme aus Janówka. Pasiewski hat mich geschickt«, stammelte ich.

Bei diesen Worten öffnete sie die Tür ganz und zog mich ins Haus. »Kommen Sie rein. Ich habe Sie zuerst für eine Deutsche gehalten. Wie geht es meinem Bruder?«

»Ich habe ihn zuletzt vor zwei – nein, vor drei Tagen gesehen«, begann ich, während ich mich von meinem dicken Schal befreite. »Da ging es ihm und seiner Familie gut. Ich heiße Irena Gutowna.«

Pani Ridela führte mich durch mehrere Räume bis in die Küche, die im hinteren Teil des Hauses lag. Auf dem Herd zischte ein Wasserkessel. »Tee?«, fragte sie und griff nach einer angeschlagenen Teekanne. »Es tut mir Leid, wir haben die Blätter schon ein paar Mal benutzt, aber ein wenig Farbe werden sie wohl noch abgeben.«

In den vergangenen Jahren hatte ich nichts entbehren müssen. In dem deutschen Warenhaus hatte es alle Lebensmittel gegeben, die ich brauchte. Und auch die Pasiewskis lebten nicht schlecht von dem, was der Wald an Nahrungsmitteln bot. Ich hatte beinahe vergessen, wie sehr die polnische Stadtbevölkerung darben musste – eine Kartoffel als Mittagessen, kein Fleisch und Tee, der so blass war wie Stroh.

Während sie das kochende Wasser über die armseligen Teeblätter goss und in der Kanne rührte, erzählte Pani Ridela von ihrem Bruder, den sie seit Jahren nicht gesehen hatte.

»Gerade heute Morgen habe ich ein Gerücht gehört, dass die ganze Gegend um Ternopol von den Sowjets ›befreit‹ wurde.«

Ich sank in meinen Stuhl zurück. »Gott sei Dank. Was für eine Erleichterung.«

Die Frau warf mir einen seltsamen Blick zu. »Sind Sie Kommunistin?«

»Ich? Nein, überhaupt nicht. Ich hasse die Sowjets«, antwortete ich heftig. »Aber das bedeutet, dass – nun, dass ein paar Leute, um die ich mich gekümmert habe, jetzt außer Gefahr und vor den Deutschen sicher sind.«

Pani Ridela goss uns Tee ein. »Juden?«

Ich nickte, glücklich, dass ich jemanden gefunden hatte, dem ich meine Geschichte erzählen konnte. Vielleicht war es leichtsinnig von mir, ihr zu vertrauen, aber immerhin stand sie in Verbindung zu den Partisanen und ich spürte einfach, dass ich ihr die Wahrheit sagen konnte. Während wir an unserem Tee – der eher heißes Wasser war – nippten, berichtete ich ihr in kurzen Worten, was ich in den letzten zwei Jahren erlebt hatte. Während der ganzen Zeit drangen die Geräusche aus den Nachbarwohnungen zu uns herüber: bellende Hunde, ein Kind, das nach seiner Mutter rief, das Geräusch eines Hammers, der auf Metall geschlagen wurde. Auf der Straße fuhren Autos zischend durch die matschigen Schneereste. Diese Hintergrundgeräusche untermalten meine Erzählungen und in meinem Kopf verwandelten sie sich in die gebellten Kommandos der Gestapo, das Jammern verängstigter Gefangener, das anhaltende Hämmern und Klopfen der Maschinen in der Munitionsfabrik, das Geräusch von Schlittenkufen auf hart gefrorenem Schnee. Während ich redete, schaute Pani Ridela in ihre Teetasse, als spiegelte sich dort mein Bericht in Bildern wider.

Die Küchentür öffnete sich und ein Mann mittleren Alters und mit blondem Haar, das an einigen Stellen bereits ergraut war, trat ein.

»Mein Mann, Marek Ridel«, sagte Pani Ridela. »Das ist Irena Gutowna. Sie ist gekommen, um über den Mercedes-Benz zu sprechen.«

»*Dzień dobry*«, nickte er mir zu.

»*Dzień dobry*, Pan Ridel.«

Er musterte mich einen Moment lang neugierig und blickte dann zu seiner Frau hinüber. Ich bemerkte, dass sie ihm verstohlen zunickte.

Marek Ridel entschuldigte sich und verließ die Küche. Seine Frau begann, von Polen zu reden, und was es wohl für das Schicksal unseres Landes bedeutete, wenn jetzt die Sowjets anstatt der Deutschen an die Macht kämen. Wir unterhielten uns lange und währenddessen wanderte der helle Fleck, den die Sonne auf dem Linoleumboden hinterließ, quer durch die Küche. Mir kam es vor, als würde ich Pani Ridela schon seit einer Ewigkeit kennen, und schüttete ihr unwillkürlich mein Herz aus. Unter Tränen beschrieb ich ihr Janinas Stimme, die köstlichen Kekse meiner Mamusia und wie gut der Rauch aus der Pfeife meines Vaters geduftet hatte.

»Die ist wunderschön«, murmelte ich und berührte die Stickerei auf Pani Ridelas Schürze. »Meine Mutter hatte auch so eine.«

»Ich habe diese Schürze von meiner Mutter geerbt«, antwortete sie. »Sie ist mittlerweile schon verschlissen, aber ich hänge sehr daran.«

»Ich habe kein Erinnerungsstück von meiner Mutter. Gar nichts von meiner Familie.« Pani Ridela legte ihre Hände über meine und ich ließ den Kopf sinken. Ich erblickte mein verzerrtes Spiegelbild in dem silbernen Griff des Teelöffels. Nicht einmal in meinem eigenen Gesicht konnte ich etwas entdecken, das mich an meine Familie erinnert hätte. Während ich mich um meine Freunde gekümmert hatte, hatte ich meine Familie verloren. Und jetzt, da auch die Freunde nicht mehr bei mir waren, fühlte ich mich plötzlich furchtbar einsam.

In diesem Augenblick trat Janek in mein Leben.

Die Tür öffnete sich und Marek Ridel kam in Begleitung eines wesentlich jüngeren Mannes herein. »Mein Sohn Janek«, stellte er ihn vor.

»Mein Vater sagte, dass Sie nach mir gefragt haben«, begann Janek. Mir verschlug es die Sprache. Gerade eben noch hatte ich mich so einsam gefühlt, wie nie zuvor in meinem Leben – und im nächsten Moment war Janek da.

»Ich bin Mercedes-Benz«, sagte er und setzte sich mir gegenüber auf einen Stuhl. »Willkommen.«

Alle jungen Mädchen träumen von der Liebe auf den ersten Blick. Im März 1944 war ich fast zweiundzwanzig Jahre alt, aber ich hatte mich schon seit Jahren nicht mehr als junges Mädchen gefühlt und an die Erfüllung von Träumen glaubte ich schon lange nicht mehr. Doch mit einem Mal begriff ich den Sinn aller Liebeslieder, die ich jemals gehört hatte. Ich liebte Janek so, wie ein Priester seinen Gott liebt: bedingungslos. Ich folgte ihm in die Wälder rund um Kielce, wo die Partisanen lebten. Ich folgte ihm blindlings und schloss mich ohne Zögern den Partisanen an. Natürlich tat ich es für Polen. Und ich tat es auch für mich, weil ich mir geschworen hatte, weiter gegen den Feind zu kämpfen. Aber am meisten tat ich es für Janek.

Ich bekam zunächst nur kleine Aufgaben zugeteilt, mit denen sie testen wollten, wie es um meine Gesinnung und zugleich um meine Nervenstärke bestellt war. Ich versteckte Zettel mit Nachrichten in dem dicken Haarknoten, den ich damals trug, und brachte sie zu den Leuten, die bei den Deutschen arbeiteten, aber für die Partisanen spionierten. Manchmal transportierte ich auch Päckchen mit Geldscheinen, die aus England ins Land geschmuggelt worden waren und für Waffen ausgegeben oder an eine andere Gruppe weitergeleitet wurden.

Ich wusste nie genau, wo die Befehle herkamen. Sie erzählten mir nie mehr als das Nötigste und ich drang auch nicht weiter in Janek ein. Obwohl wir unsere Aktionen mit denen anderer Partisanengruppen in der Gegend koordinierten, hatte ich den Eindruck, als habe unsere Zelle ihre eigenen Pläne und träfe unabhängige Entscheidungen. Die meisten unserer Anschläge entstanden allerdings spontan: Wenn wir von einer günstigen Gelegenheit erfuhren, die wir ausnutzen konnten, handelten wir sofort.

Unsere Feinde waren die Feinde Polens – die Deutschen und die Sowjets – und unser einziges Ziel war es, sie zu bekämpfen und zurückzuschlagen. Die Gebiete, aus denen sich die Deutschen zurückzogen, wurden sofort von den Sowjets besetzt – manchmal auch von den berittenen Kosaken, deren brutalen Angriffe auf die Dörfer berüchtigt waren. Wilde Geschichten und Gerüchte grassierten. Es hieß, dass einige deutsche Offiziere, insbesondere SS-Leute, desertiert seien, dass sie ihre Uniformen und Abzeichen abgestreift hätten wie Schlangen, die die Haut wechseln. Einige, so wurde gemunkelt, gingen so weit, dass sie sich einen gelben Davidstern besorgten und unter die jüdischen Freiheitskämpfer mischten. Aber sie waren leicht zu identifizieren: Keiner von ihnen konnte aus der Tora zitieren. Überall in den Wäldern Polens hallten die Schüsse der Exekutionskommandos wider.

Ich wusste, dass einige Mitglieder unserer Einheit Anschläge auf Nazioffiziere verübt hatten, sie hatten Waffen gestohlen, Bomben hergestellt und Kollaborateure erschossen. Ich wusste, dass diese Dinge wirklich geschahen. Mir war klar, dass ich indirekt an diesen Morden beteiligt war. Ich weiß nicht mehr, wie ich das mit all dem in Einklang brachte, was ich vorher getan hatte, mit all den Mühen, die ich auf mich genommen hatte, um Leben zu retten. Aber es gelang mir. Manchmal ließ ich meinen Blick über den Lagerplatz im Wald schweifen, wo wir unsere dürftigen Mahlzeiten am Lagerfeuer zubereiteten. Vielleicht fiel mein Blick dann auf Jerzy, der einen Wetzstein mit Spucke befeuchtete und damit sein Messer schärfte – das Messer, mit dem er sich ein Stück Wurst abschnitt –, und ich wusste, ohne dass es mir jemand erzählt hätte, dass er dasselbe Messer auch dem Feind in den Bauch rammen würde. Oder ich sah Aaron, wie er die Lagekarte eines nahe gelegenen Ortes studierte, und ich wusste, dass er einen Überfall aus dem Hinterhalt plante. Und dann kam jedes Mal die Erinnerung zurück, die Erinnerung an ein Baby, das in die Luft geworfen wird, und diese Erinnerung warf ihren Schatten auf meine Seele und ich dachte bei mir, ja, schärft eure Messer. Schärft sie. Stellt eure Fallen.

Dieses Gefühl des Trotzes und das gleichzeitige Wissen um die Gefahr ließen uns stets äußerst vorsichtig sein. Das Leben im Wald hatte unsere Sinne geschärft. Der beißende Rauch unseres Lagerfeuers, ein paar Glockenblumen am Wegesrand, ein Vogel, der hastig mit den Flügel schlagend unseren Weg kreuzte, die Stimmen unserer Freunde, die patriotische Lieder sangen – all diese Eindrücke überfielen uns bisweilen mit einer Intensität, die uns vor Ergriffenheit weinen ließ. Wir waren jung. Wir kämpften für unser Land. Und wir waren verliebt.

An einem Tag im April wurde ich durch eine kleine Zeremonie mitten im Wald offiziell als Mitglied in die Partisanengruppe aufgenommen. Pater Tadeusz, ein Priester, der unser Verbündeter war, vollzog das Ritual und die Kronen der Bäume ersetzten das Kirchengewölbe. Ich schwor einen feierlichen Eid, dass ich mein Heimatland beschützen würde und der Priester segnete mich und taufte mich auf meinen neuen Namen, den die Partisanen für mich ausgewählt hatten: Mała, was so viel hieß wie »Kleine«. Sie beschlossen, dass ich keine Waffe tragen sollte, weil ich so oft in die Stadt gehen musste. Stattdessen gaben sie mir eine Giftkapsel und ich schwor feierlich, dass ich mich damit selbst töten würde, sollte ich den Deutschen oder den Sowjets in die Hände fallen.

Nachdem alles vorbei war, gingen Janek und ich an einem Fluss spazieren. Seine Ufer waren von gelben Blumen gesäumt, die wie kleine Sterne wirkten. Die Sonnenstrahlen wurden von der Wasseroberfläche reflektiert und spiegelten sich auf Janeks Gesicht.

»Eigentlich dürfte ich gar nicht glücklich sein«, gestand ich und verschlang meine Finger mit seinen. »Unser Land ist immer noch vom Feind besetzt. Meine Familie ist weit weg. Und trotzdem bin ich glücklich.«

»Glücklich mit mir.« Janek legte seine Hand unter mein Kinn und drehte mein Gesicht zu sich. »Mała, mein kleines Vögelchen, ich weiß genau, was du meinst, denn mein Herz fühlt genauso. Ich liebe dich. Ich möchte dich heiraten.«

Ich lehnte meine Stirn an seine Brust, dorthin, wo sein Herz schlug. »Ich möchte dich auch heiraten.«

Noch am selben Abend liefen wir nach Kielce, um mit seinen Eltern zu sprechen. Die Ridels waren überglücklich, als sie unsere Neuigkeiten hörten, und drängten uns, doch bald einen Termin für die Hochzeit festzulegen. Wir einigten uns auf den 5. Mai, meinen Geburtstag, der nicht einmal mehr einen Monat entfernt war. Als wir später am Tisch saßen und aßen, wagte ich kaum, zu Janek hinüberzuschauen, der mir genau gegenübersaß: Ich hatte Angst, dass mich meine Gefühle überwältigen würden, wenn sich unsere Blicke begegneten. Schon lange hatte ich mich daran gewöhnen müssen, meine wahren Gefühle zu verbergen. Ich konnte selbst kaum glauben, wie glücklich ich in diesem Moment war.

Der Frühling kam und ließ die Natur ergrünen. Unsere Gruppe führte ihren Guerillakrieg fort, was mich aber nicht daran hinderte, mich ganz als zukünftige Braut zu fühlen. Am 2. Mai war ich bei den Ridels zu Besuch. Ich stand auf einem Stuhl und Janeks Mutter steckte den Saum meines Hochzeitskleides um.

»Du wirst aussehen wie ein Engel, Irenka«, schwärmte Pani

Ridela undeutlich, denn sie hatte den Mund voller Stecknadeln. »Wie ein wunderschöner Engel.«

Durch die Tüllgardinen sah ich, dass Janek mit großen Schritten auf das Haus zukam. Einen Moment später wurde die Tür aufgerissen und er stürmte herein, umfasste meine Taille und zog mich von dem Stuhl herunter.

»Janek!«, kreischte ich auf. Ich strahlte ihn an und versuchte gleichzeitig, von ihm loszukommen. »Ich bin voller Nadeln!«

»Es bringt Unglück, wenn man seine Braut vor dem Hochzeitstag im Brautkleid sieht«, schalt seine Mutter.

Er setzte mich ab und strich mir liebevoll die Haare aus dem Gesicht. »Wir scheren uns nicht um solchen Aberglauben, nicht wahr, mein Schatz? Ich musste dich einfach sehen!«

»Warum?«, lachte ich errötend und versuchte, mein Kleid wieder in Ordnung zu bringen.

»Wir haben soeben erfahren, dass heute Nacht ein deutscher Transportkonvoi den Wald durchqueren wird. Wir werden sie überfallen. Wir brauchen ihre Munition. Es wird eine nette kleine Befreiungsaktion werden.«

Ich spürte, wie sich vor Angst mein Magen zusammenkrampfte. »Geh nicht Janek, bitte. Lass es jemand anderen tun!«

»Aber, Liebling! Ich bin doch der furchtlose Anführer«, zog er mich auf. »Ich bin noch vor dem Morgengrauen wieder zurück. Ich bringe dir Frühstück ans Bett«, fügte er in mein Ohr flüsternd hinzu.

Ich musste kichern, aber ich bemühte mich, ernst zu bleiben. »Janek, bitte! Ich möchte nicht, dass du gehst.«

»Es tut mir Leid, mein Schatz. Es ist bereits beschlossene Sache.« Janek war schon wieder auf dem Weg zur Tür. Er kam noch einmal zurück und küsste mich.

Dann war er fort.

Janek wurde aus dem Hinterhalt erschossen. Wir begruben ihn im Wald.

Ich wollte sterben. Immer wieder nahm ich die Giftkapsel aus dem kleinen Portemonnaie, in dem ich sie aufbewahrte. Ich lag in einem Bett im Haus der Ridels und legte die kleine Kapsel auf das Kopfkissen, genau vor meine Nase, sodass ich sie ständig ansehen konnte. Ich musste sie nur hinunterschlucken, um mit meinem Liebsten wieder vereint zu sein. Diese Vorstellung war das Einzige, was mir in jenen Tagen Trost gab.

Schließlich kehrte ich in den Wald zurück, wo Pater Tadeusz sich Tag für Tag die Zeit nahm, mit mir zu reden und mich dadurch schrittweise aus der Dunkelheit zu führen, die meine Seele umgab. Die Vorstellung von Gottes Willen hatte längst jegliche Bedeutung für mich verloren, zu viele Menschen hatte ich in den Kriegsjahren sterben sehen. Aber dieser gute Mann rief mir wieder und wieder in Erinnerung, wie oft ich mein Schicksal besiegt hatte, wie oft das Glück, das mir widerfahren war, an ein Wunder gegrenzt hatte. Er erinnerte mich, dass, obwohl so viele Menschen umgekommen waren, es doch etliche gab, die mir ihr Leben verdankten. Das war Gottes Wille, sagte Pater Tadeusz. Gott hat für alles seine Gründe, die uns aber häufig verborgen bleiben.

Die Vorstellung, dass Gott einen Grund gehabt hatte, Janek sterben zu lassen, tat weh, genau wie der Gedanke, dass er mir das wahre Glück gezeigt hatte, um es mir dann so abrupt wieder zu nehmen. Ich konnte diese Erklärung nicht ganz akzeptieren. Aber immerhin brachte ich mich nicht um. Letztendlich war ich eine Widerstandskämpferin und eine Spionin. Ich sagte mir, dass mein Leben schon bald enden konnte, ohne dass ich selbst Hand anlegen müsste.

So kam es, dass ich mich mit noch größerer Leidenschaft auf meine Aufgaben bei den Partisanen stürzte. Ich hatte keine Angst mehr vor dem Tod. Ich will nicht behaupten, dass ich tollkühn war, aber ich kannte kein Zögern mehr. In diesem Frühjahr und Sommer fuhr ich mit meinem Fahrrad kreuz und quer über Land, um geheime Botschaften oder Geld zu überbringen. Eines Nachmittags lief ich einer deutschen Patrouille in die Arme, als ich gerade aus dem Wald heraustrat. Sie fragten, wo ich gewesen sei. Ich log ihnen ohne Weiteres ins Gesicht, erzählte etwas von einer Magen-Darm-Grippe und dass ich in den Wald gerannt sei, weil ich Durchfall hatte. Sie schüttelten sich vor Lachen und winkten mich weiter, ohne mich nach meinen Papieren zu fragen. Ein anderes Mal schob ich mein Fahrrad über eine bewachte Brücke, auf der mich ein deutscher Offizier anhielt. Er begann, mit mir auf Deutsch zu flirten, und ich ließ mich darauf ein und versprach, zurückzukommen, sobald ich meine Mutter besucht hätte. Die ganze Zeit über lag ein Paket mit tausenden Britischen Pfund in meinem Korb, der am Lenker hing. Während unserer Unterhaltung spielte ich gedankenverloren mit meinen blonden Haaren. Es war so einfach, ihn dadurch von dem Päckchen abzulenken! Wenn wir größere Mengen Waffen und Munition transportieren mussten, verkleideten sich mehrere von uns als einfache Landsleute und versteckten die Waffen in einem Fuhrwerk, das hoch mit Heu beladen war. Wenn wir angehalten und ausgefragt wurden, strahlte ich die Offiziere an und sie strahlten jedes Mal zurück. In meinem Herzen sah ich sie bereits sterben. Aber auf meinem Gesicht lag ein einladendes Lächeln.

Das sind die Waffen, mit denen man als junges Mädchen seine Feinde treffen kann.

Flucht

Auf diese Art verbrachte ich den Sommer und den Herbst des Jahres 1944. Im Dezember erkrankte ich an einer Lungenentzündung, wohl, weil ich schon zu lange in den Wäldern lebte und mit meinen Kräften am Ende war. Einige meiner

Freunde brachten mich nach Kielce zu den Ridels. Janeks Eltern weinten, als sie sahen, in welchem Zustand ich war. Unser Zusammentreffen erinnerte uns erneut an den großen Verlust, den wir durch Janeks Tod erlitten hatten. Während sie mich gesund pflegten, trauerten wir noch einmal um ihn. Drei Monate lang war ich sehr krank und als es mir endlich besser ging, erfuhr ich, dass ganz Polen an die Sowjets gefallen war. Wir waren »befreit« worden, was immer das bedeuten mochte.

Jetzt wälzte sich die Rote Armee wie ein Lavastrom auf Deutschland zu. Der Luftkrieg um Berlin legte die Stadt in Schutt und Asche und am 30. April 1945 beging Hitler in einem Bunker, der tief in der Erde unter seinem zerbombten Hauptquartier lag, Selbstmord. Hitler war weg. Die Nazis waren weg. Polen war »frei«. Aber ich war müde. Ich hatte keine Kraft mehr zum Kämpfen. Ich wollte zu meiner Mutter. Es war an der Zeit, meine Familie zu suchen.

Die Ridels boten mir an, bei ihnen zu bleiben, hatten aber Verständnis für mein Heimweh. Sie kratzten alles Geld, das sie besaßen, zusammen und gaben es mir. Dann ließ ich Kielce mitsamt den bittersüßen Erinnerungen hinter mir. Auf der Fahrt quer durch mein geschlagenes Heimatland registrierte ich, dass überall Schilder mit russischer und polnischer Aufschrift angebracht waren, die die Partisanen drängten, sich zu ergeben. Es hieß, es gäbe keinen Anlass mehr, im Untergrund zu leben, die Guerillas sollten ihre Waffen abgeben und in die Gesellschaft zurückkehren, die sie als Helden empfangen würde.

Ich hatte sechs Jahre Krieg überstanden und war nicht so dumm, in eine solch offensichtliche Falle zu laufen. Keinen Moment lang zweifelte ich daran, dass jeder, der so verrückt war, sich zu stellen, bestenfalls ins Gefängnis geschickt würde. Ich erinnere mich, dass ich an meinem Geburtstag, am

5. Mai, irgendwo auf einem Bürgersteig stand und wieder einmal einen dieser Anschläge las. Ich war dreiundzwanzig, aber ich fühlte mich uralt und manchmal hatte ich keinen sehnlicheren Wunsch, als mich irgendwo auf die Straße zu legen und nie wieder aufstehen zu müssen. Ich wollte aber auf keinen Fall der Roten Armee in die Arme laufen.

Dementsprechend versuchte ich mich stets unauffällig zu verhalten. Das Reisen gestaltete sich äußerst schwierig: Alle Straßen und Bahnlinien waren durch den Krieg beschädigt und bisweilen dauerte es Tage anstatt Stunden, bis man von einer Stadt zur anderen gekommen war. Eine Unterkunft zu finden war dagegen kein Problem. Viele Leute waren unterwegs und es fand sich immer eine Herberge. Oft übernachtete ich auch auf irgendeiner Bank im Bahnhof oder in einem Park. Auf dieser Reise begriff ich allmählich das ganze Ausmaß der Verwüstung, die Polen angetan worden war. Die grausamen Entdeckungen, die die Alliierten auf dem Land machten, sprachen sich herum. Jetzt kam die ganze Tragweite der furchtbaren Verbrechen, die die Nazis in den Konzentrationslagern begangen hatten, ans Tageslicht. Die Namen etlicher kleiner Städte waren von den Nazis besudelt worden: Oświęcim würde für alle Zeit mit Auschwitz in Verbindung gebracht werden; Rogoźnica würde man als Groß-Rosen und Sztutowo als Stutthof in Erinnerung behalten; und die Städte Treblinka, Bełżek und Sobibór konnten sich nicht einmal hinter einem Namen verstecken, den die Deutschen ihnen gegeben hatten. Polen war zu einem Land geworden, das man mit dem Tod verband. Wir, die wir es in jenen Tagen durchreisten, hatten das Gefühl, über Gräber zu laufen, wo wir auch hintraten.

Mein erstes Ziel war Radom, das nur etwa achtzig Kilometer von Kielce entfernt liegt. Ich war überglücklich, dort meine Tante Helen anzutreffen. Sie hatte wieder geheiratet und wollte in Radom ein neues Leben beginnen. Aber meine Freude wurde schnell durch eine große Enttäuschung getrübt: Sie hatte nichts mehr von meiner Familie gehört, seit Janina zu meinen Eltern zurückgekehrt war. Sie war allerdings davon überzeugt, dass sie keinesfalls noch in Kozłowa Góra lebten. Somit wusste ich nicht, wohin ich als Nächstes gehen sollte.

Immerhin erfuhr ich auch etwas, das mir Mut machte. Als ich die wieder geöffneten Synagogen in Radom besuchte, hörte ich, dass viele Juden, die in der Gegend um Ternopol gelebt hatten, nach Kraków gegangen waren. Die Überlebenden des Holocaust reisten jetzt in die größeren Städte, in der Hoffnung, dort ihre vermissten Verwandten anzutreffen.

Auch ich brach nach Süden auf, nach Kraków, und auf dem Weg dorthin fuhr ich erneut durch Kielce. Ich hoffte, in Kraków meine Freunde zu finden, und wollte dann weiter in westlicher Richtung nach meiner Familie suchen. Vielleicht fürchtete ich mich auch, dem Unvermeidlichen ins Auge zu blicken: dass ich meine Familie nicht wiedersehen würde. In Kraków angekommen, hielt ich mich häufig in der Nähe der Tempel und Synagogen auf und fragte immer wieder nach denselben Namen: Haller, Silberman, Wilner, Bauer, Weiss. Nach einiger Zeit hatte ich tatsächlich Erfolg: Ich erfuhr, dass Fanka bei einem Schneider arbeitete, und machte mich sofort auf den Weg dorthin.

Als ich die Werkstatt betrat, beugte sie sich gerade über einen alten Armeemantel auf ihrem Schoß und trennte mit einem kleinen Messer die Nähte auf. Ich hatte einen dicken Kloß im Hals.

»Fanka«, flüsterte ich.

Sie schaute auf. Es dauerte einen Moment, bis sie begriff, dann sprang sie auf und ließ den Mantel und das Messer fallen. Einen Moment lang standen wir einander wie versteinert gegenüber und starrten uns an, dann fielen wir uns endlich in die Arme, lachten und weinten gleichzeitig. »Irene, Irene«, stieß sie hervor, klammerte sich an den Stoff meines Kleides und drückte mich an sich. Ich bekam kein Wort heraus.

Als wir uns wieder gefangen hatten, setzten wir uns an Fankas Schneidertisch und begannen, uns gegenseitig alles zu erzählen, was uns seit unserem Abschied widerfahren war. Vor Aufregung fielen wir einander immer wieder ins Wort und lachten aus purer Ausgelassenheit –, und als ich ihr von meiner verlorenen Liebe erzählte, weinten wir noch einmal gemeinsam um Janek.

»Und die anderen sind wirklich auch alle hier?«, fragte ich schließlich, während ich ihre Hände hielt.

Sie lächelte. »Ja, die meisten – wir sehen uns sehr oft. Die Morris', natürlich, dann Rosen, und auch die Bauers, obwohl ich glaube, dass sie nach Deutschland zurückkehren werden. Und Wilner ist hier«, fügte sie hinzu.

Ich drückte ihre Hand. »Weißt du eigentlich, dass ich immer das Gefühl hatte, dass er dich mag?«

Fanka errötete. »Vielleicht stimmt es sogar.«

Ich konnte mir das Lachen nicht verkneifen. »Wir werden es ja sehen! Und Ida und Lazar? Erzähl mir – was ist mit dem Baby?«

»Das Baby wurde in Pasiewskis Hütte geboren. Es ist ein hübscher, gesunder Junge. Sie haben ihn Roman genannt.«

Diese Nachricht durchfuhr mich wie ein elektrischer Schlag. Ich kann es nicht anders beschreiben – es fühlte sich an, als wäre dieses Baby *mein* Baby, als hätte ich alles, was ich erlebt hatte, seinetwillen durchgestanden. Trotz all der furchtbaren Dinge, die passiert waren, hatte ich es geschafft, dass dieses Baby geboren wurde. Ich musste Gott dafür danken, nichts weiter.

»Ich muss es unbedingt sehen! Wo wohnen sie?«

Fankas Lächeln erstarb. »Oh, Irene, es tut mir Leid, aber sie leben nicht in Kraków. Sie leben in Katowice.«

Nachdenklich kaute ich auf meiner Unterlippe herum. »Das ist doch nur ungefähr sechzig Kilometer von hier entfernt, oder?«

»Ja, schon – aber du bleibst doch noch ein bisschen hier, Irene, nicht wahr?«, bat Fanka. »Geh nicht gleich wieder fort. Sie werden dich bestimmt alle wiedersehen wollen. Und du siehst so erschöpft aus.«

»Ich war ziemlich krank«, gab ich zu und in der Tat bemerkte ich in diesem Moment, wie schwach ich mich noch fühlte. Die Aufregung des Wiedersehens mit Fanka hatte mich angestrengt. »Ich werde noch für eine Weile bleiben, aber dann möchte ich das Baby kennen lernen und meine Familie suchen.«

Fanka beugte sich vor und küsste mich auf die Wange. »Ich weiß, Irene. Ich verstehe dich gut. Wir werden dir helfen, du weißt, dass du dich darauf verlassen kannst.«

Die nächsten Tage waren ausgefüllt mit freudigen Wiedersehen. Einen nach dem anderen traf ich meine alten Freunde. Ich fühlte mich wie eine Henne, die all ihre Küken um sich versammelt hat, und wenn wir wieder einmal alle zusammen rund um einen Esstisch saßen, schaute ich mit entzücktem Gesichtsausdruck in die Runde. Sie veranstalteten einen Riesenwirbel um mich und verwöhnten mich regelrecht, nannten mich ihre Retterin und stellten mich ihren neuen Freunden vor. Als ich schließlich fast widerwillig ankündigte, dass ich weiterreisen wollte, gaben sie mir Geld, von dem ich während der Reise leben sollte.

Von Kraków nach Katowice sind es nur sechzig Kilometer – und doch dauerte es wegen der endlosen Umleitungen und außerplanmäßigen Aufenthalte zwei Tage, bis ich endlich ankam. Ich fragte den Rabbi eines Tempels, ob er Ida und Lazar kenne. Da er mich wegen meines Aussehens für eine Deutsche hielt, war er zunächst äußerst reserviert und begegnete mir mit unverhohlenem Misstrauen. Aber als ich ihm meinen Namen nannte, kam ihm ein Laut der Überraschung über seine Lippen und er schloss mich in die Arme. »Sie sind also Irene! Ich habe schon so viel von Ihnen gehört!« Er begleitete mich nach draußen und erklärte mir den Weg zu den Hallers. Jetzt, da ich endlich ihre Adresse hatte, wollte ich keine Zeit mehr verlieren und eilte sofort los. Ich war aufgeregt und freute mich schon sehr darauf, endlich ihr Baby zu sehen. Ich war so in Gedanken versunken, dass ich gar nicht wahrnahm, was um mich herum passierte.

Und so kam es, dass ich die beiden sowjetischen Militärs zunächst gar nicht bemerkte, die mir offensichtlich schon eine Weile gefolgt waren. Meine Verhaftung traf mich völlig unvorbereitet.

Wahrscheinlich wäre es klüger gewesen, ich hätte die Gegend um Kielce weit hinter mir gelassen, denn unsere Partisaneneinheit hatte überall in diesem Teil des südlichen Polens agiert. Aber ich hatte der Versuchung, die Hallers und ihr Baby zu besuchen, einfach nicht widerstehen können. Wie dem auch sei, für jemanden, dessen Name »Kleine« bedeutete, hatte Mała von Kielce bis Kraków einen großen Ruf. Nicht nur, dass ich erkannt wurde, man hielt mich für die Anführerin der Partisanen!

Ich wurde tagelang verhört. Kaum war ich in meine Zelle zurückgebracht worden und in einen erschöpften Schlaf gefallen, rüttelten sie mich wach und schleppten mich erneut zum Verhör. Ich leugnete alles. In der Kunst, meine Mitmenschen zu täuschen, hatte ich eine gute Ausbildung genossen und ich gab den Sowjets nichts preis von dem, was ich über die Partisanen wusste. Seit dem Verhör in Ternopol, das nun schon so lange zurücklag, war ich eine hervorragende Lügnerin geworden und ich war mir sicher, den bohrenden Fragen standhalten zu können.

Alles, was ich ihnen außer meinem Namen und meiner Herkunft wieder und wieder erzählte, war, dass mich die grausamen Nazis zu ihrer Sklavin gemacht hatten und dass ich meine Ehre verloren hatte, weil mich ein deutscher Offizier zu seiner Geliebten gemacht hatte. Ich tischte den Befreiern meines

Heimatlandes eine Geschichte auf, in der ich alle tatsächlich erlebten oder eingebildeten Demütigungen beschrieb, die einem armen, hilflosen, polnischen Mädchen in den Händen der gemeinen Nazis widerfahren konnten. Ich schwöre Ihnen, selbst eine ausgebildete Schauspielerin hätte die naive Unschuld, der man übel mitgespielt hatte, nicht besser geben können als ich damals.

Und dennoch gelang es mir nicht, sie zu überzeugen.

Die Tage verstrichen und ich begann allmählich zu verzweifeln und fragte mich, ob mich mein sprichwörtliches Glück am Ende doch noch verlassen hatte. Ohne dass ich den Grund dafür erfahren hätte, begannen sie eines Tages, mich auf eine andere Art zu zermürben: Ich musste den ganzen Tag lang hart arbeiten, Böden schrubben und Toiletten putzen, während nachts die Verhöre in der gewohnten Weise fortgesetzt wurden. Schon bald war ich völlig entkräftet. Ich dachte an die Giftkapsel, die ich immer noch bei mir trug, und erwog erneut, meinem Leben ein Ende zu setzen. Ich befürchtete, dass ich mich, erschöpft wie ich war, in Widersprüche verwickeln und dadurch meine Kameraden gefährden würde.

»Wer waren die anderen Anführer der Partisanen?«

»Wo sind sie jetzt?«

»Wie habt ihr mit London kommuniziert?«

»Wie groß war deine Gruppe?«

»Wie viele Waffen sind in eurem Besitz?«

»Welche Sabotageakte plant ihr gegen eure Befreier?«

»Wie heißen die anderen Anführer der Partisanen?«

Ich versuchte, ein bestimmtes Bild in meinem Kopf festzuhalten. Nicht das Bild meiner Eltern – wenn ich mir ihre Gesichter oder die meiner Schwestern vorstellte, brach ich sofort in Tränen aus. Auch nicht das Bild Janeks – nein, nicht Janek. Ich dachte an Bociek, den Storch, den wir gerettet hatten, als wir noch kleine Mädchen waren, diesen wilden, geheimnisvollen und bedrohlichen Vogel. Trotz seiner Verletzung hatte er noch gefährlich gewirkt. Er hatte mit seinem dolchartigen Schnabel nach uns gestoßen und uns mit seinen schwarzen Knopfaugen trotzig ins Gesicht geblinzelt. Wir hatten ihn einen Winter lang in unserem Keller gehalten, ihn mit Fröschen, Fisch, Mäusen gefüttert – mit allem, was wir fanden –, und hatten gehofft, ihn an uns gewöhnen zu können. Aber er hatte sich nicht zähmen lassen. Im Frühjahr, als sein Flügel geheilt war, flog er fort, sobald wir ihm die Tür öffneten, und kam nie wieder zurück.

»Wer ist Bociek?«, fragte mein Peiniger langsam.

Ich schreckte hoch. Offensichtlich hatte ich unbewusst laut gesprochen. Aber als ich sah, wie er sich eifrig vorbeugte und seine Frage nach Bociek wiederholte, konnte ich nicht anders und lachte auf.

»Er war ein Storch«, sagte ich und fühlte, wie meine Kraft zurückkehrte, während ich kicherte. »Wir haben ihn als Kinder gefunden. Er hatte einen gebrochenen Flügel und wir haben ihn versorgt. Der gute alte Bociek. Einmal hat er mich mit seinem spitzen Schnabel an der Hand verletzt und ich fürchtete schon, dass sich die Wunde entzünden würde. Hat sie aber nicht. Sehen Sie?« Ich streckte ihm meine Hand hin, die nicht einmal mehr zitterte.

»Nehmen Sie die Hand weg«, sagte der Mann zornig.

Das Glück blieb mir treu. Eines Morgens wurde ich in einen anderen Trakt des Gefängnisses gebracht. Als wir den Flur im zweiten Stock entlangliefen, bemerkte ich, dass auf dieser Etage die Gitterstäbe an den Fenstern etwas weiter auseinander standen. Es sollte kein Problem für jemanden sein, der so dünn war wie ich, sich dort hindurchzuzwängen. Man trug mir auf, einen bestimmten Raum, der von dem Flur abging, zu putzen. Als ich ihn betrat, stand ich plötzlich vor zehn oder fünfzehn Männern, Wachen vermutlich, die gerade im Begriff waren, sich umzuziehen.

Verlegen und wütend zugleich ließ ich meinen Eimer und

den Schrubber fallen und machte auf dem Absatz kehrt. Als die Tür hinter mir zuschlug, fand ich mich allein auf dem Flur wieder, neben einem geöffneten Fenster. Ohne nachzudenken, kletterte ich auf das Fensterbrett und zwängte mich zwischen zwei Gitterstäben hindurch. Einen Moment lang blieb ich in der Luft hängen und umklammerte mit den Händen die feuchtkalten Eisenstäbe. Dann ließ ich los.

Als ich später humpelnd bei dem Haus ankam, in dem die Hallers wohnen sollten, waren meine Füße dick geschwollen wie zwei Melonen. Ich wusste, dass ich mir nichts gebrochen hatte, aber bei dem Sprung aus dem Fenster hatte ich mir etliche Prellungen und blaue Flecken zugezogen. Wie im Rausch hatte ich die Straße gesucht, in der die Hallers wohnten. »Du musst Ida finden«, flüsterte eine innere Stimme unablässig.

Ich stützte mich an der Wand des Hauseingangs ab und überflog die Namen auf den Klingelschildern. Mit zitternder Hand drückte ich auf die Klingel, neben der »Haller« stand. Während ich wartete, schloss ich meine Augen und versuchte, flach zu atmen, um den Schmerz in meinen geschwollenen Fußgelenken besser ertragen zu können. In einer der Wohnungen spielte jemand Klavier – Chopin.

Als ich hörte, das sich Schritte der Tür näherten, öffnete ich mit einem Schlag die Augen. Ein Schlüssel wurde im Schloss herumgedreht, dann drückte jemand die Klinke herunter – und ich starrte verblüfft auf eine russische Uniform.

»Ich – ich möchte zu Familie Haller«, flüsterte ich, während ich mit den Augen verstohlen die Straße nach einem Fluchtweg absuchte.

»Sind Sie Irene?«

Ich starrte den Soldaten an. »Was?«

»Ich bin Finix, Hallers Schwager. Lassen Sie sich nicht von der Uniform irritieren. Ich trage sie nur, um gegen die Deutschen kämpfen zu können. Kommen Sie herein.«

Ich wollte einen Schritt nach vorn machen, aber meine Beine gehorchten mir nicht. Finix hob mich mühelos hoch und trug mich ins Haus. Als mein Fuß aus Versehen an einen Türrahmen stieß, spürte ich einen stechenden Schmerz und einen Moment lang fürchtete ich, das Bewusstsein zu verlieren

»Wir haben erfahren, dass Sie verhaftet worden sind – der Rabbi sagte uns, dass Sie auf dem Weg hierher waren. Als Sie nicht auftauchten, haben wir uns umgehört. Wie sind Sie frei gekommen?«, fragte er.

Er trug mich durch ein schlecht beleuchtetes Treppenhaus in das Kellergeschoss hinunter. »Ich bin aus einem Fenster gesprungen – dabei habe ich mich verletzt«, flüsterte ich. »Sind Ida und Lazar hier?«

»Ja. Hier unten sind Sie in Sicherheit, bis ich Ida geholt habe«, antwortete Finix, setzte mich ab und lehnte mich wie eine Stoffpuppe gegen die Wand.

Während er die Treppen wieder hinaufging, schaute ich mich verwundert um. Er hatte mich in ein Versteck gebracht – in eine Waschküche im Keller! Mühsam humpelte ich zu einem Spülbecken an der gegenüberliegenden Wand. Ich setzte mich auf die Kante, um meine Füße zu entlasten. In diesem Augenblick hörte ich eilige Fußschritte auf der Treppe. Die Tür öffnete sich und Ida kam auf mich zugestürzt.

»Irene! Meine Liebe! Ich bin so froh, dass du in Sicherheit bist!«, rief sie, nahm mich in die Arme und drückte mich an sich.

Auch ich umschloss sie mit meinen Armen und presste mein Gesicht an ihre Schulter. »Müssen wir uns immer in irgendwelchen Kellern begegnen, Ida?« Ich weiß nicht, ob ich bei diesen Worten lachte oder weinte.

»Oh, Irene! Gott macht offensichtlich manchmal Scherze.« Auch sie lachte – oder weinte.

»Ida! Ich wollte unbedingt dich und Lazar und das Baby sehen, aber die Russen …«

»Ich weiß, Irene. Wir müssen dich sofort von hier wegbringen. Nach Kraków … Finix holt schon den Wagen. Er bringt dich in Sicherheit.«

Ich schob sie ein wenig von mir weg, um ihr Gesicht besser erkennen zu können. »Aber dein Baby, Ida! Kann ich es nicht einmal ansehen, bevor wir fahren? Ist er schon groß und kräftig?«

Ihr Gesicht wurde ernst. »Irene, ich bitte Gott jede Nacht, dich zu segnen, weil du mich überredet hast, mein Kind zu behalten.«

»Darf ich es sehen?«

»Wenn uns noch genug Zeit bleibt«, sagte Ida und spähte aus der Tür. »Wie geht es dir denn eigentlich?«

»Ich lebe. Ich bin hier.«

Sie runzelte die Stirn. »Ja. Vielleicht war es die falsche Frage für diesen Moment. Aber –«

Finix steckte seinen Kopf wieder zur Tür herein. »Fertig?«

Mir wurde das Herz schwer. Finix nahm mich erneut auf seine Arme und ich hielt immer noch Idas Hand umklammert.

»Gott segne dich und deine Familie. Hilf mir, meine Lieben jetzt auch zu finden«, bat ich. »Sie haben zuletzt in Kozłowa Góra in Oberschlesien gelebt. Wirst du mir helfen? Ich kann bestimmt nicht einfach so herumreisen, wenn die Russen –«

»Ich werde alles tun, was in meiner Macht steht, Irene. Wir werden sie finden.« Ida küsste mich noch einmal und dann trug Finix mich die Treppe hinauf, zur Tür hinaus und auf den Rücksitz eines Autos. Er deckte mich mit einer Decke zu.

Ich erholte mich zwei Wochen lang in der Obhut von Moise Lifshitz und seiner Frau Pola. Sie erzählten mir, dass sie im Ghetto Ternopol gelebt hatten und fliehen konnten, weil eine der Warnungen, die ich gestreut hatte, sie erreicht hatte. Jetzt waren sie glücklich, sich erkenntlich zeigen zu können. Wir erfuhren aus Katowice, dass die Sowjets mich als gefährliche

Kriminelle eingestuft hatten und in der ganzen Region nach mir suchten.

Unterdessen bemühten sich die Juden, die die Kriegszeit überlebt hatten und jetzt versuchten, die Bruchstücke ihrer Leben wieder zusammenzufügen, herauszubekommen, was aus meiner Familie geworden war. Sie fragten Freunde, die wieder andere Freunde fragten – und die Antworten, die sie erhielten, waren niederschmetternd. Als Erstes erfuhr ich, dass mein Vater einige Monate zuvor von den Deutschen getötet worden war. Sie hatten ihn erschossen, weil er sich weigerte, den Bürgersteig zu verlassen, um zwei betrunkenen deutschen Soldaten Platz zu machen. Als sei dies nicht genug, musste ich erfahren, dass meine Mutter und meine Schwestern von der sowjetischen Geheimpolizei verhaftet worden waren, weil sie mit mir, der gefährlichen flüchtigen Partisanin, verwandt waren. Ich begriff, dass ich in dem Moment, als ich meine Freunde deckte, das Leben meiner Familie in Gefahr gebracht hatte.

Ich lag stundenlang im Bett und starrte an die Decke, während mir die Tränen an den Schläfen hinunterliefen und das Kopfkissen durchnässten. Die ganzen vergangenen Jahre über hatte mich die Hoffnung aufrecht gehalten, dass ich eines Tages wieder mit meiner Familie vereint sein würde. Jetzt war mir sogar diese letzte Hoffnung genommen worden. Und ich hatte es mir selbst zuzuschreiben.

Manchmal, wenn ich so benommen dalag und auf die Schatten in den Zimmerecken starrte, konnte ich kaum glauben, dass ich überhaupt noch lebte. Es ging nicht darum, dass mein Körper so viele Verletzungen und Krankheiten überstanden hatte. Ich fragte mich, wie ich die vielen Wunden, die meinem Herzen zugefügt worden waren, hatte überleben können. Ich war bereit, mich zu stellen, damit meine Familie freigelassen wurde, als uns neue Nachrichten erreichten: Meine Mutter und meine Schwestern waren bereits frei und waren untergetaucht. Niemand wusste, wo sie sich aufhielten. Ihre einzige

Chance war, sich versteckt zu halten. Das bedeutete, dass ich nicht einmal nach ihnen suchen konnte, ohne sie erneut in Gefahr zu bringen. Ich musste meine Nachforschungen aufgeben.

Jetzt gab es nichts mehr, was mich in Polen gehalten hätte. Aber wo sollte ich hingehen? Ich fühlte mich verloren: Ich wollte nicht mehr kämpfen, aber hatte auch vergessen, was man anderes tun konnte. Viele Monate lang schlüpfte ich mal bei den einen, dann bei den anderen Freunden unter. Sie pflegten mich gesund und sorgten dafür, dass ich wieder zu Kräften kam. Aber auf der anderen Seite war dieses Nichtstun furchtbar. Ich hatte zu viel Zeit, um nachzudenken, um mich zu erinnern. Und immer wieder kreisten meine Gedanken um dieselbe Frage: Wo würde ich ohne Angst leben können?

Auf deutschem Boden

Meine Freunde sagten zu meinen Gunsten bei ihrem Rabbi aus. Ich erhielt Papiere, die den Schlüssel zu meinem neuen Leben darstellen sollten, was immer das auch bedeuten mochte. Eine Kopie der Dokumente wurde beim Jüdischen Historischen Komitee in Kraków aufbewahrt. Ich hatte immer noch keine Ahnung, was ich tun oder wohin ich gehen sollte, und verbrachte ganze Tage in einer Art Dämmerzustand, der mich keinen klaren Gedanken fassen ließ. Ich kannte mich selbst nicht mehr.

Es waren meine Freunde, die schließlich die Initiative ergriffen, mich zu einer von ihnen machten und dafür sorgten, dass sich etwas bewegte. Sie hatten gehört, dass die Alliierten überall in Europa Sammellager für Kriegsvertriebene eingerichtet hatten, die in ihre Heimatländer zurückkehren wollten. Diese Auffanglager wurden zu Zufluchtsstätten für Millionen durch den Krieg entwurzelte Menschen, deren Heimatstädte zerstört und deren Familien in alle vier Winde zerstreut worden waren. Dort gab es Lebensmittel, Unterkünfte und medizinische Versorgung in Hülle und Fülle. Die Kinder wurden unterrichtet und man kümmerte sich liebevoll um die Kriegswaisen. Beamte der Einwanderungsbehörden waren den Leuten dabei behilflich, jenseits der Meere ein neues Zuhause zu finden. Die Auffanglager standen Polen, Ungarn, Lettländern, Italienern, Ukrainern, Zigeunern, Serben und Holländern, kurzum allen Bürgern Europas offen, die durch den Krieg aus ihrer Heimat vertrieben worden waren – insbesondere aber den Juden. Den verfolgten, misshandelten, gejagten Juden. Und ich würde eine von ihnen sein.

Wir färbten mein Haar schwarz. Meine Freunde besorgten mir Transitpapiere, die auf einen jüdischen Namen, Sonia Sofierstein, ausgestellt waren, und drückten mir einen Fahrschein in die zitternde Hand. Und dann bestieg ich den Zug nach Hessisch Lichtenau in Deutschland. Dass ich jetzt als Jüdin getarnt auf den Weg nach Deutschland war, um dort Schutz zu suchen, erschien mir wieder einmal wie eine bittere Ironie des Schicksals. Aber an so etwas hatte ich mich ja bereits gewöhnt.

In meinen Kindertagen hatte ich eine Zugfahrt immer als ein aufregendes Abenteuer empfunden. Ich hatte mir die anderen Reisenden angeschaut und versucht, mir vorzustellen, warum sie unterwegs waren – um den Großeltern das neugeborene Baby zu zeigen, um die Schwiegereltern kennen zu lernen, ein Studium aufzunehmen, in Urlaub zu fahren oder heimzukehren. Als ich jetzt in dem ratternden Zug saß und auf die vorbeifliegenden Bäume starrte, deren Äste im Fahrtwind hin und her schwangen, kamen mir solche Gedanken gar nicht in den Sinn. Wir waren alle auf der Flucht.

Ich fragte mich, wovor ich eigentlich floh. Nicht nur vor

den Russen, nein, das war es nicht allein. Manchmal – zum Beispiel, wenn ich während der eintönigen Fahrt durch die waldreichen Gegenden meinen Kopf kurz zur Seite gedreht und mein Blick unwillkürlich irgendeinen Gegenstand gestreift hatte – manchmal sah ich ein Baby, das in die Luft geworfen und erschossen wurde, als sei es ein Vogel. Wenn mir dieses Bild in den Kopf kam, hämmerte mein Herz wie wild in meiner Brust und meine Kehle war wie zugeschnürt und dann ich fragte ich mich verzweifelt: Werde ich dieses Bild nie vergessen? Werde ich es immer vor mir sehen?

Von den Gesichtern meiner Mitreisenden konnte ich ähnliche Fragen ablesen. Ihre abgemagerten Körper mit den bleichen Gesichtern, die erloschenen Augen und ihr Schweigen zeigten mir, dass auch sie Furchtbares erlebt hatten. Vielleicht spielte sich auch in ihren Köpfen ein und dieselbe Szene immer und immer wieder ab: Jener Moment, als der Körper auf dem Boden aufschlug, der Augenblick des Verrats oder der schrecklichen Erkenntnis. Wir alle waren dazu verdammt, mit unseren Erinnerungen zu leben.

Ich schaute aus dem Fenster auf die vorbeifliegende Landschaft. Es war Mai 1946. Wieder einmal war mein Geburtstag verstrichen, ohne dass er etwas Besonders gewesen wäre, und mittlerweile war es sieben Jahre her, dass die glückliche Welt meiner Kindheit zusammengebrochen war. Wo sollte ich hingehen? Wo würde ich meinen Frieden finden können?

Diese Fragen wurden mir auch nicht durch den Aufenthalt im Auffanglager Hessisch Lichtenau beantwortet, wie ich es mir erhofft hatte. Die Menschen dort wirkten in sich gekehrt, manche bewegten sich wie Schlafwandler und schienen ihre Umwelt kaum wahrzunehmen. Selbst die Kinder tobten nicht herum und machten keinen Lärm, wenn sie miteinander spielten. Sie waren in einer Welt aufgewachsen, die ihnen den Sinn des Lebens vorenthielt, und manche von ihnen wirkten regelrecht verwildert. Sie misstrauten jeder Art von Zärtlichkeit.

Sobald ich dem Rabbi gesagt hatte, wer ich war, und ihm die Papiere gezeigt hatte, die vom Jüdischen Historischen Komitee ausgestellt worden waren, wurde ich als Heldin willkommen geheißen und konnte meine jüdische Identität wieder ablegen. Ich war begierig darauf, mich irgendwie nützlich zu machen, einen Ort zu finden, wo ich hingehörte. Also begann ich, in der Krankenstube des Lagers zu arbeiten, wo ich versuchte, mir in Erinnerung zu rufen, was ich in den lange zurückliegenden Tagen meiner Ausbildung an der Schwesternschule gelernt hatte. Immerhin war ich beschäftigt. Ich fand neue Freunde. Ich machte mir selbst etwas vor, indem ich mir einbildete, dazuzugehören.

Eines Tages kam eine Gruppe junger kräftiger Männer und Frauen ins Lager. Sie hielten sich offensichtlich viel im Freien auf, denn sie waren von der Sonne gebräunt und durchtrainiert. Ihr Hebräisch hatte einen eigenen Akzent. Es stellte sich heraus, dass sie Juden aus Palästina waren, die sich selbst Israelis nannten. Ihre Organisation hieß Haganah. »Kommt mit uns und kämpft für den jungen Staat Israel«, sagten sie, legten den Leuten die Hand auf die Schulter und wiesen in südöstliche Richtung.

Bevor ich noch ernsthaft darüber nachdenken konnte, ob Israel meine neue Heimat werden konnte, erkrankte ich an Diphtherie. Wieder einmal lag ich wochenlang krank im Bett und es dauerte Monate, bis ich wieder zu Kräften gekommen war. Als es mir endlich besser ging, erklärte mir der Arzt, dass ich von der Krankheit eine Herzrhythmusstörung zurückbehalten hätte. Dadurch war ich nicht fit genug für Israel. Die Haganah brauchte gesunde Menschen und ich war wertlos für sie. Ich hörte, wie die jungen Überlebenden Hebräisch lernten, und empfand eine tiefe Verzweiflung über meine körperliche Schwäche.

Irgendwie vergingen die Monate und mittlerweile lebte ich schon gut über ein Jahr in dem Lager. Die Menschen um mich herum begannen nach und nach, wieder ins Leben zurückzukehren. Die Schönheit der Landschaft rings um das Lager tat unseren verwundeten Seelen gut und unsere Körper erholten sich allmählich von den Strapazen des Krieges. Damals, im Lager von Hessisch Lichtenau, bildeten wir eine Gemeinschaft der Überlebenden. Nach und nach konnten wir unsere Freizeit wieder mehr genießen. Die Leute bekamen ihr Lachen zurück. Viele zogen fort – nach Palästina oder zurück in ihre Heimatländer.

Ich hatte mein Leben in dem Lagerdorf eingerichtet und lebte insgesamt drei Jahre dort. Aber selbst nach dieser langen Zeit kam es mir nicht vor wie ein Zuhause. Im Sommer 1949 besuchte eine Delegation der Vereinten Nationen das Lager, die die Überlebenden interviewen wollte. Rabbi Stern kam in mein Zimmer, wo ich gerade einen Brief von Ida gelesen hatte.

»Irene, hier ist jemand, mit dem Sie sich unterhalten sollten. Ich denke, er könnte an Ihrer Geschichte interessiert sein.«

Ich steckte den Brief in den Umschlag zurück und folgte dem Rabbi in den Speisesaal. An einem Tisch saß ein großer Mann mit einer Hornbrille. Vor ihm lag eine geöffnete Aktentasche. Der Rabbi winkte mich herein. »Irena Gutowna – William Opdyke«, sagte er mit einem Nicken in Richtung des UN-Delegierten.

Herr Opdyke stand lächelnd auf und bot mir einen Stuhl an. Ich setzte mich ihm gegenüber an den Tisch und sah Rabbi Stern nach, der den Raum verließ.

»Hallo. Wie geht es Ihnen?«, fragte Opdyke auf Englisch.

»*Dzień dobry. Czy pan mówi po polsku?* – Sprechen Sie Polnisch?«, fragte ich.

»Hmmm. *Parlez-vous français?*«

Ich schüttelte den Kopf. »Sprechen Sie Deutsch?«, probierte ich es auf Deutsch.

Jetzt schüttelte er den Kopf. Ich versuchte es auf Russisch.

Ich versuchte es auf Jiddisch. Insgesamt beherrschten wir sechs verschiedene Sprachen, aber keine gemeinsam – außer der Sprache des Humors. Wir amüsierten uns beide königlich über unsere missliche Situation. Er rief quer durch den Raum einem Kollegen etwas zu und schon bald setzte sich ein weiterer Amerikaner zu uns, der Deutsch verstand.

Mithilfe des Dolmetschers erzählte ich Herrn Opdyke meine Geschichte. Hin und wieder unterbrach er mich, um ein paar Fragen zu stellen, aber die meiste Zeit ließ er mich einfach reden. Manchmal gerieten mir die Details ein wenig durcheinander und gelegentlich musste ich für einen Moment unterbrechen, um mich zu fangen. Aber nach einer Stunde hatte ich ihm alles Wesentliche erzählt. Ich hatte nichts ausgelassen – ich denke, in gewisser Weise wollte ich den wohlgenährten Amerikaner damit verblüffen, was ein einfaches polnisches Mädchen zu leisten vermag.

Opdyke hatte sich zeitweilig Notizen gemacht. Als ich fertig war, legte er seinen Stift aus der Hand und starrte mich an. Einen Moment lang fürchtete ich, dass er mir nicht glaubte, was ich ihm erzählt hatte. Dann sagte er in barschem Tonfall etwas zu unserem Dolmetscher.

»Herr Opdyke sagt, es sei ihm eine Ehre, Sie kennen gelernt zu haben, und dass die Vereinigten Staaten stolz wären, Sie als neue Bürgerin begrüßen zu dürfen.«

»Ich? Nach Amerika?«

Opdyke streckte mir quer über den Tisch seine Hand hin. Ich schüttelte sie und wir nickten uns gegenseitig feierlich zu. »Amerika«, wiederholte er.

Amerika.

Bernstein

Was war mit mir während dieser Jahre geschehen? Wie war Irena Gutowna zu diesem Menschen geworden? Wie ein gerade flügge gewordener Vogel wurde ich aus dem Nest gestoßen und gezwungen, fliegen zu lernen. Nach dem Krieg kam es mir vor, als schaute ich von weit oben auf das in Trümmern liegende Europa herab – auf die zerstörten Weizenfelder, auf die zerbombten Straßen, auf denen in endlosen Trecks die Vertriebenen vorwärts zogen, auf die rauchenden Schornsteine. Es gab keine Klarheit. Als der Krieg endlich zu Ende war, war nicht die richtige Zeit, um zu sagen, was hätte gesagt werden müssen, oder zu sehen, was man hätte sehen müssen. Wir ließen das Ganze hinter uns, wollten nichts mehr sehen und versiegelten unsere Münder, um unseren Kummer einzusperren.

Aber heute bin ich eine alte Frau, die zurückschaut, und während ich mit meiner faltigen Hand meine Augen gegen das Sonnenlicht schütze, erhalte ich meine Vergangenheit zurück. Ich kann sehen, wer ich war, und ich kann darüber sprechen. Ja, das war ich, ein junges Mädchen, das nichts besaß außer seinen freien Willen, den es in der Faust umschlossen hielt wie ein Stück Bernstein. Dieser freie Wille war ein Geschenk, das ich von Gott erhalten hatte. Heute kann ich das so sehen. Heute verstehe ich es. Der Krieg war eine Folge von verschiedenen Entscheidungen, die einige Leute getroffen haben. Manche dieser Entscheidungen waren unmenschlicher und niederträchtiger als alles andere, was wir aus der Geschichte kennen. Aber einige von uns wählten einen anderen Weg. Und auch ich bin meinen eigenen gegangen.

Noch heute kommt es vor – eigentlich sogar noch recht häufig –, dass ich in den Spiegel blicke und nicht mich selbst sehe, sondern ein Baby, das in die Luft geworfen wird. Aber ich bin entschlossen, dieses Bild in meinem Kopf zu verändern. Etwas wird in die Luft geworfen, ja, aber es *ist* ein Vogel, ein kleiner Vogel, der aus einem Käfig freigelassen wurde, und er fliegt fort, steigt höher und höher bis zu den Baumwipfeln hinauf und verschwindet über den Dächern der Häuser. Ein junges Mädchen, das sich aus dem Fenster lehnt, um Brotkrümel hinauszustreuen, schaut dem Vogel nach, bis er aus ihrem Blickfeld verschwindet. Es ist nur ein kleines Vögelchen am Himmel. Ein flatternder Sperling.

Dies ist mein letzter Wille: das Richtige zu tun, Ihnen alles zu erzählen und mich zu erinnern.

Z Bogiem. Gehen Sie mit Gott.

Nachwort

Gegen Ende des Jahres 1949 konnte Irene, die mit vielen anderen Flüchtlingen aus Europa an Deck des Marineschiffes *John Muir* stand, in der Ferne die Freiheitsstatue erkennen. Sie wurde von einem Mitglied der Jüdischen Umsiedelungsorganisation in Empfang genommen, die ihr eine Wohnung in Brooklyn besorgte. Schon bald fand sie Arbeit in einer Bekleidungsfabrik und lernte Englisch. Damit hatte ihr neues Leben begonnen. Dann lief sie eines Tages in einem Café in der Nähe der Vereinten Nationen zufällig William Opdyke in die Arme.

Er erinnerte sich noch lebhaft an sie – wie hätte es anders sein können? – und begann schon bald, um sie zu werben. Einige Monate später heirateten die beiden und fünf Jahre nach ihrer Ankunft im Hafen von New York wurde Irene amerikanische Staatsbürgerin. Sie und Bill bekamen eine Tochter, die sie Janina nannten, und lebten inmitten von Orangenplantagen im sonnigen Südkalifornien, dort, wo der Krieg keine Spuren hinterlassen hatte.

Da die Sowjets Polen durch den Eisernen Vorhang vom Westen abgeschnitten hatten, war es äußerst schwierig, irgendwelche Neuigkeiten über ihre Familie und die Freunde zu erfahren, die Irene zurückgelassen hatte. Die Informationen erreichten sie nur bruchstückhaft. So erfuhr sie zum Beispiel, dass Major Rügemer wegen der Geschichte mit Irene und ihren Freunden von seiner Familie verstoßen worden war. Die Hallers, die mittlerweile in München lebten, hatten sich bis zu seinem Tode um ihn gekümmert. Viele ihrer jüdischen Freunde waren nach Israel ausgewandert, um dort ein neues Leben zu beginnen. Zu Irenes großen Kummer musste sie erfahren, dass ihre Mutter bereits kurz nach Kriegsende gestorben war. Da kein Ende der kommunistischen Herrschaft in Polen in Sicht war, befürchtete sie, dass sie auch ihre geliebten Schwestern niemals wiedersehen würde.

Wie viele andere Kriegsflüchtlinge versuchte Irene, das Erlebte hinter sich zu lassen. Aber dann hörte sie, dass einige Leute in den Vereinigten Staaten glaubten, die Berichte über den Holocaust seien maßlos übertrieben und das Ganze werde aus Propagandazwecken zu einem Mythos hochstilisiert, mit dem um Unterstützung für Israel geworben werden sollte. In diesem Moment brach sie ihr Schweigen und begann, ihre Geschichte zu erzählen. Heute spricht sie auf Kirchenkongressen, in Synagogen und vor Gemeindeversammlungen. Am liebsten hält sie ihre Vorträge allerdings an Hochschulen vor den Studenten, denn sie möchte insbesondere die jungen Menschen davon überzeugen, dass sie es besser machen können, dass sie die Kraft haben, gegen das Böse zu kämpfen.

Im Jahr 1982 wurde die israelische Holocaust-Gedenkstätte Yad Vashem auf ihren Einsatz aufmerksam und ehrte sie als »Gerechte unter den Völkern«. Als sie nach Israel reiste, um dort an der Zeremonie teilzunehmen, lernte sie endlich Roman Haller kennen, jenes Baby – jetzt ein erwachsener Mann –, dessen Geburt sie ermöglicht hatte. Und mit dem Ende des kommunistischen Regimes in Polen kehrte Irene 1984 zum ersten Mal seit Kriegsende in ihr Heimatland zurück, wo sie endlich Janina, Marysia, Władzia und Bronia und deren Familien wiedertraf.

Eine kurze Einführung in die Aussprache des Polnischen

ą nasaliertes *o* wie in vielen Wörtern aus dem Französischen, z. B. C*on*férencier

e immer offen, wie in R*e*st

ę nasaliertes *e* wie in vielen Wörtern aus dem Französischen, z. B. S*ain*t-Germ*ain*

o immer offen wie in Sp*o*tt

ó wie *u* in M*u*tter

y etwa wie *i* in F*i*sch, b*i*n

c wie *z* in Zimmer, zwicken

ć, ci weiches *c* am Wortende, etwa wie *tj* in *tj*a

cz wie *tsch* in Ku*tsch*e

dz eine Verschmelzung von stimmhaften *d* und *s*

dź, dzi erweichtes *d+s*, mit dem nachfolgenden *j* zu einem Laut verschmolzen

dz wie *dsch* in *Dsch*unke

h, ch immer wie *ch* in a*ch*

ł »hartes« l, etwa wie englisch *w* in *w*et oder kurzes *u* in Ma*us*

ń, ni »weiches« n, etwa wie *gn* in Kompa*gn*on

r Zungenspitzen-*r*, deutlich hörbar auch am Wortende

rz stimmhaft wie *j* in *J*ournal, stimmlos wie *sch* in *Sch*ule

s stimmloses *s* wie in au*s* oder wie *ß* in wei*ß*

ś, si »weiches« stimmloses *s*, etwa wie in Mon*s*ieur, mit dem nachfolgendem *j* zu einem Laut verschmolzen

sz wie *sch* in *Sch*ule

z stimmhaftes *s* wie in *S*en*s*e

ź »weiches« stimmhaftes *s*, mit dem nachfolgenden *j* verschmolzen

ż wie *j* in *J*ournal

»Pan« und »Pani« sind die polnischen Wörter für »Herr« und »Frau«.

Einige historische Hintergründe

Einige der in diesem Buch verwendeten Begriffe sind vielleicht nicht allen Lesern geläufig.

Im Jahr 1939, als Hitlers Armee in Polen einmarschierte, verschob sich die deutsch-polnische Grenze nach Osten und ein großer Teil des westlichen Polens (einschließlich Kozłowa Góra) wurde von Deutschland annektiert. Das, was von Polen übrig geblieben war, wurde das Generalgouvernement genannt. Es handelte sich um einen polnischen Staat, der unter strengstem Kriegsrecht von den Deutschen kontrolliert wurde. Dort befanden sich auch die meisten Arbeits- und Konzentrationslager. Die Deutschen machten keinen Hehl aus der Politik, die sie im Generalgouvernement verfolgten: die Unterwerfung, Versklavung und mögliche »Ausrottung« der Polen mit dem Ziel, in dieser Region »Lebensraum« für die deutsche Bevölkerung zu schaffen. Polen, die westlich der neuen Grenze lebten (wie Irenes Familie), mussten sich ebenfalls der unerbittlichen Herrschaft der Deutschen unterwerfen. Ein Beispiel für das brutale Vorgehen der Deutschen ist die Tatsache, dass Władisław Gut erschossen wurde, nur weil er sich weigerte, für zwei deutsche Soldaten den Bürgersteig zu verlassen.

Heutzutage denken viele Menschen, dass alle Bürger Deutschlands zur Zeit des Zweiten Weltkriegs Nazis waren. Doch die Nationalsozialistische Deutsche Arbeiterpartei (NSDAP) war eine politische Organisation, der nicht jeder beitrat. Dennoch war die Mitgliedschaft in der NSDAP häufig die Voraussetzung, um beim deutschen Militär voranzu-

Die vierte polnische Teilung 1939
Von Deutschland besetztes Gebiet
General-gouvernement
Von der UdSSR besetztes Gebiet
LITAUEN
Ostsee
Neman (Memel)
Kovno
Gdańsk (Danzig)
SOWJETUNION
Weißrussische SSR
POLEN
Wisła (Weichsel)
Bug
Pripyat (Pripet)
Berlin
Warta
(Warthe)
Warszawa (Warschau)
GROSSDEUTSCHES REICH
Kozienice
Ukrainische SSR
Suchedniów
Radom
Oder
Chełm (Cholm)
Kielce
Częstochowa (Tschenstochau)
Katowice
GENERAL-GOUVERNEMENT
Kozłowa Góra
Kraków (Krakau)
L'vov
Ternopol
TSCHECHOSLOWAKEI
ÖSTERREICH
UNGARN
RUMÄNIEN

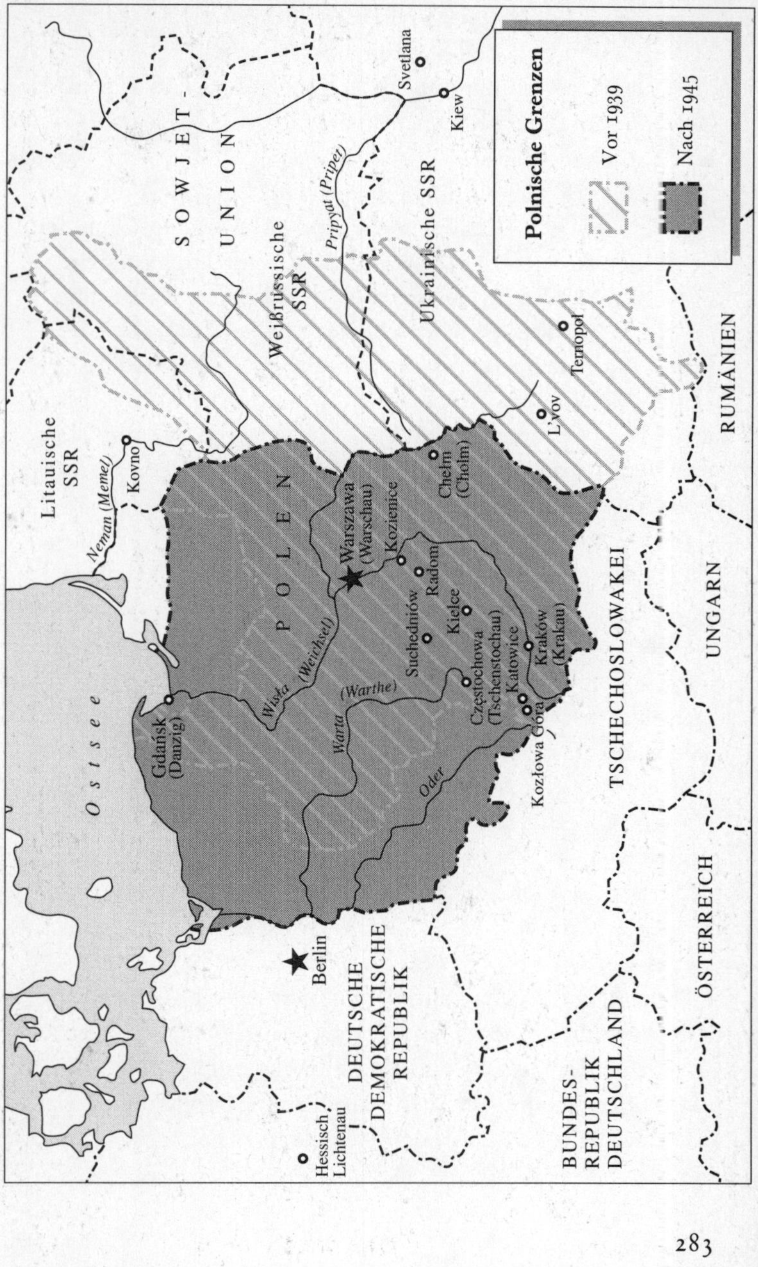
Polnische Grenzen
Vor 1939
Nach 1945
S O W J E T -
U N I O N
Weißrussische SSR
Ukrainische SSR
Litauische SSR
Pripyat (Pripet)
Svetlana
Kiew
Kovno
Neman (Memel)
Ternopol
L'vov
Chełm (Cholm)
P O L E N
Warszawa (Warschau)
Kozienice
Radom
Kielce
Suchedniów
Kraków (Krakau)
Katowice
Częstochowa (Tschenstochau)
Kozłowa Góra
Wisła (Weichsel)
Warta (Warthe)
Oder
Gdańsk (Danzig)
O s t s e e
Berlin
DEUTSCHE DEMOKRATISCHE REPUBLIK
Hessisch Lichtenau
BUNDES-REPUBLIK DEUTSCHLAND
TSCHECHOSLOWAKEI
ÖSTERREICH
UNGARN
RUMÄNIEN

kommen, und viele Offiziere, die Hitlers Politik gar nicht unbedingt guthießen, traten dennoch der Partei bei, um damit ihre Karriere voranzutreiben. Aus diesem Grund war zum Beispiel auch Major Rügemer in der NSDAP, aber Schulz offensichtlich nicht.

Die Deutschen machten ihre Kontrolle über Polen auf zwei Ebenen geltend: militärisch und politisch. Soldaten der deutschen Armee, die sich Wehrmacht nannte, mussten nicht zwangsläufig Mitglied der Partei sein. Die so genannte Schutzstaffel oder SS war die politische Polizei der Nazis. Die Wehrmacht führte den Krieg an den Fronten, wohingegen die SS als Hitlers persönliche Eliteeinheit die Menschen im Land mit ihren Polizeiaktionen terrorisierte. Auch für die Deportation und Vernichtung der Juden und anderer »politischer Feinde« Nazideutschlands zeichnete die SS verantwortlich. Die Gestapo (Geheime Staatspolizei), die ursprünglich eine eigene Organisation innerhalb der Partei dargestellt hatte, wurde noch vor Beginn des Krieges in die SS integriert. Aus diesem Grund werden von manchen Menschen sowohl die Begriffe »SS« als auch »Gestapo« verwendet.

Rokita war Offizier der SS, Rügemer Major der Wehrmacht. Die beiden Organisationen standen unter verschiedener Befehlsgewalt, wodurch sie sich häufig in ihren Zielen uneinig waren: Während die Wehrmacht dringend Arbeitskräfte benötigte, die den Nachschub für die militärischen Operationen produzierten, und die Juden als Zwangsarbeiter einsetzte, verfolgte die SS das Ziel Hitlers, die Juden zu vernichten. Deshalb gab es zwischen Rokita und Rügemer Konflikte.

Nachdem der Krieg vorbei war, wurden die Grenzen Polens durch die Alliierten erneut verschoben. Während fast alle westlichen Landesteile an Polen zurückgegeben wurden, fiel ein großer Teil des östlichen Polens an die Sowjetunion. Die Ukraine, in der Ternopol liegt, ist heute ein unabhängiges Land.

Eine Bemerkung über die Entstehung dieses Buches

Irene Gut Opdyke erzählte mir in vielen langen Stunden die in diesem Buch geschilderten Ereignisse. Diese wurden im Zusammenhang mit der Überprüfung durch die Gedenkstätte Yad Vashem durch die Aussagen der überlebenden Zeitzeugen bestätigt. Es ist also eine wahre Geschichte.

Dennoch gab es einige wenige Details, insbesondere bestimmte Namen, an die sich Irene nicht mehr erinnern konnte. Man darf nicht vergessen, dass diese Ereignisse vor vielen Jahrzehnten und zum Teil unter extremen Bedingungen stattfanden. Es ist leicht nachvollziehbar, dass man sich nicht immer an jedes einzelne Gespräch, den Namen einer bestimmten Straße oder einer Person, der man vor fünfzig Jahren begegnet ist, erinnern kann, wenn man damals Angst um sein Leben haben musste. In einigen wenigen Fällen habe ich mir deshalb erlaubt, etwas Erdachtes hinzuzufügen, mir vorzustellen, wie die Handlung in einer bestimmten Situation abgelaufen sein könnte, oder einen mir passend erscheinenden Namen zu ergänzen. Irene unterstützte mich bei diesem Vorgehen, das ihre Geschichte für den Leser lebendiger machen sollte.

Trotz dieser Vorbemerkung können Sie aber sicher sein, dass die Menschen in diesem Buch – Irene und ihre Familie, Dr. Olga und Dr. Miriam, Major Rügemer, Sturmbannführer Rokita, Schulz und natürlich auch die Juden, deren Leben Irene rettete – real sind und ihnen alles Geschilderte wirklich widerfahren ist. Während ich bei Irene zu Hause in Yorba Linda in Kalifornien saß und ihrer Geschichte lauschte, schüttelte ich immer wieder ungläubig den Kopf. Diese nette Großmutter mit den freundlichen blauen Augen, die mich in ihrem Haus willkommen hieß und mir Piroggen, Kekse und Mangos aus dem eigenen Garten anbot – diese Frau hatte Dinge erlebt, die ich mir im Traum nicht hätte vorstellen können. Und da saß sie mir nun gegenüber und war trotz allem voller Liebe für ihre Mitmenschen, voller Güte, voller Hoffnung. Am Anfang scheute ich mich, dieses Buch zu schreiben. Ich hatte Angst davor, mich in Irene hineinzuversetzen, weil ich fürchtete, ihrer Person nicht gerecht werden zu können.

Ich wäre dankbar, wenn es mir gelungen sein sollte, ihre Geschichte glaubwürdig zu erzählen. Sollte das nicht der Fall sein, so liegt der Grund darin, dass ich niemals mit ansehen musste, was Irene gesehen hat. Ich arbeite als Autorin von historischen Romanen und meine Aufgabe ist es, fiktive Ereignisse in die Wahrheit einzubetten, die Wahrheit zu ersinnen. Ich hoffe, dass mir dies an den wenigen Stellen in diesem Buch, an denen ich etwas hinzugefügt habe, gelungen ist. Sie sollen helfen, das Wahre an den Ereignissen zu beschreiben, selbst wenn sie die Fakten nicht exakt so wiedergeben, wie sie geschahen.

Erlauben Sie mir zum Schluss noch eine persönliche Bemerkung: Ich wünschte nichts mehr, als dass die hier geschilderten schrecklichen und brutalen Ereignisse, die während des Zweiten Weltkriegs immer wieder geschahen, eine Erfindung wären – doch leider sind sie es nicht. Irene hat jenes Bild von dem Baby, das in die Luft geworfen und erschossen wurde, immer noch in ihrem Kopf und wird es für den Rest ihres Lebens nicht mehr loswerden.

Aber zum Glück für die Menschheit hat es auch jene heldenhaften Taten, an die sie sich erinnert, gegeben. Und auch sie entsprechen der Wahrheit.

Jennifer Armstrong

Ich, Irene Gut Opdyke, möchte meinen Dank aussprechen:

Gott, dem Schöpfer allen Lebens.

Al und Loretta Forniss, den Pastoren meiner Kirche, Desert Bloom Ministries, für ihre Liebe und Unterstützung.

Jennifer Armstrong, Reverend Frank Eiklor von Shalom International, Rabbi Haime Asa, Rabbi Harold M. Schulweis, Pater Karp von der Kirche John Paul II, dem United Jewish Appeal und dem Simon Wiesenthal Center.

Ebenso meiner Tochter Janina, meinem Schwiegersohn Gary Smith, den Enkelkinder Ray und Robert, und Larry, Lyn und Josh Nantais für ihre beständige Liebe und dafür, dass sie mein Bestreben unterstützen, die Menschen zueinander zu bringen.

Und all jenen Menschen in den Kirchen, Tempeln und Schulen, zu denen ich gesprochen habe. Denkt daran: »Liebe, nicht Hass«.